U0740617

英汉语言文化对比研究

张严心 著

中国商务出版社
·北京·

图书在版编目（CIP）数据

英汉语言文化对比研究／张严心著. -- 北京：中国商务出版社，2025.5. -- ISBN 978-7-5103-5603-2

Ⅰ. H31；H1

中国国家版本馆 CIP 数据核字第 20258ZD292 号

英汉语言文化对比研究
YINGHAN YUYAN WENHUA DUIBI YANJIU

张严心　著

出版发行：中国商务出版社有限公司

地　　址：北京市东城区安定门外大街东后巷 28 号　　　邮　　编：100710

网　　址：http://www.cctpress.com

联系电话：010—64515150（发行部）　　　　010—64212247（总编室）
　　　　　010—64266119（事业部）　　　　010—64248236（印制部）

责任编辑：李　阳

排　　版：北京天逸合文化有限公司

印　　刷：北京九州迅驰传媒文化有限公司

开　　本：787 毫米×1092 毫米　1/16

印　　张：17.25　　　　　　　　　字　　数：276 千字

版　　次：2025 年 5 月第 1 版　　　　印　　次：2025 年 5 月第 1 次印刷

书　　号：ISBN 978-7-5103-5603-2

定　　价：88.00 元

前　言

在全球化背景下，跨文化交流已成为日常生活、学术研究及国际合作中不可或缺的一部分。英汉两种语言，作为东西方文化的杰出代表，各自承载着深厚的文化底蕴和历史积淀。随着国际交流的深化，英汉语言文化的对比研究不仅成为语言学家、文化学者关注的焦点，也成为翻译工作者、外语学习者以及跨文化交流者关注的重点。鉴于此，我撰写了《英汉语言文化对比研究》一书，旨在通过系统深入的对比分析，揭示英汉语言文化的异同，为跨文化交流提供更加坚实的理论基础和实践指导。

本书融合了比较文化学、应用语言文化学、跨文化交际学以及翻译学等多学科的理论精髓，采用多元化的研究方法，对英汉语言文化的差异进行了全面而细致的剖析。在内容编排上，本书遵循由语言到文化、由具体到抽象、由理论到实践的逻辑线索，旨在为读者构建一个条理清晰、系统完整且易于理解的知识体系。

全书共分为七章，各章节内容环环相扣，逻辑严密，特色鲜明。

第一章语言和文化作为开篇，深入探讨了语言的本质和功能以及文化的内涵和特性，为后续章节的对比分析奠定了坚实的理论基础。同时，通过深入剖析语言与文化之间不可分割的紧密联系，为全书的研究方向奠定了基调。

第二章至第四章主要聚焦于语言层面的对比分析。第二章英汉语音系统对比从音素构成、音节结构到语调节奏，逐一剖析了英汉两种语言在发音上的异同。第三章英汉语言结构对比则深入词汇构成、句法结构和语篇组织层面，揭示了英汉语言在语言结构上的独特规律与差异。第四章英汉语义内涵对比则通过对比颜色词、动物词和数字词，探讨了英汉两种语言在语义表达上的丰富性和差异性。

第五章至第七章则转向文化维度的深入探讨。第五章英汉思维模式对比从综合性思维与分析性思维、直觉思维与逻辑思维、形象思维与抽象思维等多个角度，分析了英汉两种思维模式的差异。第六章中西文化价值观对比则通过个人主义与集体主义、时间观念、权力距离与等级观念以及高语境文化与低语境文化的探讨，揭示了中西文化在价值观上的差异。第七章非语言交际对比则关注了体态语、副语言、客体语和环境语在英汉两种文化中的不同呈现，为读者提供了丰富的跨文化交流视角。

本书内容丰富，结构严谨，既注重理论深度，又兼顾实践应用。书中的案例分析贴近生活实际，具有较强的针对性和实用性，旨在为语言学家、文化学者、翻译工作者以及外语学习者提供有益的参考和启示。

在撰写本书的过程中，我得到了众多专家学者和同行的支持，在此向他们表示衷心的感谢。同时，我也要特别感谢那些为我提供宝贵资料和意见的专家和学者，他们的智慧和见解为我提供了有益的启发。尽管我已尽力完善本书，但由于时间和水平所限，书中难免存在疏漏和不足。恳请广大读者批评指正，以便我在今后的研究中不断改进和提高。

衷心希望《英汉语言文化对比研究》一书的出版，能够为推动英汉语言文化对比研究的发展、促进中西文化的交流与互鉴贡献一份力量。同时，我也期待本书能够激发更多人对语言文化对比研究的兴趣和热情，共同推动这一领域的繁荣发展。愿这本著作成为读者探索英汉语言文化魅力的窗口，引领大家迈向更加广阔的跨文化交流之路。

张严心
2025 年 1 月

目　录

第一章　语言和文化

  语言与文化之间存在一种密不可分且复杂多维的紧密联系。这种联系贯穿于人类社会的每一个角落，深刻地影响着我们的生活方式、思维模式和价值观念。语言，作为沟通的桥梁和思想的载体，不仅承载着人类的智慧与情感，更在无形中传递着文化的精髓与底蕴。而文化，作为人类社会的精神支柱和身份认同的重要标志，是一个民族或社会群体在长期历史实践中所形成的精神家园。它以独特的方式塑造着人们的认知框架、行为模式以及价值体系，影响着人们的思维方式、行为习惯乃至整个社会的运行逻辑。

  文化的内涵丰富而深刻，正如英国文化人类学的奠基人爱德华·泰勒（E. B. Tylor）在其经典著作《原始文化》（1871）中所定义的那样："文化是一种复杂的整体，其中包括知识、信仰、艺术、道德、法律、习俗以及人们作为社会成员通过学习而获得的一切能力和习惯。"这一定义不仅揭示了文化的广泛性和深刻性，更为我们探索文化与语言之间的内在联系提供了宝贵的视角。

  本章将深入探讨语言的本质与功能，以及文化的内涵与特性，并以此作为研究的出发点，进一步深度剖析语言与文化之间的内在联系。这一探讨旨在深化我们对语言与文化本质及其相互关系的认知，为后续的英汉语言文化对比研究构建一个全面、系统且坚实的理论基础。通过这一研究，我们期望能够更深入地理解语言与文化之间的互动关系，为跨文化交流和国际合作提供有益的参考和启示。

第一节　语言的本质和功能

一、语言的本质

(一) 语言是复杂而精细的符号表意系统

语言是一个庞大且精细的符号表意体系，这一体系涵盖了语音、词汇、语法以及语调、语境等多个维度。

语音，作为语言的"声音载体"，是语言传达意义与情感的首要媒介。它通过音节的组合、声调的起伏、音强的变化以及音长的差异等，精确地传达出语言所要表达的信息。在汉语中，独特的四声体系使得同一个汉字在不同的声调下能够表达出完全不同的意义，如"妈"（mā）与"麻"（má）、"马"（mǎ）、"骂"（mà）等。而在英语中，元音的长短、辅音的清浊以及重音的位置等，同样对单词的意义和句子的语调产生深远影响。

词汇，作为语言的"砖石"，是表意的"基础单元"。它们不仅代表了具体事物的名称，还表达了抽象的概念、情感以及价值观念。词汇的丰富性与多样性，使得语言能够精确地描述和表达人类社会的各种现象与情感。随着人类社会的不断发展和文化交流的日益频繁，新词汇不断涌现，旧词汇的含义也在不断变化，以适应时代的需求和文化的变迁。

语法，则是语言的"骨架"，是这套符号表意体系的"构建规则"。它规定了词汇的排列顺序、句子结构以及语言中的其他诸多规则。语法确保了语言的规范性与准确性，使得人们能够清晰地表达思想、传递信息。在英语中，时态、语态、从句等语法结构的严谨运用，使得句子的表达更加精确与丰富。而在汉语中，虽然缺乏严格的形态变化，但虚词、语序以及语气的巧妙运用，同样赋予了句子以丰富的内涵和多样的语气。

语调，作为语言的"情感纽带"，通过音高、音长、音强的变化，传达出说话者的情感与态度。在口语交流中，语调的变化往往比词汇和语法更能体现说话者的真实意图和情感色彩。一个抑扬顿挫的语调，可以使得语言更加生动、有趣且富有感染力，从而加深交流双方的理解和共鸣。

语境，则是语言使用的具体环境和背景，它对于理解语言的真正含义至关重要。在特定的语境下，同一句话可能具有完全不同的含义。因此，在理解和运用语言时，必须充分考虑语境的因素，才能准确把握语言的真正意图和含义。语境的动态性和多样性，使得语言在表达上更加灵活多变，能够适应不同场合和情境下的交流需求。

语言作为复杂而精细的符号表意系统，其各个组成部分相互关联、相互依存，共同塑造了语言的多样性和丰富性。这一系统不仅为人类提供了有效的沟通工具，还促进了文化的交流与传承，使得人类能够在复杂多变的社会环境中相互理解、共同进步。

（二）语言是社会文化的镜像反映

语言与社会相互依存，是社会文化的镜像反映。从历史角度看，语言的诞生与发展与人类社会的形成和演变紧密相连。在原始社会，人类为了生存和繁衍，需要协调行动、分配资源，这些需求催生了语言的诞生。例如，原始部落成员在狩猎时会使用特定的呼唤声来指示猎物方向和行动策略。

随着社会的进步和发展，语言也呈现出多元化的趋势，反映了不同社会阶层、职业分工以及民族和地域的文化特色。例如，宫廷语言往往注重礼仪规范和辞藻华丽，如"陛下"（对君主的尊称）和"卿"（对高级官员的称呼）；而民间语言则更加直白通俗，如"老铁"（朋友之间的亲昵称呼）和"怼"（批评或反驳）。

此外，不同民族和地域的语言也各具特色。例如，阿拉伯语的书写方式从右往左，搭配独特的字母造型，承载了伊斯兰文化的虔诚与庄重；而汉语则以其方块字的独特形式，凝聚了中华五千年的历史沉淀和价值观念。地域方言的差异同样显著，如粤语中的"啱啱好"（刚刚好）和普通话中的"正好"表达了相似的意思，但用词和发音却各具特色。

（三）语言是认知发展的驱动力

语言不仅是人类交流的工具，更是认知发展的核心驱动力。它赋予人类卓越的认知能力，帮助人们认识和理解世界。从婴儿期的牙牙学语开始，我们便借助语言这一媒介，逐步构建对周围事物的认知框架。例如，当婴儿听到"狗"这个词时，他们会将这个词与看到的狗的形象联系起来，逐渐建立起对狗的概念认知。

在科学研究中，语言也扮演着至关重要的角色。科学家们通过语言来阐述自己的发现和理论，与他人进行交流和讨论。例如，在物理学领域，科学家们使用数学语言和物理术语来描述物质的性质、运动规律以及宇宙的结构；在文学研究中，学者们则通过解读文学作品中的语言和意象来揭示作者的创作意图、主题思想以及文化背景。

此外，语言还帮助人们进行抽象思维和逻辑推理。例如，在数学中，人们通过语言和符号来表达数学概念、公式和定理，进行数学运算和推理；在哲学中，人们则通过语言来探讨伦理道德、存在问题等抽象议题，从而推动人类思想的进步和发展。

（四）语言是心理活动的外在表现

语言与人类心理紧密相连，是心理状态和情绪情感的直观外在表现。在日常对话中，人们可以通过用词的选择、句式的偏好以及语调的高低来传达自己的心境和情感。例如，当一个人心情愉悦时，他们可能会使用更多积极向上的词汇和轻快的语调；而当他们感到焦虑或烦躁时，则可能会使用更多负面措辞和急促的语调。

同时，语言也承载着人们的记忆和经历。通过语言的叙述和回忆，人们可以将过去的经历和情感在脑海中鲜活重现。例如，当人们回忆起自己童年时的快乐时光时，他们可能会用生动的语言来描述当时的场景、人物和活动；而当他们谈论起自己曾经的挫折和困难时，则可能会用沉重的语气来表达内心的痛苦和无奈。

此外，语言还反过来影响人们的心理感知和情绪状态。当人们听到鼓励或夸赞的言辞时，他们的自信心和积极性可能会得到提升；而当他们受到恶意诋毁或攻击时，则可能会感到沮丧和愤怒。这些心理反应都表明了语言在心理维度上的深度嵌入和重要影响。例如，一句简单的"你做得很好！"可能会让一个人感到受到肯定和鼓励，从而更加积极地面对挑战；而一句恶意的"你真是个废物！"则可能会让一个人感到自卑和沮丧，甚至影响他们的自尊心和自信心。

二、语言的功能

语言在社交互动、认知发展、文化传承与身份认同等多个层面均展现出不可或缺的重要性，它不仅是人们交流思想、抒发情感的桥梁，更是维系人际关系和谐发展的关键纽带。

（一）社交互动功能

语言在社交互动中不仅是沟通与交流的基本工具，更在复杂的社会交往中发挥着关键作用。它使得人们能够清晰地表达自己的想法、情感和需求，从而建立和维护人际关系。在谈判与协商中，语言成为表达立场、提出要求、寻求妥协的媒介，助力双方达成共识，避免误解和冲突。在冲突解决的过程中，语言则成为沟通的桥梁，帮助双方理解对方的立场与需求，寻找解决问题的途径。此外，语言还能在社交场合中营造氛围、调节气氛，使人们能够在轻松愉快的氛围中交流互动，增强彼此之间的亲近感和信任感。

（二）认知发展功能

语言不仅是认知世界的工具，更是推动人类思维发展的重要动力。通过语言，我们可以将抽象的概念和理论具体化、形象化，从而更深入地理解世界。语言帮助我们将复杂的思维过程转化为可交流的形式，使得知识得以传承和创新。在科学研究中，语言成为表达新思想、新观点、新发现的重要工具，推动了科学技术的进步。在艺术创作中，语言则成为表达情感、描绘形象、创造意境的媒介，丰富了人类的精神世界。此外，语言还促进了人们思维方式的多样性和灵活性，使我们能够从不同的角度和层面看待问题，培养批判性思维和创造性思维。

（三）文化传承与身份认同功能

语言是文化传承的重要载体，它记录了人类历史的发展轨迹和民族文化的精髓。通过语言，我们可以了解一个民族的历史、传统、价值观和信仰，从而增强对民族文化的认同感和归属感。语言中的词汇、语法、发音等特征都蕴含着丰富的文化内涵和历史积淀，成为民族身份的重要标志。同时，语言也是身份认同的重要标志。不同的语言代表着不同的文化和社会群体，通过语言的使用，我们可以表达自己的民族身份、地域身份和社会身份，增强个人的归属感和自豪感。这种身份认同有助于维护社会稳定和促进多元文化的发展。

（四）教育与信息传递功能

在教育领域，语言是传授知识和技能的主要工具。它帮助学生理解课程内容、培养学习能力和思维能力。教师通过语言讲解知识、解答疑问，引导学生思考、探索和发现。在教育实践中，语言教学不仅注重知识的传授，还注重培养学生的语言表达能力和沟通能力，使他们能够更好地适应社会发展的需求。同时，语言也是信息传递的重要载体。无论是新闻报道、公告通知还是广告宣传，语言都扮演着传递信息、沟通思想、引导舆论的角色。它帮助人们了解社会动态和时事新闻，增强社会透明度和公众参与度。

（五）娱乐与审美功能

语言还具有娱乐和审美功能。通过语言的运用，我们可以创作和欣赏文学作品、音乐作品、戏剧等艺术形式，享受语言带来的审美愉悦和情感体验。文学作品中的文字、诗歌中的韵律、戏剧中的对话等都展现了语言的魅力和力量。它们不仅丰富了人们的精神生活，还促进了人类情感的交流和共鸣。

（六）情感表达与心理调节功能

语言还是情感表达和心理调节的重要工具。通过语言，我们可以表达自己的喜怒哀乐、爱恨情仇等复杂情感，从而与他人建立情感联系和共鸣。同时，语言也能够帮助我们调节情绪、缓解压力、增强心理韧性。例如，在面对挫折和困难时，人们通过倾诉和寻求支持，能够减轻心理负担、获得安慰和鼓励。

第二节 文化的内涵和特性

一、文化的内涵

（一）文化的定义

文化是一个多维度、多层次且随着时间和学术研究的深入而不断丰富的概念。不同学者和文化背景的人们对文化有着不同的理解和诠释。在广泛接受的学术界定中，文化可以被视为一个由人类在社会历史发展过程中所创造和共享的一系列价值观、信仰、习俗、艺术、科学成就、行为模式和社会规范等构成的复杂系统。

文化学家们对文化的定义进行了深入的探讨。例如，有些学者强调文化是特定社会群体的共享特征，这些特征包括语言、艺术、宗教、习俗等，它们共同塑造了群体的身份和认同感。另一些学者则侧重于文化的动态性，认为文化是一个不断演变和发展的过程，它随着社会的变迁和人类活动的推进而不断调整和丰富。

从结构特征来看，文化是一个由多个子系统相互交织而成的复杂网络。这些子系统包括物质文化（如建筑、工具、服饰等）、制度文化（如法律法规、教育体系、经济制度等）、习俗文化（如节日庆典、礼仪规范等）以及精神文化（如宗教信仰、哲学思想、道德观念等）。这些子系统在相互作用中共同构成了文化的完整结构，并影响着人类社会的各个方面。

从功能特征来看，文化不仅是人类社会的基石，更是人类思维和社交互动的重要工具。文化为人类提供了共同的价值观念和行为准则，指导着人们的行为和决策。同时，文化也是人类创造力和智慧的结晶，促进了人类社会的进步和发展。

随着全球化的推进和人类社会的不断变迁，文化的多样性和包容性日益凸显。不同地域、民族和宗教背景的文化相互交流和融合，形成了丰富多彩的全球文化景观。这种文化的多样性和包容性不仅促进了人类社会的繁荣和发展，也为我们提供了更广阔的视野和更深刻地理解人类社会的途径。

（二）文化与习俗

文化与习俗，这两个概念虽然紧密相连，但各自具有独特的含义和重要性。习俗，作为特定社会群体在历史长河中形成的、被普遍接受并遵循的行为规范和习惯做法，是文化的重要组成部分。节日庆典、礼仪规范、饮食习俗等，都是习俗的具体表现形式，它们共同构成了丰富多彩的文化景观。

然而，文化这一概念所涵盖的范畴远比习俗更为广泛和深入。它不仅是习俗的总和，更是人类在社会历史进程中创造和共享的精神与物质财富的总和。这包括语言、艺术、宗教、哲学、科学等多个领域，每一个领域都是文化多样性的体现，共同构成了人类文明的璀璨画卷。文化不仅反映了社会的历史背景和发展轨迹，也塑造了人们的思想观念、价值观念和行为方式。

习俗作为一个动态发展的过程，随着社会的变迁和人类文明的进步而不断演变。新的社会需求和价值观念的出现，以及不同文化之间的交流与融合，都在推动着习俗的更新与变革。这种动态性使得习俗成为文化生命力的体现，也为其注入了新的活力和内涵。然而，这种变化也带来了挑战，如何在保持传统习俗的基础上，吸收和融合新的元素，成为一个需要思考和解决的问题。

习俗作为文化的一部分，承载着传承和教育的功能。通过习俗的传承，年轻一代能够了解和体验前辈们的智慧和生活方式，从而形成对文化的认同感和归属感。同时，习俗也是社会教育的重要手段，它通过规范人们的行为和习惯，培养个体的道德品质和社会责任感。然而，在现代化和全球化的浪潮中，一些传统习俗面临着被边缘化甚至消失的风险。这既源于现代生活方式的冲击，也与年轻一代对传统文化的疏离感有关。

面对这一挑战，保护和传承传统习俗成了一个重要的文化议题。社会各界应共同努力，通过教育、宣传等多种方式，提高公众对传统文化的认识和尊重。同时，政府和文化机构也应加大对传统文化的扶持力度，推动传统文化的创新和发展。此外，鼓励年轻一代积极参与传统文化活动，增强他们对传统文化的兴趣和热爱，也是保护和传承传统习俗的重要途径。

总之，文化与习俗是相互依存、相互促进的。在现代化和全球化的背景下，我们需要更加深入地理解和珍视传统文化和习俗的价值，同时也需要积极应对现代挑战，推动传统文化的创新和发展。只有这样，我们才能让传统文化在现代社会中焕发出新的生机和活力。

（三）文化、亚文化与群体身份

文化、亚文化与群体身份，这三个概念紧密相连，共同构成了人类社会丰富多彩的文化生态。文化，作为一个广泛而复杂的系统，涵盖了人类社会的各个层面，从语言、艺术到宗教信仰、社会制度，无一不体现着文化的独特魅力和深远影响。

亚文化，作为文化体系中的独特分支，其形成往往基于地域、民族、宗教、性别等多种因素。它们不仅拥有自己独特的语言体系、艺术风格、行为模式和价值观念，更在主流文化的框架下，以其独特的韵味和魅力，为文化生态增添了无尽的色彩和活力。亚文化不仅极大地丰富了主流文化的内涵，更为个体提供了多元化的身份认同和表达空间，使每个人都能在文化的海洋中寻找到属于自己的那片天地。

群体身份，则是个体在特定文化或亚文化群体中所获得的一种身份认同和归属感。这种身份认同和归属感源于个体对文化或亚文化群体的共同价值观念和行为准则的深刻理解和积极践行。群体身份不仅塑造了个体的行为方式和社交互动模式，更深刻地影响着个体的心理特征和自我认知。一个清晰的群体身份，如同一个坚固的盾牌，能够帮助个体在面对外部挑战时保持坚定的自我认知和价值观念，增强自信心和归属感，从而有效促进个体的心理健康和社会适应能力。

文化、亚文化与群体身份之间相互作用、相互影响，共同推动着文化的演变和发展。文化为亚文化和群体身份的形成提供了坚实的基础和框架，而亚文化和群体身份则在文化的滋养下不断发展和演变。同时，它们也反过来对文化的演变和发展产生着深远的影响。不同亚文化之间的交流和融合，如同不同色彩的交织，促进了文化的多样性和包容性；而群体身份的变化，则可能引发文化的变革和创新，为社会的进步和发展注入新的动力。

在全球化的今天，文化多元性已成为一个备受瞩目的议题。亚文化的发展不仅丰富了主流文化的内涵，更为个体提供了更多的身份选择和表达空间。通过参与亚文化活动，个体能够找到与自己兴趣、价值观相契合的群体，从而获得归属感和自我实现的机会。这种归属感和自我实现对于个体的心理健康和社会适应能力具有不可估量的价值。

然而，群体身份也可能成为冲突的根源。当不同群体之间的文化差异和价值观产生碰撞时，就可能引发社会矛盾和冲突。因此，我们需要通过教育和文化交流等方式来增进不同群体之间的理解和沟通，促进文化的包容性和多样性。同时，我们也应该尊重每个群体的独特性和文化价值，避免对任何群体进行歧视和排斥。只有这样，我们才能共同构建一个和谐、多元、包容的社会。

此外，随着全球化的不断深入和科技的飞速发展，文化的传播和交流也变得更加便捷和广泛。这为我们提供了更多的机会去了解和接触不同的文化，但同时也带来了文化冲突和融合的新挑战。因此，我们需要更加积极地推动文化的创新和发展，以适应不断变化的社会需求。通过挖掘和传承本土文化的精髓，同时吸收和借鉴不同文化的优秀元素，我们可以共同推动文化的多元化发展，为社会的进步和发展贡献力量。在这个过程中，保持开放的心态、尊重多元的文化、促进包容性的交流，将是我们共同的责任和使命。

二、文化的特性

文化的特性揭示了其作为人类社会不可或缺的组成部分所展现出的复杂性和多样性。深入理解这些特性，有助于我们更好地认知与传承文化，推动其繁荣发展，进而促进人类社会的文明进步与和谐共存。

（一）社会性

文化根植于人类社会之中，是人类社会互动的产物。它超越了个人行为的范畴，构成了社会群体共享的价值观、信仰、习俗及行为规范体系。在社会中，文化扮演着调节、整合与导向的重要角色，确保人类社会能够有序、和谐地运作。社会性是文化的核心特质，它搭建了个人与社会的桥梁，增强了社会的凝聚力与稳定性。同时，文化也反映了社会的变迁和发展，是社会进步的重要推动力。

（二）历史性

文化是历史的积淀，它承载着过去、映照现在并启迪未来。文化的传承和发展离不开其深厚的历史根基，历史性赋予了文化一种活生生的、不断演变的力量。通过历史的积淀和传承，文化得以延续和发展，为人类社会提供了宝贵的历史经验和智慧，成为连接过去与未来的桥梁。

（三）地域性

文化深受地理环境的影响，不同地区的自然环境、资源和历史背景孕育了各具特色的文化形态。地域性是文化多样性的重要源泉，也是文化交流和融合的基础。不同地域的文化在交流中相互借鉴、相互融合，共同构成了丰富多彩的文化景观，展现了人类文化的多样性和丰富性。

（四）民族性

文化的民族性是指文化是一个民族在长期共同的生活过程中创造的，具有鲜明的民族特色，民族风格和民族气派，是维系民族生存与发展的精神纽带，民族文化是民族身份的重要标志。[①] 文化与民族身份紧密相连，每个民族都有其独特的文化特征和传统。民族性体现了文化的独特性和多样性，是文化认同和凝聚力的重要体现。民族文化的传承和发展对于维护民族团结、促进社会和谐具有至关重要的作用。通过弘扬民族文化，可以增强民族自豪感和归属感，推动社会的和谐与进步。

（五）时代性

文化随着时代的变迁而不断演变，反映着时代精神和社会需求的变化。时代性意味着文化必须紧跟社会发展的步伐，不断更新其内容和形式。在快速变化的社会环境中，文化需要不断创新和发展，以满足人们日益增长的文化需求和精神追求。通过与时俱进的文化创新，可以推动社会的文明进步和繁荣发展。

---

① 张严心，李珍. 英汉语言文化差异下的翻译研究［M］. 北京：中国商务出版社，2021：21.

（六）创新性

文化具有不断创新和发展的内在动力。创新性是文化适应新环境、吸收新思想和技术的关键所在，也是文化保持活力和生命力的源泉。通过创新，文化能够不断焕发新的生机和活力，为人类社会的发展提供源源不断的动力。在全球化时代，文化的创新性成为推动文化多样性和包容性的重要因素之一。

（七）开放性

文化具有开放包容的特性，能够吸收和融合不同文化元素。这种开放性使得文化能够在全球化的背景下进行广泛的交流和合作，促进了文化的多元性和包容性。在全球化时代，文化的开放性成为推动文化多样性和文明交流互鉴的重要因素。通过开放包容的文化交流，可以增进不同文化之间的理解和尊重，推动人类社会的和谐共存与共同发展。

（八）共享性

共享性，作为文化的核心属性，凸显了文化作为社会成员普遍享有的精神财富的重要地位。它超越了个体界限，成为联结不同群体、增进相互理解和合作的桥梁。只有当一种行为方式成为社会的普遍现象，被广大社会成员认可并共有时，它才能被视作文化的一部分。换言之，文化建立在共同的标准之上，拥有共有的概念、价值观和行为准则。这些共有的元素通过集体的共同性影响个体的行为能力，并促使集体接受和认可这些共同的个人行为。[①]

共享性不仅是文化传播和产生深远影响的基石，更是文化繁荣与持续发展的关键所在。通过共享，文化能够跨越时间和空间的局限，在更广泛的范围内展现其独特魅力。这种广泛的传播和交流进一步推动了人类社会的文明进步与和谐发展，促进了不同文化之间的理解和尊重，为构建一个更加多元、包容和繁荣的世界文化图景提供了坚实的基础。

---

① 张严心，李珍. 英汉语言文化差异下的翻译研究［M］. 北京：中国商务出版社，2021：21.

（九）传承性

传承性揭示了文化作为历史长河中代代相传的宝贵遗产，它蕴含着丰富的历史智慧和宝贵经验。通过传承，文化得以延续其生命力并不断发展壮大，为人类社会提供了深厚的历史记忆和丰富的文化资源。这种传承性不仅让我们得以窥见过去的辉煌与沧桑，更为我们把握现在、规划未来提供了宝贵的借鉴和启示。在传承中，我们不仅能够汲取历史的智慧，还能将这份智慧融入现代生活，推动文化的创新与发展，为人类社会注入源源不断的活力。

第三节　语言与文化的关系

语言与文化之间存在着一种深刻而复杂、不可分割的交织关系，它们相辅相成，共同在人类社会的发展历程中发挥着至关重要的作用，塑造着人类文明的多样性和丰富性。这一关系自古以来就备受学者们的关注。早在 20 世纪 20 年代，美国著名语言学家萨不尔（E. Sapir）在其著作《语言》（*Language*，1921）中就明确指出："语言的背后是有东西的，而且语言不能离开文化而存在。"语言学家帕尔默也曾在《现代语言学导论》（*An Introduction to Modern Linguistics*）一书中提道："语言的历史和文化的历史是相辅而行的，他们可以互相协助和启发。"①

一、语言是文化的承载者与传递者

（一）语言传承与记录文化信息

语言如同一座宏伟的图书馆，记录着人类文明的点点滴滴。它不仅承载着民族和地域的历史故事、传说、神话等宝贵遗产，还通过代代相传的方式将这些文化信息从古代传承至现代。例如，汉语中的成语如"卧薪尝胆""指鹿为马"等，都蕴含着深刻的历史故事和文化内涵，成为中华文

---

① 张严心，李珍. 英汉语言文化差异下的翻译研究 [M]. 北京：中国商务出版社，2021：21.

化的重要组成部分。同时，宗教经典如《圣经》《古兰经》等，通过不同语言版本的翻译和传播，成为各种宗教文化传承的关键媒介，进一步丰富了人类文化的多样性。这些文化信息通过语言的记录和传承，使得人类文明得以延续和发展。

（二）语言体现文化特色与差异

语言的词汇、语法结构和语音特点等都能深刻反映文化的独特性和地域性。不同文化背景下的语言，其词汇和表达方式往往具有鲜明的地域特色和文化烙印。例如，因纽特语中丰富的雪词汇，就充分展示了其生活环境的特殊性和文化特色。此外，语言的语法结构也体现了文化差异，如汉语的话题突出特性与中国文化注重整体和语境的观念相契合，而英语的主语突出则反映了西方文化对个体和逻辑的重视。这种语言的独特性，正是文化多样性的体现，也是人们了解和认识不同文化的重要途径。

二、文化对语言的塑造与影响

（一）文化的发展推动词汇的产生与演变

文化的发展是推动语言词汇产生和演变的重要动力。随着科技的进步和社会的发展，新的词汇不断涌现，如"人工智能""大数据""区块链"等现代科技词汇的出现，就反映了当代文化的快速发展和变化。这些新词汇的产生和演变，不仅丰富了语言的表达力，也反映了文化的发展和进步。同时，文化的交流也促进了词汇的借入和融合，如汉语中的外来词"巴士""咖啡"等，就体现了西方文化对中国文化的影响。这种词汇的演变和交流，进一步丰富了人类文化的多样性。

（二）文化价值观对语言使用方式的影响

文化价值观对语言的使用方式有着深远的影响。在注重等级和礼仪的文化中，语言的使用往往有着严格的规范和礼仪要求，如日本文化中的敬语使用。而在注重自由和个性的文化中，语言的使用则更加随意和开放，如美国文化中的口语表达。这种语言表达方式的差异，正是不同文化背景下的人们的价值观和沟通观念的不同所导致的。这种差异不仅体现在日常交流中，还体现在文学、艺术等语言艺术作品中，使得这些作品具有鲜明的文化特色和地域特色。

三、语言对文化的反作用与推动

（一）语言塑造并强化文化观念

语言不仅承载和传递文化信息，还能帮助人们构建和强化文化观念。通过语言中的词汇分类和表达方式，人们对世界的认知和分类方式得以形成和巩固。例如，详细的亲属称谓系统在强化人们对家庭关系的认知的同时，也影响了家庭文化观念的形成和发展。具体来看，英语与汉语在亲属称谓上的显著差异便是一个生动的例证。英语中，对于父母的兄弟姐妹，仅使用"uncle"和"aunt"两个词汇来统称，而汉语则精细地划分为"伯、叔、姑、舅、姨"等多个称谓，且各自承载着特定的家庭关系与文化意义。这种复杂的称谓体系，正是中国人宗族观念和宗法文化特点的深刻体现。① 此外，语言中的隐喻、象征等修辞手法也能强化和塑造人们的文化观念和价值观。这种语言的塑造力使得文化观念得以在社会中广泛传播和深入人心，从而进一步巩固了人类社会的文化基础。

（二）语言促进文化传播与创新

语言作为文化传播的重要媒介，促进了不同文化之间的交流与融合。文学作品、影视作品等语言艺术形式更是成为文化传播的重要载体和途径，它们通过生动的形象和故事情节将文化观念和价值观传递给观众和读者。同时，语言还能激发文化的创新活力，推动文化的不断发展和进步。例如，现代网络文学的兴起，不仅创造了新的文学形式和故事类型，还为文化的创新发展注入了新的动力和活力，展示了语言在文化传承与创新中的独特作用。

四、全球化背景下的语言与文化的交流与融合

在全球化不断深入的今天，语言与文化的交流与融合也呈现出前所未

---

① 张严心，李珍. 英汉语言文化差异下的翻译研究［M］. 北京：中国商务出版社，2021：23.

有的加强趋势。这种交流与融合不仅加深了不同文化之间的相互理解和尊重，还促进了世界文化的多样性和共同繁荣。随着全球化的推进，越来越多的人开始学习和使用外语，这不仅使得语言成为连接不同文化的桥梁，也使得文化之间的交流和融合变得更加便捷和高效。同时，全球化也促进了文化的创新和发展，使得人类社会的文化更加多元和包容。

　　然而，在全球化背景下，我们也应警惕文化同质化的风险。随着全球化进程的加速推进，一些强势文化可能会对弱势文化产生冲击和影响，导致文化多样性的减少甚至消失。因此，我们更应重视语言与文化的交流与融合，致力于推动人类文明的共同进步与发展。同时，持续探索和研究语言与文化关系的动态演变，对于构建更加和谐、多元的世界文化格局具有重大意义。

第二章　英汉语音系统对比

语音，作为语言的声音载体，是人们进行语言交流的基础媒介。英汉两种语言，在漫长的历史演变中，各自发展出了独特的语音系统，这些系统间的显著差异，不仅彰显了两种语言的个性魅力，也深刻映射出它们背后的文化根源与历史积淀。

在全球化的今天，跨文化交流已成为日常生活的一部分，因此，对英汉语音系统进行深入对比研究显得尤为关键。对于语言学习者而言，深入了解这些差异，意味着能够更精准地掌握发音技巧，克服发音上的难题，使语言表达更加准确、流畅且富有表现力。这不仅有助于提升语言学习的效率，更能增强学习者的自信心，使其在语言运用中更加自如。

对于翻译工作者来说，熟悉英汉语音系统的异同，更是专业素养的重要体现。在翻译实践中，尤其是在处理诗歌、歌词、戏剧等富含音韵美的文本时，译者需深刻理解原文的音韵特征与文化内涵，并运用巧妙的翻译技巧，在译文中尽可能保留这些美学元素。这就要求译者不仅要精通两种语言，更要对它们的语音系统有深入的了解，以确保译文既能传达原文的意义，又能保留其独特的音韵美感与文化特色。

在文化交流层面，清晰认识英汉语音系统的差异，对于避免文化误解与冲突具有至关重要的作用。不同的语音习惯往往承载着不同的文化观念与社交礼仪。在跨文化交流中，若缺乏对彼此语音系统的了解，就可能因误解而产生不必要的冲突与隔阂。因此，深入了解英汉语音系统的差异，有助于增进不同文化背景人群之间的相互理解与尊重，促进跨文化沟通的顺畅与和谐。

本章将从音素构成、音节结构以及语调节奏这三个关键方面，对英汉语音系统展开全面而深入的对比分析，旨在为读者全面呈现英汉语言在语音层面的独特风貌，帮助读者更深入地理解两种语言的语音特点，提升语言运用能力和跨文化交际能力。

第一节　音素构成

音素是构成语音的最小单位，是从音质的角度划分出来的线性语音单位。音素构成在不同语言中存在显著差异，这种差异不仅体现在音素的数量上，还体现在音素的发音特点、发音部位以及音素间的相互作用等方面。

一、英语音素

英语的音素系统相对复杂且精细，包含 20 个元音和 28 个辅音。(见表 2-1)

表 2-1　英语音素

元音 20 个	单元音 12 个	短元音 7 个	/æ/、/e/、/ɪ/、/ɒ/、/ʊ/、/ʌ/、/ə/
		长元音 5 个	/iː/、/ɔː/、/uː/、/ɜː/、/ɑː/
	双元音 8 个	合口双元音 5 个	/aɪ/、/eɪ/、/aʊ/、/əʊ/、/ɔɪ/
		集中双元音 3 个	/ɪə/、/eə/、/ʊə/
辅音 28 个	清辅音 10 个		/p/、/t/、/k/、/f/、/θ/、/s/、/tr/、/ts/、/ʃ/、/tʃ/
	浊辅音 18 个		/b/、/d/、/g/、/v/、/ð/、/z/、/dr/、/dz/、/ʒ/、/dʒ/、/m/、/n/、/ŋ/、/l/、/r/、/h/、/w/、/j/

元音在英语发音中占据重要地位，其发音多变且复杂。单元音和双元音的区分较细，且元音有长短之分，长元音发音时间长，响度大，而短元音发音短促。例如，长元音 /iː/（如单词"see"中的元音）发音时间长，响度大；而短元音 /ɪ/（如单词"it"中的元音）发音短促。单元音如 /æ/（如单词"cat"中的元音）等具有固定的发音位置和口型，需要准确掌握。双元音如 /aɪ/（如单词"eye"中的元音）、/əʊ/（如单词"go"中的元音）等则需要从一个元音滑动到另一个元音，形成平滑的过渡，这种滑动发音的特点是英语元音音素的一大特色，也是英语发音中的一个难点。

英语的辅音不仅数量多，而且发音特点各异。英语辅音音素中，清、浊辅音的成对出现构成了英语发音的一个重要特点。清辅音发音时声带不振动，而浊辅音发音时声带振动。例如，清辅音/p/（如单词"pen"的首音）、/t/（如单词"ten"的首音）发音时声带不振动；而浊辅音/b/（如单词"bed"的首音）、/d/（如单词"dog"的首音）发音时声带振动。这种清浊对立在英语中起到了区分词义的关键作用。此外，英语中还有部分辅音是汉语语音中所没有的，如齿摩擦音/θ/（如单词"think"中的首音）、腭龈摩擦音/ʒ/（如单词"vision"中的元音后辅音部分），这些辅音的发音需要特殊的发音技巧和口腔位置。

在英语发音中，音素的连读和同化现象十分普遍。连读是指相邻的两个音素在发音时相互连接，形成一个流畅的发音过程。例如，"I want an apple"（/aɪ wɑːnt ən ˈæpl/）中，"want"的/nt/和"an"的/ən/连读，形成/wɑːntən/的流畅发音，紧接着与"apple"的/ˈæpl/相连，整体听起来可能是/aɪ wɑːntənˈæpl/。同化则是指一个音素在发音时受到相邻音素的影响而发生变化。例如，"fast car"（/fɑːst kɑː/）中/t/受/k/影响发音变得较轻，可能出现/fɑːs kɑː/的发音同化现象。不过，需要注意的是，这种同化现象的程度和表现形式可能会因个人的口音和发音习惯而有所不同。

二、汉语音素

与英语相比，汉语音素数量相对较少，约为32个，其中包括10个元音和22个辅音。（见表2-2）

表2-2 汉语音素

元音10个	a、o、e、ê、i、u、ü、-i（前i）、-i（后i）、er	
辅音22个	双唇音4个	b、p、m、f
	舌尖前音3个	z、c、s
	舌尖中音4个	d、t、n、l
	舌尖后音4个	zh、ch、sh、r
	舌面音3个	j、q、x
	舌根音3个	g、k、h
	舌根鼻音1个	ng

元音是发音时声带振动，气流在口腔中不受阻碍或受阻碍较弱的音素。汉语的元音发音时，口腔共鸣的调节起着至关重要的作用，尽管元音音素本身并不具备明确的长短之分，但元音的发音位置和口型却需要精确掌握。举例来说，"a"（如"啊"）、"o"（如"哦"）、"i"（如"衣"）等元音的发音，都依赖于特定的口腔形状和共鸣效果。在汉语中，元音音素还包括"e、u、ü"等，它们构成了汉语音节中的核心部分。元音的发音相对较为响亮，且能够持续发音，这使得元音在语音交流中起到了至关重要的作用。

辅音是发音时气流通路有阻碍的音素。辅音的发音需要形成阻碍，比如唇、齿、舌等部位的协同动作，以改变口腔内部的气流方向或流速，从而产生辅音的音素特点。汉语辅音的发音部位和方法同样独具特色。以"z、c、s"这组舌尖前音为例，发音时舌尖抵住上齿背，气流从舌尖与上齿背之间的窄缝中挤出，形成摩擦声。这种发音方式在汉语中十分普遍，也是汉语辅音发音的一个显著特点。如，"资"（zī）、"刺"（cì）、"思"（sī）等词的发音，都遵循了这一规律。

值得注意的是，汉语中的清辅音和浊辅音虽然存在区分，如"p"（泼）为清辅音，"b"（波）为浊辅音，但这种对立并不像英语那样显著和普遍。此外，汉语辅音还包含一些特殊的发音现象，如鼻音化（如"n"在"你"中的发音，带有鼻腔共鸣）和边音化（如"l"在"了"中的发音，气流从舌两侧流出）。这些特殊现象在汉语发音中同样发挥着重要作用。

三、对比示例

（一）英语清浊辅音与汉语送气不送气辅音对比

英语清浊辅音："p"/p/（清辅音）与"b"/b/（浊辅音）。

汉语送气不送气辅音："波"（bō，不送气音）与"泼"（pō，送气音）

在英语中，清浊辅音的区分十分明显。例如，"p"/p/是一个清辅音，发音时声带不振动；而"b"/b/则是一个浊辅音，发音时声带振动。这种清浊对立在英语发音中扮演着至关重要的角色，它帮助形成了不同的音素，从而能够准确地区分单词的意义，如"pin"（别针）和"bin"（垃圾桶）就因为清浊辅音的不同而意义迥异。

相比之下，汉语中并没有清浊辅音的严格区分，但有着送气与不送气的差异。以"波"（bō）和"泼"（pō）为例，"波"的声母"b"是不送气音，发音时气流较为平稳；而"泼"的声母"p"则是送气音，发音时气流较强，有明显的喷气感。这种送气与否的差异在汉语中用来区分不同的声母，进而影响发音时的气流强度和词义。

需要注意的是，汉语中的送气音与英语中的清辅音在发音机制上并不完全相同。送气音是指发音时口腔中的气流较强，而清浊辅音则主要侧重于声带是否振动。因此，在对比英语清浊辅音与汉语声母时，我们应充分认识到两者在发音原理和语音特点上的差异。

（二）英语半元音与汉语介音对比

英语半元音："yes" /jes/（半元音/j/）。

汉语介音："家"（jiā）中的"i"。

在英语中，半元音是一种特殊的音素，它介于元音和辅音之间。以"yes" /jes/为例，其中的/j/便是一个典型的半元音。尽管在发音功能上它作为辅音出现，但在发音过程中，其口腔形状却与元音相似。

相比之下，在汉语中，介音则是位于声母和韵母之间的元音音素。以"家"（jiā）为例，其中的"i"便是一个介音。它起到了桥梁的作用，巧妙地连接了声母"j"和韵母"ā"，使得整个音节更加流畅和谐。

尽管英语半元音和汉语介音都位于音节内部，但它们在音节结构中所扮演的角色却截然不同。英语半元音更多地以辅音的身份出现，参与音节的构建；而汉语介音则专注于连接声母和韵母，为音节的完整性贡献力量。

（三）英语摩擦音与汉语擦音对比

英语摩擦音："shush" /ʃʌʃ/（摩擦音/ʃ/）。

汉语擦音："是"（shì）的声母"sh"。

英语摩擦音，以"shush" /ʃʌʃ/中的/ʃ/为例，是通过口腔内某个狭窄通道时，气流受到阻碍并产生摩擦而发出的音素。这种发音方式要求发音者精确地控制口腔的形状和气流的速度，以产生清晰、准确的摩擦音。

在汉语中，擦音与英语摩擦音在发音原理上有相似之处，都是通过口腔内某个部位的狭窄通道时，气流受到阻碍并摩擦而产生的音素。然而，汉语擦音的发音部位和方式可能因方言的不同而有所差异。以普通话中的"是"（shì）为例，其声母"sh"就是一个典型的擦音，发音时舌尖需要接近或轻触上齿龈前部，同时气流从舌齿间摩擦而出。

尽管英语摩擦音和汉语擦音都是通过摩擦产生的音素，但它们在发音部位和方式上确实存在差异。英语的摩擦音可能更加注重口腔形状的调整和气流速度的控制，而汉语的擦音则可能更多地受到方言和发音习惯的影响。

（四）英语元音发音方式与汉语元音发音方式对比

英语元音发音方式：注重唇形、舌位及发音方式的调整，如"eat"/iːt/中的长元音/iː/。

汉语元音发音方式：更多地依赖于声母和韵母的结合以及声调的变化，如"衣"（yī）中的元音/i/。

英语元音的发音方式颇为精细，它要求发音者能够精确地调整唇形、舌位及发音方式。以"eat"/iːt/中的长元音/iː/为例，发音时需确保口腔保持较大的开度，舌位前伸且相对较低，接近口腔前部，同时唇形保持扁平且略微紧张。这种对发音细节的精准把控，在英语元音发音中至关重要。

相比之下，汉语元音的发音方式更多地依赖于声母与韵母的结合以及声调的变化。以"衣"（yī）中的元音/i/为例，虽然发音时也需调整唇形（扁平）和舌位（舌面接近硬腭前部），但更重要的是与声母"y"（一个半元音）的流畅结合，并准确把握其平调的声调特点。

（五）英语齿间音与汉语舌尖音对比

英语齿间音："think"/θɪŋk/（齿间清辅音/θ/）。

汉语舌尖音："四"/sì/的声母"s"（舌尖前清擦音）。

在英语中，齿间音/θ/和/ð/的发音独具特色，它们要求发音者将舌尖轻触或接近上齿背，同时确保气流顺畅地从舌齿间送出。以单词"think"/θɪŋk/为例，其中的/θ/便是一个典型的齿间清辅音。发音时，舌尖需轻微接触上齿背，然后迅速释放气流，产生清晰的摩擦声。对于非英语母语者，尤其是汉语母语者来说，这种发音方式可能较为陌生，因为汉语中并没有完全对应的发音部位。

相比之下，汉语中的舌尖音则呈现出不同的发音特点。以"四"/sì/的声母"s"为例，它是一个舌尖前清擦音。在发音过程中，舌尖需要接近或轻触上齿龈（而非上齿背），同时气流从舌齿间摩擦而出。虽然这种发音方式与英语的齿间音有所不同，但同样需要精细的舌尖控制。舌尖音在汉语中极为常见，是构成汉语音节的重要元素之一。

总的来说，英语中的齿间音和汉语中的舌尖音在发音部位、气流送出方式以及发音难度上都存在差异。了解这些差异有助于我们更好地掌握两种语言的发音特点，提高口语表达的准确性和流利度。同时，对于学习英语的汉语母语者来说，掌握齿间音的发音技巧也是提高英语口语水平的关键之一。

（六）英语卷舌音与汉语儿化音对比

英语卷舌音："r"（在某些方言或口音中可能表现为卷舌音）。

汉语儿化音："花儿"（huār）中的"儿"。

在英语中，特别是在某些方言或口音（如美式英语）中，辅音/r/的发音往往伴随着舌尖的卷起，接触或接近硬腭后部，形成卷舌音，如单词"red"/rɛd/中的/r/。这种发音特点为英语增添了独特的韵律和地域特色。

汉语中的儿化音则是一种音变现象，通常出现在某些词语后面加上"儿"字时，如"花儿"（huār）中的"儿"。儿化后的音节发音会发生变化，通常表现为韵母的元音部分发音变得更为短促、模糊，并带有一定的卷舌色彩，但这种卷舌程度相较于英语的卷舌音来说较为轻微，更多表现为一种语感上的变化。儿化音在汉语口语中极为常见，它不仅能够改变词语的读音，还能为语言增添亲切感和口语化色彩。

英语卷舌音和汉语儿化音虽然都与舌尖位置有关，但它们的发音机制、产生原因和效果存在显著差异。了解这些差异不仅有助于语言学习者更好地掌握两种语言的发音特点，还能增强对两种语言文化特色的理解和感知。

第二节　音节结构

音节，作为语音构成的基本单位，是音位组合而成的最小语音结构单元。在探讨不同语言的音节结构时，英语和汉语呈现出显著的差异。

一、英语音节

英语音节结构相对复杂多变，其构成元素包括元音和辅音。辅音和元音能够以多种方式组合，形成多样化的音节形式，从而展现出英语丰富的语言表现力。最简单的音节形式为仅包含一个元音的开音节，例如单词"I"（/aɪ/，意为"我"）中的/aɪ/音节。更为普遍的音节结构则是辅音+元音的组合，如"go"（/gəʊ/，意为"去"）中的/gəʊ/音节。此外，英语中还存在辅音+元音+辅音的结构，例如"cat"（/kæt/，意为"猫"）中的/kæt/音节。

值得注意的是，英语音节中甚至可能出现更为复杂的多辅音相连开头的结构，例如"stride"（/straɪd/，意为"大步走"）中的开头部分"str"，三个辅音依次排列，这种结构为英语单词的形态带来了丰富的变化，同时也对发音提出了一定的挑战。

在多音节单词中，重音的分布遵循着严格的规则。重音位置的不同可能导致单词的词性或词义发生变化。例如，"'import"（名词，意为"进口物品"）与"im'port"（动词，意为"进口"），仅因为重音位置的移动，单词的词性和功能就发生了转换。这种重音的变化不仅影响单词的发音，还直接关系到单词在句子中的语法功能和意义表达。

英语音节的划分主要基于元音和辅音的组合以及重音的位置。掌握这些规则对于准确发音和理解单词的词义至关重要。它们能够帮助我们更好地把握英语发音的精髓，提升语言学习的效率和效果。

二、汉语音节

与英语音节相比，汉语音节的结构显得更为规整和统一。汉语音节主要由声母、韵母和声调三大部分构成。在汉语中，声母共有 23 个，它们位于音节的起始部分，通常由辅音来担任。声母的主要作用是确定音节的发音起点，并赋予音节特定的辅音性质。而韵母部分则更加繁复多样，总计有 39 个基础韵母（这里的基础韵母指的是单韵母、复韵母、鼻韵母等核心形式，并不包括由它们进一步组合而成的众多韵母变体）。（见表 2-3）韵母位于音节的核心位置，主要由元音构成，它决定了音节的基本音质和音色。韵母的多样性使得汉语音节在发音时能够展现出丰富的音色变化。对于零声母音节，它们则直接从韵母开始，并附加声调，例如"安"（ān）和"鹅"（é）。

表 2-3　声母和韵母

声母 23 个	b、p、m、f、d、t、n、l、g、k、h、j、q、x、zh、ch、sh、r、z、c、s、y、w		
韵母 39 个	单韵母 10 个		a、o、e、ê、i、u、ü、-i（前）、-i（后）、er
	复韵母 13 个	前响复韵母 4 个	ai、ei、ao、ou
		中响复韵母 4 个	iao、iou、uai、uei
		后响复韵母 5 个	ia、ie、ua、uo、üe
	鼻韵母 16 个	前鼻韵母 8 个	an、ian、uan、üan、en、in、uen、ün
		后鼻韵母 8 个	ang、iang、uang、eng、ing、ueng、ong、iong

韵母可以进一步细分为韵头、韵腹和韵尾。其中，韵腹是韵母的核心组成部分，它必须存在，并决定了韵母的主要音质。韵头和韵尾则可能出现，也可能不出现，它们起到修饰和补充韵腹音质的作用。元音在音节中可以连续出现，形成复韵母，但辅音（除了鼻辅音"n、ng"可以出现在音节末尾作为韵尾外）则不能连续出现在音节中。例如，"iao"这一中响复韵母，就是由元音"i、a、o"连续组成，而辅音则无法形成这样的连续组合。

汉语音节中的声调是区分词义的关键所在。汉语普通话拥有四个独特的声调：阴平、阳平、上声、去声。这四个声调通过音高的巧妙变化，赋予了汉语语音丰富的韵律感和极高的辨识度。例如，"ma"在不同的声调下可以表示四个完全不同的词汇："妈"（阴平，表示母亲）、"麻"（阳平，表示一种植物或感觉麻木）、"马"（上声，表示一种动物）、"骂"（去声，表示一种行为）。这种声调的变化不仅极大地丰富了汉语的表达方式，也为语言学习增添了几分趣味性和挑战性。

汉语音节的界限非常清晰，发音干脆利落，不会出现粘连或模糊的情况。这种特点使得汉语多音节词在读起来时，每个音节都独立可辨，字字清晰。如，"西红柿"（xī hóng shì），每个音节都清楚分明，具有很强的节奏感。与英语音节那种可能连绵、轻重错落的结构相比，汉语音节的结构更加简洁明了，易于识别和发音。这种结构特点不仅使得汉语在听觉上更加悦耳动听，也为汉语的学习和传播提供了便利。

三、对比示例

（一）英语双元音与汉语复韵母对比

英语双元音："oil" /ɔɪl/的双元音/ɔɪ/。

汉语复韵母："爱"（ài）的韵母"ai"。

英语中的双元音发音过程有明显的动态变化，以"oil" /ɔɪl/为例，其中的/ɔɪ/双元音发音时，口腔形状从/ɔ/平滑过渡到/ɪ/，形成一个流畅而连贯的发音轨迹。这种双元音的发音特色在英语中极为常见，为英语发音增添了丰富的层次感和韵律美。

相比之下，汉语中的复韵母则是由两个或更多元音音素组合构成的韵母结构。以"爱"（ài）的韵母"ai"为例，它由元音/a/和/i/组合而成。虽然汉语复韵母的发音过程并不像英语双元音那样具有显著的滑动变化，但每个元音音素在发音时都保持着相对稳定的口腔形状和音高，通过元音之间的自然过渡，形成了汉语复韵母独特的韵味和发音特点。这种复韵母的结构和发音方式，为汉语语音系统增添了独特的韵律和美感。

（二）英语辅音+元音结构与汉语声母+韵母结构对比

英语辅音+元音："go" /gəʊ/。

汉语声母+韵母："哥" /gē/。

在英语中，辅音和元音的结合是构成音节的基本方式。辅音通常位于元音之前，起到引导和修饰元音的作用。如"go"中的"/g/"是辅音，

"/əʊ/"是元音，两者结合形成一个完整的音节。这种结构使得英语音节在发音时具有更加丰富的变化和层次感。

在汉语中，声母和韵母的结合是构成音节的基本方式。声母通常是一个辅音（或辅音组合），韵母则包括元音和可能的辅音韵尾。如"哥"中的"g"是声母，"ē"是韵母，两者结合后再加上声调，形成一个具有明确意义的音节。这种结构使得汉语音节在发音时更加清晰和准确。

（三）英语辅音+元音+辅音结构与汉语复杂音节对比

英语辅音+元音+辅音："cat"/kæt/。

汉语复杂音节："窗"/chuāng/。

在英语中，辅音+元音+辅音的结构是一种常见的音节形式。这种结构中的辅音通常起到封闭音节的作用，使得元音的发音更加紧凑和有力。如"cat"中的"/k/"和"/t/"是辅音，"/æ/"是元音，三者结合形成一个完整的音节。

在汉语中，复杂音节可能包含多个元音和辅音成分。这些成分在发音时需要按照一定的顺序和规则进行组合和协调。如"窗"中的"ch"是声母（由辅音 ch 构成），"uāng"是韵母（由元音 u、a 和鼻音韵尾 ng 构成）。虽然结构相对复杂，但发音时依然需要保持清晰和准确。

（四）英语辅音丛与汉语声母韵母结合对比

英语辅音丛："sprout"/spraʊt/。

汉语声母韵母结合："潘"（pān）。

英语辅音可以连续出现，形成辅音丛。辅音丛，指的是两个或更多辅音音素紧密相连并一同发音的现象，这在英语发音中极为常见，例如，在单词"sprout"/spraʊt/中，/spr-/部分就是一个典型的辅音丛。这种辅音丛的存在无疑增加了英语发音的复杂性，要求发音者必须拥有高度的精确度和流畅性，以确保单词发音的准确无误和自然流畅。

相比之下，汉语的音节结构则显得更为简洁明了。在汉语中，辅音一般不连续出现，每个汉字的发音（相当于英语中的一个单词）通常由一个单辅音声母（或零声母）和一个韵母组合而成。这种组合方式中，不存在多个辅音相连的结构。以汉字"潘"（pān）为例，其发音就是由声母"p"

和韵母"ān"直接结合而成的。这种声母与韵母的结合方式，使得汉语的发音结构清晰，易于辨识和理解。同时，汉语中的声母和韵母种类相对固定，有助于学习者更好地掌握汉语发音的规律。

（五）英语多音节单词重音分布与汉语无重音但有声调对比

英语多音节单词重音分布："'import"（名词）与"im'port"（动词）。

汉语无重音但有声调："妈"/mā/与"麻"/má/通过声调区分词义。

在英语中，多音节单词的重音分布对词义和词性有重要影响。重音通常位于单词的某个特定音节上，这个音节在发音时会更加突出和有力。如"import"作为名词时重音在第一个音节上，而作为动词时重音则转移到第二个音节上。这种重音位置的变化不仅丰富了英语单词的发音表现，还直接影响了词汇的具体含义和语法功能。

相比之下，汉语中的音节并不具备重音的概念。每个音节都承载着独特的声调，这些声调在发音时具有固定的音高和音长特征。汉语正是通过声调的变化来区分不同的词义和词性的。例如，"妈"（/mā/）和"麻"（/má/）这两个词，虽然它们的声母和韵母完全相同，但由于声调的不同，它们所表达的意义也截然不同。这种声调的变化赋予了汉语发音以独特的韵律美和节奏感。

（六）英语音节连绵、轻重错落与汉语音节清晰、节奏感强对比

英语音节连绵、轻重错落（如句子"The wind whispers softly through the pine trees."）。

汉语音节清晰、节奏感强（如句子"春天的脚步轻盈而至，万物欣然复苏"）。

在英语中，音节在句子中的排列往往如行云流水，轻重音节的交错使得整个句子听起来既和谐又富有韵律。例如，句子"The wind whispers softly through the pine trees."中的音节呈现出连绵不断、轻重错落的特点。特别是在"whispers"和"softly"等词中，辅音和元音的结合紧密，音节之间的过渡自然流畅，使得整个句子听起来更加柔和而富有诗意。

相比之下，汉语中的音节展现出一种清晰明确、节奏感鲜明的特质。每个音节都独立存在，发音干脆利落，音节间的停顿与节奏赋予整个句子

以强烈的韵律感和生动的画面感。这种发音特性让汉语在表达时更加鲜活且形象。以句子"春天的脚步轻盈而至，万物欣然复苏"为例，其中的音节发音界限清晰，节奏感强，让人仿佛亲眼看见了春天的脚步悄然临近，万物在温暖的阳光下欣然苏醒，充满了生机与活力。

第三节　语调节奏

一、英语语调与节奏

英语语调在表达意义方面功能强大，且与语法结构紧密相关。升调常用于一般疑问句，如"Is it yours?"句尾音调上扬，清晰地传达出疑问的语气。降调则多见于陈述句和特殊疑问句，例如"I like it."这样的陈述句，语调平稳下沉，给人以肯定的感觉；而"Where are you going?"这样的特殊疑问句，虽然也是询问，但语调同样采用降调，以凸显询问的确定性和针对性。在特殊场合下，英语语调的变化更为丰富，如在表达惊讶时，整个句子的音调会整体拉高，如"Wow, that's amazing!"这句话中的"amazing"部分音调明显升高，传达出说话者的惊讶之情。而在调侃打趣时，语调起伏夸张，以增强语言的趣味性和表达效果。比如，"You must be kidding me!"这句话中的"kidding"部分语调上扬，带有明显的调侃意味，使语言更加生动有趣。

英语句子的节奏主要依赖于重音的把控。在发音时，重读音节响亮清晰，而非重读音节则快速弱化，从而产生了独特的节奏韵律。例如，"impressive"一词在发音时，重音落在第一个音节上，形成鲜明的节奏对比。在连读中，这种节奏韵律愈发明显，使得英语句子的发音更加流畅自然，如"I have an impressive idea."这句话中，"impressive"作为重读音节，与其他非重读音节形成强烈对比，使得整个句子的节奏韵律更加突出，易于理解和记忆。

此外，在英语诗歌中，节奏的表现尤为突出。诗人通过精心安排重音和音节数量，营造出直接、明快的节奏模式，使得诗歌具有独特的韵律美感。以威廉·华兹华斯的《孤独的收割者》为例："Behold her, single in the field，/ Yon solitary Highland Lass! / Reaping and singing by herself; / Stop here, or gently pass! / Alone she cuts and binds the grain，/ And sings a melancholy strain; / O listen! for the Vale profound/ Is overflowing with the sound." 这首诗中，诗人通过固定的音节数量和巧妙的重音安排，使得每一行的节奏都保持一致，形成了独特的韵律美感。同时，诗歌中的重音和停顿也巧妙地传达了诗人的情感和意境，使读者在朗读时能深刻感受到诗歌的韵律之美和意境之深远。

二、汉语语调与节奏

与英语语调相比，汉语语调的语法指向性相对较弱，而情绪表达属性则更为突出。在日常交流中，一个简单的询问句如"你吃饭了吗？"通常伴随着轻快上扬的语调，传递出友好和关心的氛围。然而，若语调转为低沉、语速放缓，并融入一丝严肃，这句话便可能转化为一种带有质疑或审视意味的询问，如"你真的吃饭了吗？"在这种情境下，语调的变化微妙地改变了句子的整体含义和语气。

汉语的节奏感更多地体现在音节数量、停顿安排以及平仄的协调上。四字成语作为汉语节奏感的典范，如"花红柳绿"四字连读，平仄相间，读起来朗朗上口，节奏感极强。在诗歌中，古体诗严格遵循格律要求，讲究平仄、押韵、对仗等要素，使得整首诗读起来抑扬顿挫、节奏鲜明。例如，"白日依山尽，黄河入海流。"这句古诗中的平仄对仗、押韵和谐，体现了汉语诗歌独特的节奏感。而现代诗虽然相对自由，不受传统格律的严格限制，但诗人们仍然会巧妙地运用内在的韵律、分行停顿等方式来营造节奏。例如，"轻轻地我走了，正如我轻轻地来；我轻轻地招手，作别西天的云彩。"这句现代诗句通过轻柔的语调、舒缓的节奏以及巧妙的停顿，营造出一种宁静而略带忧伤的氛围，与英语诗歌中常见的直接、明快的节奏模式形成了鲜明的对比。

三、对比示例

（一）一般疑问句语调对比

英语："Is it yours?"升调结尾，传达疑问。

汉语："你吃饭了吗?"语调轻快上扬，常规询问。

英语中的升调不仅用于一般疑问句，还常用于表达不确定性、邀请、请求等语气。在"Is it yours?"这个句子中，升调的使用明确地向听者传达了疑问，并期待对方给予答复。这种语调的使用体现了英语语调在传达情感和语法意义方面的灵活性。

而汉语疑问句虽然也有上扬的语调，但其语法指向性较弱，更多依赖于语境、语气词（如"吗"）以及对方的反应来共同构成疑问的语境。另外，汉语中的疑问句也会通过语调轻快上扬来体现友好和亲切。在"你吃饭了吗?"这个句子中，语调的轻快上扬不仅传达了询问的意图，还体现了说话者对对方的关心和友好态度。这种语调的使用反映了汉语语调在社会交流中的重要作用。

(二) 陈述句语调对比

英语："I like it."降调，表达肯定。

汉语："我喜欢它。"语调平稳，直接陈述。

英语中的降调在陈述句中用于表达肯定、陈述事实或结束话题等语气。在"I like it."这个句子中，降调的使用清晰地传达了说话者对某事物的喜爱之情，并强调了句子的肯定性。这种语调的使用体现了英语语调在表达情感和语法关系方面的准确性。

汉语中的陈述句通常通过平稳的语调来直接陈述事实或表达观点。在"我喜欢它"这个句子中，语调的平稳不仅符合汉语的表达习惯，还体现了说话者对某事物的直接和明确的喜爱之情。这种语调的使用反映了汉语语调在陈述事实、表达观点方面的直接性和明确性。

(三) 特殊疑问句语调对比

英语："Where did you go last night?"语调采用降调，强调询问的确定性和针对性。

汉语："你昨晚去哪里了?"语调平稳或略有上扬，但更多依赖于语境和对方的反应。

在英语中，特殊疑问句虽然与陈述句在结构上有所不同，但在语调上往往采用降调，这确实强调了询问的确定性和针对性。例如，"Where did you go last night?" 这个句子中，降调的使用使得整个句子听起来更加直接和明确，询问者期望得到具体的回答。

然而，在汉语中，特殊疑问句的语调则更加灵活多变。虽然有时也采用降调或平稳的语调，但更多时候，汉语特殊疑问句的语调会受到语境、情感以及说话者意图的影响。例如，"你昨晚去哪里了?"这句话在不同的语境下，语调可能会有所不同。在轻松的聊天环境中，语调可能会略有上扬，显得亲切友好；而在严肃的询问场合，语调则可能会下沉，显得严肃认真。此外，汉语特殊疑问句的语调还常常与语气词、语调起伏以及语速等因素相结合，共同传达出询问者的意图和情感。这使得汉语特殊疑问句在语调上更加丰富多样，也更具表现力。

(四) 惊讶表达语调对比

英语："Wow! That's amazing!" 音调整体拉高，表达惊讶和赞叹。

汉语："哇! 太厉害了!" 语调上扬，音量增大，同样表达惊讶和赞叹。

在表达惊讶时，英语和汉语都采用了上扬的语调，并增大音量来突出惊讶的情感，这表明在表达强烈情感时，两种语言在语调上的表现有一定的相似性。然而，两者在表达方式上仍有一些细微的差异。

在英语中，"Wow! That's amazing!" 这句话的音调整体拉高，同时伴随着音量的增大和语速的加快，以充分表达出惊讶和赞叹的情感。这种表达方式直接而强烈，很容易引起听者的共鸣。

而在汉语中，"哇! 太厉害了!" 这句话虽然同样采用了上扬的语调和增大的音量，但汉语在表达惊讶时更注重情感的细腻和层次。说话者可能会通过语调的起伏、语速的变化以及语气的轻重来传达出不同程度的惊讶和赞叹。这使得汉语在表达惊讶时更加富有层次感和表现力。

(五) 节奏对比 (英语重音与汉语平仄)

英语："Beautiful scenery!" 重音落在 "beautiful" 上，形成鲜明的节奏对比。

汉语："山清水秀" 四字连读，平仄相间，节奏感强。

英语句子的节奏确实主要依赖于重音的把控。在发音时，重读音节响亮清晰，非重读音节则快速弱化，这种节奏对比使得英语句子在朗读时更加流畅自然。此外，英语中的连读、省音等现象也进一步丰富了句子的节奏感。

而在汉语中，节奏则更侧重于音节数量、停顿安排以及平仄协调。四字成语是汉语节奏感的绝佳体现，平仄相间、韵律和谐，读起来朗朗上口。此外，汉语中的押韵、对仗等修辞手法也增强了句子的节奏感和韵律美。

值得注意的是，虽然英语和汉语在节奏方面有不同的表现方式和侧重点，但在实际交流中，人们往往会根据语境、情感以及表达需要来灵活运用不同的节奏和语调方式，以达到更好的表达效果。

（六）诗歌节奏对比

英语："Gently down the stream, merely sliding"，现代英语诗歌中的节奏模式，依靠内在韵律、停顿和分行等方式来营造节奏。

汉语："轻轻地我走了，正如我轻轻地来"，现代汉语诗句，同样依靠内在的韵律、停顿和分行来营造节奏，但更注重意境的营造和情感的表达。

在诗歌中，英语和汉语都依靠内在的韵律、停顿和分行等方式来营造节奏。然而，两者在节奏的表达上仍有一些差异。

英语诗歌更注重语言的韵律和节奏感的表达。通过精心设计的韵律模式、押韵方式以及节奏对比等手段，英语诗歌在朗读时呈现出流畅自然、韵律优美的特点。这种节奏感不仅增强了诗歌的音乐性，也使得诗歌在表达上更加生动有力。

而汉语诗歌则更注重意境的营造和情感的表达。通过巧妙的意象选择、意境营造以及情感抒发等手段，汉语诗歌在节奏上呈现出更加富有诗意和韵律美的特点。这种节奏感与诗歌的意境和情感紧密相连，使得诗歌在表达上更加深邃动人。

第三章　英汉语言结构对比

在人类丰富多彩的语言世界中，英语与汉语作为两大广泛使用的语言，分别承载着西方与东方深厚的文化底蕴与历史积淀。英语，作为印欧语系日耳曼语族的一员，以其严谨的逻辑结构、多变的语法形态及广泛的国际通用性而著称；汉语，则归属于汉藏语系汉语族，凭借其独特的象形文字、丰富的声调系统和深厚的文化内涵而闻名于世。这两种语言在语音、词汇、句法及语篇等各个层面展现出的独特魅力，不仅反映了各自民族的思维模式与文化传统，也成了跨文化交流与理解的重要桥梁。

随着全球化的不断推进，英语与汉语之间的交流互动愈发紧密，无论是在教育合作、商务贸易、科技创新还是文化交流等多个领域，都迫切需要深化对这两种语言本质特征的理解。因此，对英汉语言结构进行对比研究，不仅具有深远的理论意义，更在实际应用中发挥着举足轻重的作用。

从语言学习的角度来看，对于中国的英语学习者以及以英语为母语学习汉语的人群而言，明晰两种语言结构的差异能够帮助他们精准地把握各自语言的规则与特点，从而更高效地掌握目标语言，减少母语负迁移带来的干扰与困惑。

在翻译领域，语言结构对比是实现高质量翻译的关键所在。译者只有透彻理解源语言与目标语言在结构上的异同，才能在翻译过程中灵活地进行转换与调整，使译文既忠实反映原文的语义内涵，又符合目标语言的表达习惯，确保信息的准确传递与文化的有效交流。

从跨文化交际的宏观角度来看，语言结构作为文化的重要外在表现形式，其背后蕴含着各自独特的思维模式、价值观念以及社会文化特征。对英汉语言结构的细致对比分析，能够为跨文化交际搭建起一座坚实的桥梁，促进不同文化背景的人们相互理解、相互尊重，避免因语言结构差异而引发的误解与冲突，促进国际交流合作的顺利开展。

本章将围绕词汇构成、句法结构和语篇组织三个核心方面对英汉语言结构展开全面深入的对比研究，旨在系统剖析二者的差异与共性，揭示隐藏在语言表象之下的内在规律与文化密码，为语言教学、翻译实践以及跨文化交际等相关领域提供有价值的理论依据与实践指导。

第一节　词汇构成

一、词汇起源差异

（一）英语词汇起源

英语隶属印欧语系日耳曼语族西日耳曼语支。印欧语系是全球规模最大、涵盖范围最广的语系之一，不仅包括了欧洲的大部分语言，还涉及众多亚洲语言。这一语系发端于原始印欧语，在漫长的人类迁徙与文明演进历程中，逐渐分化出不同的语族。日耳曼语族是印欧语系的重要分支，它进一步细分为东日耳曼语支、西日耳曼语支以及北日耳曼语支。英语归属于西日耳曼语支，与之同属这一语支的，还有德语、荷兰语等诸多语言。这些语言在基础词汇、语法结构上存在不少共性，它们共享着西日耳曼语支的部分语言特征，为追溯语言的亲缘脉络，提供了关键线索。

在英语的发展历程中，它受到了多种语言的影响，尤其是拉丁语和法语。然而，从根源上讲，英语的语法和词汇的基本架构仍然深深地烙印着日耳曼语族的特征。例如，英语中的一些基本词汇，如"father"（父亲）、"mother"（母亲）、"water"（水）等，与日耳曼语族的其他语言有着明显的同源关系。同时，在语法结构上，如名词的复数形式（如"book"变为"books"）等规则，也体现了日耳曼语族的特色。

随着历史的变迁，英语词汇逐渐吸纳了来自不同文化的词汇。1066年诺曼征服后，法语成为英国宫廷和贵族的主流语言，这一时期的英语因此大量引入了法语词汇，如"empire"（帝国）、"government"（政府）、"judge"（法官）、"ballet"（芭蕾舞）等，这些词汇的加入极大地丰富了英语在政治、法律、文化艺术等领域的表达能力，使英语从质朴走向了更为精致和丰富的表达。

到了文艺复兴时期，拉丁语和希腊语的影响力显著增强，这两种语言携带了深厚的学术和科学基因，为英语注入了大量高阶知识体系相关的词汇。例如，"biology"（生物学）源自希腊语，意为"生命的研究"；"philosophy"（哲学）则来自拉丁语，意为"爱智慧"。这些专业词汇的引入，极大地拓展了英语的表意深度和广度，使英语成为表达复杂思想和科学概念的有力工具。

进入近现代以来，随着全球殖民扩张和贸易往来的日益频繁，英语更是从世界各地语言中吸纳了大量新词。例如，"tea"（茶）和"silk"（丝绸）等词汇源自汉语，反映了中国茶文化和丝绸文化对英国的影响；"typhoon"（台风）也是汉语借词，体现了东亚气候现象对英语词汇的贡献。同时，"cigar"（雪茄）来自西班牙语，"safari"（游猎）取自斯瓦希里语，"bouquet"（花束）源自法语，"kindergarten"（幼儿园）源自德语，"piano"（钢琴）源自意大利语以及"boss"（老板）源自荷兰语等。这些来自世界各地的词汇不断融入英语，不仅极大地扩充了其词汇量，更使其成为一个能够准确、生动地描述和传达不同文化背景、概念、现象及情感的国际性语言。英语凭借其强大的包容性和表达力，在全球范围内广泛吸纳新词，不断壮大其语言体系，最终成为全球范围内最为广泛使用的语言之一，促进了世界各地文化的交流与融合。

（二）汉语词汇起源

汉语，作为汉藏语系汉语族的一员，其词汇的深厚底蕴深深植根于华夏大地悠久的农耕文明与世代相传的智慧之中。象形文字，作为汉语词汇的起源，是古代先民依据事物的外在形态，通过直观描绘的方式创造出的文字。例如，"日"字以圆形中嵌一点的图案象征太阳，"月"字则以弯弯的月牙轮廓指代月亮。这些象形文字生动而直观，蕴含着古人对自然界的朴素观察与深刻理解，展现了他们对世界的独特认知。

随后，会意字应运而生，它们通过巧妙组合不同部件来传达更为复杂的意义。如"休"字，由"人"字倚靠在"木"字旁构成，形象地表达了人倚树而息、休息的概念；"明"字则是由"日"与"月"合并而成，寓意着日月交替、光明照耀。这些会意字通过部件的巧妙组合，展现了古人丰富的联想与创造力，进一步丰富了汉语词汇的内涵。

随着时间的推移，形声字逐渐占据了汉语词汇的主导地位。形声字的结构独具匠心，一边以形旁（意符）来标明意义范畴，另一边则以声旁（音符）来提示读音。以"河"字为例，左边的"氵"（水部）清晰地指明了该字与水有关的意义领域，而右边的"可"则作为声旁，为该字提供了读音上的线索。这种独特的造字方法不仅确保了新词汇能够有序地繁衍与扩展，同时也忠实地保留了古人认知世界、表达思想的思维脉络，体现了汉语词汇的灵活性与生命力。

此外，在漫长的文化交流历程中，汉语词汇同样吸纳了为数不少的外来词汇。尽管其规模相较于英语而言较为有限，但这些外来词汇的融入却为汉语词汇库增添了独特的异域风情与文化色彩。诸如"葡萄"与"石榴"等词汇，是古代丝绸之路商贸与文化交流互动的结晶，它们源自遥远的西域；而近现代以来，"咖啡"与"沙发"等外来词的引入，则进一步彰显了中外文化交流与融合的深度和广度。这些外来词汇的融入，不仅极大地丰富了汉语词汇的表达层次与内涵，也为其增添了鲜明的时代特色与多元文化的色彩，使汉语词汇更加丰富多彩、充满活力。

值得一提的是，汉语词汇在吸纳外来词的同时，也注重保持自身的独特性与纯洁性。对于外来词汇的引入，汉语往往采用音译、意译或音意结合等方式进行处理，以确保新词汇既能够准确传达原意，又能够与汉语词汇体系相融合、相协调。这种兼容并蓄、博采众长的态度，使得汉语词汇在保持传统韵味的同时，又不失现代气息与开放精神。

二、词汇的基本构成元素对比

英语词汇与汉语词汇在构成元素上存在根本性的差异，这种差异不仅体现在书写形式上，更深入词汇的构成逻辑和表达方式上。

英语词汇的基本构成单位是字母。这些字母，如 a，b，c，d 等，按照特定的顺序和规则排列组合，形成了千变万化的单词。字母的组合不仅构成了单词的书面形式，还通过不同的排列方式，形成了丰富的音节和发音体系。在英语中，音素是构成单词发音的基础，不同的音素组合产生了单词独特的读音，使得英语成了一种音韵变化极为丰富的语言。词根和词缀在英语词汇构成中扮演着至关重要的角色。词根，如"vis"表示"看"，

"port"表示"搬运",承载着单词的基本意义。而词缀,如前缀"un-"表示否定,"re-"表示"再次",后缀"-er"表示人或物,"-tion"表示名词词性,它们通过附加在词根上,进一步丰富了单词的意义和词性。以"unhappy"为例,该词由前缀"un-"与词根"happy"结合而成,意为"不快乐的",这种前缀改变词根意义的方式在英语词汇中极为普遍。

汉语词汇则呈现出截然不同的构成特点。汉字,作为汉语词汇的基本单位,由笔画构成,每一笔都有其特定的书写顺序和结构类型。汉字的结构多样,包括左右结构(如"江""河")、上下结构(如"天""地")、包围结构(如"国""园")等,这些结构特点赋予了汉字独特的书写美感。汉语词汇的形成主要依赖于单个汉字所承载的意义以及汉字之间的巧妙组合。一个汉字往往就能表达一个独立的概念或意义,如"山"表示山岳,"水"表示水流。而当这些汉字以不同的方式组合时,就能构成丰富多样的词汇,表达出更为复杂和细致的概念。例如,"山水"一词,不仅描绘了自然风景中的山与水相依之景,还蕴含了中国传统文化中对自然美的独特理解和追求。又如"人口"一词,简洁明了地表达了一个地区或国家内居住的人的总数,而"大人"一词,在多数语境下指的是成年人,有时也作为对长辈或尊贵者的尊称,体现了汉语词汇在表达上的灵活性和多样性。

此外,英语词汇和汉语词汇在构成元素上的差异还体现在对新词的创造上。英语词汇可以通过词根和词缀的组合,以及借词等方式灵活地创造新词,以适应社会变迁与语言发展的需求。例如,"computer"一词便是借自拉丁语"computare",意为"计算"。随着科技的飞跃,英语词汇中涌现了越来越多的借词,以应对新兴的科技与社会现象。相比之下,汉语词汇则更多地依赖于汉字的组合与词义引申等方式来创造新词,这种创造方式往往要求更高的语言智慧与文化底蕴。例如,"森林"一词由"森"与"林"两个汉字组合而成,表示树木密集生长的地方。这种通过汉字组合构成新词的方式,充分体现了汉语词汇在表达上的丰富性和精确性。而"互联网"一词,则是通过词义引申与组合构成的新词,其中,"互"寓意相互,"联"表示连接,"网"则指网络。该词准确地描述了现代社会中信息相互连接、相互传递的网络状态。

三、构词法对比

英语与汉语在构词法上存在显著差异，这主要源于它们所属的语系及形态变化特点。英语作为日耳曼语系的一种屈折语，拥有丰富的词缀系统，通过派生法能够衍生出大量新词汇。而汉语，作为汉藏语系的一种孤立语，则主要依赖合成法来构成新词。

（一）派生法

英语的派生法体系极为完善，前缀和后缀种类繁多，各具特色。前缀通常用于改变词义，如"dis-"这一前缀，具有否定或表达相反意义的功能。当它与动词"agree"（同意）结合时，便形成了表示"不同意"的"disagree"；同样地，与动词"appear"（出现）结合后，产生了表示"消失"的"disappear"。另外，"multi-"这一前缀表示"多"的概念，与名词"media"（媒介）组合，形成了描述融合多种媒介形式的"multimedia"（多媒体），这一新词精准地反映了科技发展的潮流，描绘出融合多种媒介形式的新事物。

后缀则主要用于改变词性。例如，"-tion"后缀能够将动词转化为名词，动词"educate"（教育）加上该后缀后，就变成了名词"education"（教育）。而"-ful"后缀则通常用于名词之后，使其转变为形容词，如名词"beauty"（美丽）加上"-ful"后缀后，就变成了形容词"beautiful"（美丽的）。

值得注意的是，英语中的词缀还可以叠加使用，从而进一步丰富词汇的语义和转换词性。以"unhappiness"为例，它先由形容词"happy"（快乐的）加上"-ness"后缀变为名词"happiness"（幸福），然后再加上否定前缀"un-"，最终形成了表示"不幸福"的"unhappiness"。

相比之下，汉语的词缀虽然数量较少，但其语义和语法功能却更为灵活多变。在汉语中，前缀如"老"字的使用颇为广泛。当它被置于姓氏前时，如"老张""老王"，通常传达出亲切的情感；而当它用于某些名词前时，则赋予了这些名词特殊的含义，如"老虎""老鼠"，这里的"老"已虚化，不表示实际年龄大的意思。

至于后缀，如"子"字在汉语中也扮演着重要的角色。它常被用于名词、动词、形容词之后，以改变词性或增添口语色彩。例如，"桌子""椅子"等词中的"子"字使单音节词变为双音节词，读起来更加顺口；在"剪子"一词中，"子"将动词"剪"名词化；而在"胖小子"一词中，"子"则给"胖小"增添了亲昵的口语韵味。此外，"儿"作后缀也颇具特色，如"花儿""鸟儿"等词中的"儿"字使词语带上了柔美、小巧的感情色彩，读起来轻快活泼。

（二）合成法

合成法是英语扩充词汇的重要手段，组合方式灵活多样。名词与名词的合成，如"bookstore"，由"book"（书）和"store"（商店）两个名词组合而成，直观地表达了"书店"的含义；又如"seafood"，由"sea"（海）与"food"（食物）结合，简洁明了地表示"海鲜"。

形容词与名词的合成也相当常见。例如，"blackboard"由"black"（黑色）这一形容词和"board"（板）这一名词组合而成，构成了教学场景中常见的"黑板"；而"greenhouse"则是由"green"（绿色）这一形容词修饰"house"（房子）这一名词，形成了"温室"的意思。

动词与名词的合成同样不乏其例。如"typewriter"由"type"（打字）这一动词和"writer"（书写工具）这一名词组合而成，指的是"打字机"；又如"playground"，由"play"这一动词（玩）和"ground"（场地）这一名词相连，构成了"操场"的概念。

副词与动词的合成也为英语增添了不少新词。例如，"outlook"由"out"（向外）这一副词和"look"（看）这一动词构成，表示"展望"或"前景"的含义。

随着时代的发展，英语中出现了许多新的合成词。例如，"e-commerce"这一新词，其中"e-"代表"electronic"（电子的），与"commerce"（商业）结合，精准地概括了互联网时代的电子商务模式，展示了合成法在适应新时代需求方面的强大能力。

在汉语中，通过合成法创造的词汇同样丰富多样，展现了汉字组合的无限魅力。在联合式合成词中，两个意思相近的字组合在一起，能够碰撞出新奇而又精准的语义。例如，"寒冷"一词中，"寒"与"冷"都表示温度低，叠加使用后语义得到了强化；同样，"明亮"一词中的"明"和

"亮"都与光线充足有关,组合在一起后表意更加鲜明。

此外,意思相反的字合成也能产生有趣的词汇。如"开关"一词,"开"与"关"本是反义动作,但组合在一起后,便表示了一个控制电路通断的装置;又如"买卖"一词,简洁地概括了一买一卖的商业交易行为。

偏正式合成词则是前一个字修饰后一个字,形成更为具体的语义。例如,"火车"一词中,"火"修饰"车",点明了这种车靠火力驱动的特性;而"绿茶"一词中的"绿"则说明了茶的色泽,从而界定了茶的类别。

动宾式合成词中,前字表示动作,后字则是动作的对象。如"读书"一词,"读"这个动作施加在"书"上;而"打球"一词,则是围绕"球"展开"打"的动作。

主谓式合成词则是由前字被后字描述而形成。例如,"地震"一词表示大地发生了震动;"年轻"一词则描述了年纪呈现出的轻的状态。这些合成词都通过简洁明了的汉字组合,准确地传达了丰富的语义信息。

(三) 转化法

英语单词的词性转化极为灵活且自然,同一个词形能够在不同的语境中扮演不同的语法角色。例如,"water"一词,在作名词时,表示"水",如"I need some water."(我需要一些水);而作动词时,则意为"浇水",如"Please water the flowers."(请给花浇浇水)。同样地,"face"一词作名词时是"脸;面部",如"She has a beautiful face."(她有一张漂亮的脸);而作动词时则意为"面对",如"We should face the challenge."(我们应该面对挑战)。再看"empty"一词,作形容词时表示"空的",如"The bottle is empty."(瓶子是空的);而作动词时,则意为"使……空",如"Empty the trash can."(清空垃圾桶)。这种词性之间的自然流畅切换,为英语表达带来了极大的便利。

虽然汉语的词性转化没有英语那么普遍,但同样也存在不少例子。比如"代表"一词,在作动词时,表示履行代替他人发声、行事的动作,如"他代表我们发言";而作名词时,则指身负代表职责的那个人,如"他是我们的代表"。同样地,"方便"一词作形容词时,描述便利的状态,如"这里交通很方便";而作名词时,则表示便利的设施或事情,如"小区里建了个公共厕所，给大家提供方便"。再来看"端正"一词，作形容词时形容姿势规整，如"他的坐姿很端正"；而作动词时，则表示要使人的态度或行为变得端正，如"请端正你的态度"。这些例子充分说明，汉语中的词性转化同样能够根据语境实现灵活的转变，为语言表达增添丰富的层次和色彩。

四、词形变化规则对比

（一）英语词形变化

英语，作为一种屈折语，其词形变化的丰富性和复杂性为语言学习者所熟知。其名词、动词、形容词和副词等多个词类的形态变化都遵循着特定的规则，这些规则使得英语能够准确地表达各种语法意义。

名词方面，单复数变化和所有格形式是两大核心变化规则。例如，"cat"（猫）变为复数"cats"，"city"（城市）变为复数"cities"，这些变化通常通过在词尾添加"-s"或"-es"来实现。同时，也存在一些不规则变化，如"sheep"（羊）的复数仍为"sheep"，"child"（孩子）的复数变为"children"。名词的所有格形式则通常通过在词尾添加"'s"来表示，如"John's book"（约翰的书），对于以"-s"结尾的复数名词，则只需在词尾添加"'"，如"teachers' books"（老师们的书）。

动词的词形变化则更为复杂，涵盖了时态、语态、语气等多个方面。以"write"（写）为例，其一般现在时第三人称单数形式是"writes"，过去式是"wrote"，过去分词是"written"，现在分词是"writing"。在语态方面，英语动词的被动语态结构是"be+过去分词"，如"The window was broken by him."（窗户被他打破）。这种变化规则不仅使得英语能够更准确地表达动作的时间、方式、执行者等语法意义，还增强了语言的表达力和灵活性。

形容词和副词则有比较级和最高级的变化。如"tall"（高的）的比较级是"taller"，最高级是"tallest"。这种变化规则使得英语能够更准确地描述事物的性质、程度以及比较关系，从而丰富了语言的表达层次。例如，"Tom is taller than Jack."（汤姆比杰克高），"She is the tallest girl in the class."（她是班上最高的女孩）。

（二）汉语词形变化

相比之下，汉语作为一种典型的孤立语，其词形变化则显得相对稳定和简洁。汉语没有像英语那样复杂的形态变化系统，而是更倾向于用简洁统一的词形来表达不同的语法意义。

在性、数、格、时态等语法范畴上，汉语词形展现出了极高的稳定性，几乎不发生变化。以主语的单复数变化为例，在汉语中，当我们说"他喜欢运动"时，主语是单数"他"；而当我们说"他们喜欢运动"时，主语变为复数"他们"。尽管主语从单数变为复数，但动词"喜欢"的词形却保持不变。这种词形上的稳定性不仅极大地简化了语言学习的复杂性，使得汉语对于学习者来说更为友好，同时也赋予了汉语在表达上的连贯性和灵活性。而在英语中，动词的形态变化则显得复杂得多。以动词"like"为例，当主语为单数时，如"He likes sports"，动词需要加上"-s"变为"likes"；而当主语为复数时，如"They like sports"，动词则保持原形"like"。这种根据主语单复数进行动词形态变化的要求，无疑增加了英语学习的难度。因此，从这一角度来看，汉语在词形稳定性方面的优势显得尤为突出。

此外，汉语在表达语法意义时，还巧妙地运用了虚词和语序的调整。例如，在"我帮他"与"他帮我"这两个句子中，仅通过语序的变换，便清晰地指明了动作的执行者（施事者）与接受者（受事者）。这种直观且准确的表达方式，是汉语语法的一大特色。同时，汉语中丰富的助词、连词等虚词也在句子中发挥着举足轻重的作用。它们虽不改变词的基本形态，但却在句子中起到了关键的连接、修饰和限制作用，从而极大地丰富了语言的表达力。例如，助词"了"在句子"我吃了饭"中，就明确地表示了吃饭这一动作的完成。而连词则能够灵活地将词、词组、句子或段落连接起来，使句子结构更加复杂多变，表达更加细腻。如"因为天气好，所以我去散步"这句话中，连词"因为"和"所以"就构建了一个清晰的因果关系，使得句子的逻辑更加严密。

值得注意的是，汉语中存在一些词，在词性和功能发生变化时，其词形依然保持不变。例如，"好"这个词，既可以作为形容词"好的"来使用，描述事物的性质或状态，也可以作为副词"好地"来修饰动词，表示动作的方式或程度。这种词形上的稳定性赋予了汉语在表达上的高度灵活性和多样性，同时也极大地减轻了学习者的记忆负担。而在英语中，形容词和副词往往需要通过形态上的变化来区分，如"good"在作为形容词使用时保持不变，但在作为副词修饰动词时，则需要变为"well"。这种形态变化虽然增加了语言的精确性，但同时也为学习者带来了一定的记忆负担。而汉语中这种无须烦琐形态变化的特性，无疑为学习者提供了更大的便利，降低了语言学习的难度。因此，从这一角度来看，汉语的词形稳定性再次展现了其独特的语言魅力。

另外，汉语中的量词也展现出了独特的稳定性。在"一块蛋糕"与"两块蛋糕"这两个例子中，尽管数量发生了变化，但量词"块"的词形却毫无改变。这种稳定性不仅让汉语在表达数量时更加简洁明了，也进一步凸显了汉语词形变化的稳定性与简洁性。而在英语中，尽管量词的使用不如汉语频繁，但在某些情况下，量词也会随着数量的变化而有所变化，如"a piece of cake"（一块蛋糕）"two pieces of cake"（两块蛋糕）。然而，这种变化相较于英语中动词、名词等词类的复杂形态变化而言，仍然显得相对简单和直观。

第二节　句法结构

一、句子基本结构差异

（一）树形结构与竹式结构

英语句子，以主谓结构为核心，展现出一种独特的"树形结构"。这种结构特征显著，主干突出，犹如一棵枝繁叶茂的大树。在构建复杂句子时，英语往往先明确主题，然后利用关系代词、连词等词汇，通过并列、主从、嵌入等多种手法，将各个子句、短语甚至单词紧密地串联在一起，如同树枝般在空间上进行拓展和延伸，使得整个句子呈现出一种结构严谨、层次分明的树形特征。

英语句子的这种树形结构，因其严格遵循语法规则来构建句子，所以也被称为"语法结构严谨型句子"。从词序上看，主语通常位于谓语之前，修饰语（如形容词、副词、定语从句等）的放置也遵循一定的规则，通常置于被修饰成分之前或之后。在句法层面，各种从句如状语从句、定语从句等，都有特定的引导词和句法功能，且引导词（如 when、where、because 等）和从句在句中的位置也有明确的规定，从而确保了句子的逻辑性和连贯性。

相比之下，汉语句子则呈现出一种截然不同的"竹式结构"。这种结构简练明快，宛如一根竹子或一盘散落的珠子，各个部分之间并没有明显的层级关系，而是通过语境、词语的意义以及语法上的隐性连接来实现整体的连贯和统一。在汉语中，词语和句子之间的连接更多地依赖于它们自身的语义关联和语境暗示，而非严格的形式规则。这种结构使得汉语句子在表达上更加灵活多变。

汉语句子的这种竹式结构，因其句子之间的连接灵活，主要依赖语义连贯而非严格的形式连接词，所以也被称为"流水句"。流水句是一种意合式句子，它强调句子之间的语义连贯性，连接词的使用相对灵活，不需要严格遵循形式上的连接规则。与英语句子的树形结构相比，汉语句子更注重形意结合，通过词语的巧妙搭配和语境的巧妙运用，来表达出丰富的语义和情感。

例如，在汉语中，我们可以说"天晴了，我们去郊游"，这句话并没有明确的连词来表明因果关系或时间顺序，但通过语境和词语的意义，读者可以很容易地理解出其中的逻辑关系。而在英语中，这句话可能会被表达为"Since the weather is sunny, we are going on a picnic."通过"since"这个连词来明确表明因果关系，使得句子在语法上更加严谨和连贯。

再如，汉语中的"他笑了，我也笑了"，这句话同样没有连词，但意思清晰明了，通过语境和词语的意义实现了句子的连贯。而在英语中，可能会说"He smiled, and I smiled too."。或者采用从句形式，如"He smiled, which made me smile as well." 在这些英语句子中，我们看到了连词"and"或关系代词"which"的运用，它们明确地指出了句子成分之间的逻辑关系。相比之下，汉语句子在表达上更加简洁明了，没有过多的形式束缚。这也进一步体现了英语句子树形结构与汉语句子竹式结构之间的差异：英语句子倾向于通过语法结构和词汇手段来严谨地展现句子成分的逻辑关系，即形合（Hypotaxis）；而汉语句子则更多地依赖于语境的营造和词语含义的引申，来实现句子的连贯与和谐，即意合（Parataxis）。

（二）主谓结构的不同

英语句子的核心在于其严谨的主谓结构，这种结构像一座坚固的桥梁，连接着主语和谓语动词，共同构建出句子的基本框架。主语作为动作的发起者或状态的承受者，是句子不可或缺的要素；而谓语动词则作为句子的引擎，推动着句子的动态运转。这两者之间的紧密配合，共同构建了一个复杂的关系网络。

英语的主谓结构赋予了句子一种主次分明、层次清晰、句式紧凑的"聚集型"特征。这种结构使得信息能够以一种条理井然、逻辑严密的方式被组织和呈现，确保了信息的准确性和高效性。在这样的句子中，每一个成分都扮演着特定的角色，共同服务于整个句子的意义表达，从而构建出一个既严谨又富有表现力的语言体系。

例如，在句子"The sun rises in the east every day."（太阳每天从东方升起）中，"The sun"作为主语，清晰地指明了动作"升起"的发起者，为句子奠定了坚实的主体基础；而"rises"作为谓语动词，则动态地刻画了主语"The sun"的行为，赋予了句子生命与活力。其他诸如"in the east"和"every day"这样的成分，或是描述动作发生的地点，或是说明动作的频率，进一步充实了句子的内容，使得整个句子不仅信息完整，而且层次分明，立体感十足。

相比之下，汉语句子的主谓结构则更加注重语义的精准传达和表达的灵活性。在汉语中，尽管主语是句子不可或缺的一部分，但在特定情境下，其省略不仅不会削弱句子的完整性，反而会使句子更加简洁明了。例如，"下雨了。"这个句子中，尽管主语"天"并未出现，但句子的意义依然清晰传达。又如"（他）喜欢读书"，在语境明确时，主语"他"完全可以被省略，而谓语"喜欢"已足够表达主语对读书的喜爱之情。若需进一步丰富句子，我们可加入时间、地点、状态等描述，如"他喜欢在阳光明媚的下午，坐在窗边静静地读书"，这样的扩展不仅使句子更加生动具体，还为其增添了丰富的画面感和情感色彩。这种灵活多变、注重语义传达的特点，正是汉语句子主谓结构独特魅力的展现。

同时，汉语的谓语也以其多样化的形式，丰富了语言的表达层次，并增强了句子的表现力和感染力。动词性谓语是汉语中最常见的谓语形式，它们能够精确地捕捉和传达动作的发生、发展和变化。无论是简单的动作动词，如"跑""跳"，还是复杂的动作组合，如"他正在快速地跑步"，动词性谓语都能以最直接的方式展现动作的核心要素，使读者或听者能够清晰地理解句子的动作内涵。

形容词性谓语则更多地关注于对事物状态的描绘和刻画。它们通过形容词的细腻描绘，将事物的特征、性质或状态生动地呈现出来。例如，"花儿美丽"中的形容词性谓语"美丽"就准确地传达了花儿的外观特征，给人以直观而深刻的视觉印象。

名词性谓语在汉语中虽然不如动词性和形容词性谓语常见，但它们在特定的语境下却能够发挥出独特的表达效果。名词性谓语通常用于陈述时间、天气、节日等事实性信息，如"今天星期天"中的"星期天"就是名词性谓语，它准确地传达出关键的时间信息，为后续的叙述或对话提供必要的背景支持。

主谓性谓语则是汉语中一种较为特殊的谓语形式。它们通常由主语和谓语构成，但在句子中却作为整体充当另一个句子的谓语。这种谓语形式能够巧妙地表达出主语的情感状态、心理活动等复杂信息。例如，"他心情愉快"中的"心情愉快"就是一个主谓性谓语，它生动地描绘了"他"当前的心理状态，使得句子更加立体和生动。

这种多样化的谓语形式，不仅使得汉语句子在表达上更加丰富多彩、富有变化，还极大地增强了语言的表现力和感染力。它们使得汉语能够更加准确地传达出说话者的意图和情感，让读者或听者能够更加深刻地理解和感受句子的内涵。

二、句子成分的排列与功能差异

英语与汉语在句子成分的排列与功能方面的差异，实际上反映了两种语言背后的文化差异和思维方式的不同。英语注重语法的一致性和形态的严谨性，这与其强调逻辑、注重规则的文化背景密切相关。而汉语则更注重语义的清晰和表达的灵活性，这与其注重意境、强调直觉和感悟的文化背景相契合。

（一）主语与谓语

1. 排列规则

英语句子严格遵循主谓结构的固定顺序，主语位于句首，谓语紧随其后，这种顺序极少被颠倒，从而构建起清晰、稳固的句子框架。例如，"The boy plays football."（男孩踢足球），其中"The boy"作为主语，首先指明动作的执行者，"plays"则紧随其后，明确展现主语所发出的动作。英语语法规则的明确性确保了信息的有序传递。

相比之下，汉语虽然通常也遵循主语在前、谓语在后的顺序，但其灵活性却更为显著。在特定的语境或表达习惯中，汉语的主语可以被省略，如"下雨了"，即便未明确指出主语"天"，听者也能准确理解其含义。此外，汉语还允许通过前置谓语来强调动作，如"走，你!"这样的语序调整，不仅打破了常规的主谓结构，更使动作本身得以凸显，使语言表达更加生动、有力。

这种语序上的灵活性，充分展现了汉语在信息传递时对语义顺畅传达的高度重视。它赋予说话者根据表达需要灵活调整词序的自由，以达到最佳的沟通效果。这一特性不仅极大地丰富了汉语的表达手段，还使得汉语在传达复杂情感和细腻意境时更加得心应手。因此，从语序的角度来看，汉语无疑展现出其独特的语言魅力和表达优势。

2. 功能侧重

英语的主语功能明确且稳定，主要由名词、名词短语或代词担任，它不仅明确了动作的发起者，还紧密关联着人称、数、时态等语法要素。谓语动词必须与主语精准匹配，以确保句子语法的正确性，所以主语起着稳定句子结构的关键作用；谓语在英语句子中只能由动词（包括动词短语）担任，它是驱动句子动态发展的"引擎"，精准传达主语的动作或状态，与主语紧密配合，共同构建出严谨的语法关系。例如："She sings beautifully."（她唱得很美）。在这个句子中，"She"作为主语，是单数第三人称，与谓语"sings"（动词）在数和人称上保持一致，同时动词"sings"也正确地使用了一般现在时第三人称单数形式，这充分展现了英语语法的严谨性。

　　相比之下，汉语的主语则展现出了更高的灵活性和多样性。在汉语中，主语不仅限于名词、名词短语或代词，还可以由时间名词、处所名词、动词性短语以及形容词性短语等多种成分来担任。这种多样性使得汉语主语的选择更加广泛，能够灵活地适应不同的语境和表达需求。同时，汉语谓语的形式也极为丰富，不仅限于动词，还可以由形容词、名词等词类来担任，重点在于清晰表意，用最简洁的形式传递语义，让交流更加直接和高效。

　　例如，在句子"昨天下了一场大雨"（主语"昨天"是时间名词，谓语"下了一场大雨"由动词短语担任）中，"昨天"作为时间名词直接充当主语，与谓语"下了一场大雨"形成了完整的语义关系，简洁明了地表达了时间信息。在句子"这个苹果红"（主语"这个苹果"是名词短语，谓语"红"是形容词）中，"这个苹果"作为主语，与谓语"红"形成了紧密的语义联系，简洁地描述了苹果的颜色。而在句子"努力学习可以提高成绩"（主语"努力学习"是动词性短语，谓语"可以提高成绩"由动词短语担任）中，"努力学习"作为动词性短语直接充当主语，与谓语"可以提高成绩"形成了完整的语义关系，强调了行为的重要性。这种表达方式在英语中可能需要通过动名词或不定式等语法结构来实现，但在汉语中却显得自然流畅且富有表现力。

　　在汉语中，主语与谓语之间的关系在语义上必须保持一致，这是构建清晰、准确表达的基础。然而，与英语等形态变化丰富的语言不同，汉语并不依赖于形态变化来强化这种一致性。换句话说，汉语中的主语和谓语并不需要像英语那样通过词形变化（如时态、语态、人称和数的变化）来明确它们之间的语法关系，而是更多地依赖于语境、语义和语序来确保主语与谓语之间的协调一致。

　　语境提供了句子所处的环境和背景，有助于读者或听者理解主语和谓语之间的关联。语义则确保了主语和谓语在意义上的匹配，使得句子能够传达出完整、准确的信息。而语序，作为汉语表达的重要手段之一，通过主语在前、谓语在后的自然排列方式，进一步强化了主语与谓语之间的逻辑关系。以句子"他笑了"为例，主语"他"和谓语"笑了"在语义上紧密相连，共同构成了一个完整的表达。这里并没有通过形态变化来强调主语和谓语的一致性，而是依赖于语境（即读者或听者对于"他"这一人物的认知和背景知识的了解）和语序的自然流畅性（即主语在前、谓语在后的排列方式）来确保句子的清晰和准确。

因此，可以说汉语在表达主语与谓语的一致性时，更加注重语境、语义和语序的自然运用，而不是依赖于形态变化这种外在的语法手段。这种特点使得汉语在表达上更加灵活多变，能够更好地适应不同的语境和表达需求。

（二）宾语

1. 排列规则

英语中，宾语的位置相对固定，通常紧跟在及物动词或介词之后，形成稳定的动宾结构或介宾结构。例如，"She reads a book."（她读一本书），"a book"作为宾语，紧挨着谓语动词"reads"，清晰地表达了动作的对象。这种排列方式使得英语语法结构条理清晰，易于理解和分析。

在汉语中，宾语同样多位于动词之后，遵循着基本的语序规则。然而，汉语宾语的语序并非一成不变，而是受到语义、修辞和语境等多种因素的影响。例如，在"我什么都吃"一句中，宾语"什么"前置，起到了强调作用，说明了动作对象的范围之广。这种语序的调整不仅丰富了句子的表达效果，还展现了汉语语序调整的自主性和灵活性。

此外，汉语中还存在一些特殊的句式结构，如"把"字句和"被"字句，这些句式中的宾语位置也会发生相应的变化。例如，在"我把这本书看完了"一句中，宾语"这本书"通过介词"把"的引导，前置到了动词"看"之前，形成了"把"字句。这种句式强调了动作的结果，即书被看完了，同时增添了句子的动态感。

2. 功能侧重

英语和汉语在宾语的功能侧重上各具特色。英语注重宾语的语义完整性和精确性，而汉语则更加注重宾语的表达效果和感情色彩的强化。

在英语中，宾语作为动作的承受者，扮演着句子中不可或缺的语义角色。它明确了动作作用的对象，使得句子的意义更加完整和精确。许多及物动词在缺少宾语的情况下，其语义会变得不完整，从而影响信息的准确传达。例如，在句子"He gave me a gift."（他给了我一个礼物）中，"me"

作为间接宾语,"a gift"作为直接宾语,共同构成了完整的动作对象,使得句子的意思清晰明了。

相比之下,汉语中的宾语在承担基本语义功能的同时,还展现出了更为丰富的表达能力。通过语序变换、语义虚化等手段,汉语宾语能够进一步强化表达效果或增添特定的感情色彩。这种功能上的扩展不仅丰富了汉语的表达方式,还凸显了汉语在语义连贯和表意灵活性方面的优势。

在语序变换方面,汉语中的宾语可以通过不同的句子结构来强调或突出其重要性。例如,在句子"我把青春献给了祖国"中,通过"把"字句的使用,将宾语"青春"提前,从而强调了"我"对祖国的奉献和热爱。这种语序的变化不仅使得句子的焦点更加明确,还增强了表达的情感色彩。

在语义虚化方面,汉语宾语的具体意义可以变得不那么明确或具体,而是被赋予了一种更抽象、更广泛的含义。这种虚化通常与修辞手法(如比喻、借代等)相结合,以增强表达效果。例如,在句子"你是我的唯一"中,通过语义的虚化,"唯一"不仅指具体的人或物,更表达了一种深情厚谊和珍视之情。这种表达方式使得句子的情感更加深厚,更能够触动人心。

(三)补语

1. 排列规则

英语补语主要分为宾语补足语和主语补足语,它们在句子中的位置相对固定,但功能强大。宾语补足语紧跟在宾语之后,用于进一步阐述宾语的状态、身份或动作,与宾语之间存在逻辑上的主谓关系。例如,在句子"We found the room clean and tidy."中,"clean and tidy"作为宾语补足语,不仅紧跟在宾语"the room"之后,还详细描述了房间的状态。而主语补足语则常见于被动句中,位于主语之后、谓语之前,用于说明主语的状态或特征。如句子"The wall was painted white."(墙被漆成白色)中的"white"就是主语"The wall"的补足语,描述墙在被漆之后的状态。

汉语补语类型繁多,位置灵活多变,主要依据语义关联和语法习惯来确定。谓语补语紧跟在谓语动词之后,用于描述动作的程度、状态或结果。例如，在句子"他跑得比兔子还快"中，"比兔子还快"作为谓语补语，生动形象地描述了谓语动词"跑"的速度之快。宾语补语则紧挨着宾语，用于进一步说明宾语的状态或结果。例如句子"大家夸她长得漂亮"。在这个句子中，"她"是宾语，"长得漂亮"是宾语补语，用于补充说明宾语"她"的状态。此外，汉语中还有兼语补语，它位于兼语之后，用于进一步阐述兼语的动作或状态。例如，在句子"领导派我去出差"中，"我"是兼语，"去出差"是兼语补语。因为"去出差"这个动作是对兼语"我"的进一步说明，即"我"在"领导派"这个动作之后所进行的动作是"去出差"。

2. 功能侧重

英语补语的主要功能是精准修饰和限定，以此提升句子的语义精确度。无论是补充主语还是宾语的关键信息，英语补语都遵循严谨的语法规则，确保语义清晰明了。例如，在句子"I saw him singing a song."（我看见他在唱歌）中，"singing a song"作为宾语补足语，精确地说明了宾语"him"正在进行的动作。此外，英语补语在被动句中作为主语补足语时，也起到了同样重要的作用。如句子"The painting was declared a national treasure."（这幅画被宣布为国宝）中的"a national treasure"作为主语补足语，准确地描述了主语"the painting"的地位和价值。

汉语补语的功能则更加丰富多样，它不仅能够补充动作结果、程度、状态等基本信息，还能渲染情绪、营造氛围，使表达更加鲜活生动。例如，在句子"她笑得眼泪都流出来了"中，"眼泪都流出来了"作为谓语补语，不仅描述了"笑"的程度之深，还传递出强烈的情绪氛围。此外，汉语补语在描述复杂情境和细腻情感时也具有独特的优势。如句子"他被吓得脸色苍白"，"脸色苍白"作为谓语补语，生动地描绘了"他"被吓后的状态，同时传递出强烈的恐惧情绪。这些例子都充分展示了汉语补语在表达细腻情感和营造氛围方面的独特魅力。

（四）定语

1. 排列规则

英语中，单词作为定语时，通常前置以修饰名词，例如"a beautiful

flower"（一朵美丽的花），这里的"beautiful"便是前置定语，明确指出了"flower"的特质。而当短语或从句作为定语时，它们则倾向于后置，如"The book on the desk is mine."（桌子上的书是我的），这里的"on the desk"作为后置定语，修饰"book"，使得句子的主干"The book is mine"更加突出，同时修饰成分也层次分明，这体现了英语语法条理清晰、结构分明的特点。此外，英语中还存在多重定语的情况，如"the red apple that I bought yesterday"（我昨天买的那个红苹果），此时定语的位置和顺序需要遵循一定的语法规则，以确保语义的准确性和清晰性。

汉语中，定语则多前置，无论是单词、短语还是句子，都习惯性地放在被修饰词之前，例如"漂亮的衣服""昨天买的书"以及"我昨天在书店买的那本红色的书"，这些定语都前置修饰中心词，使得句子读起来顺口自然，同时也符合国人的语言习惯。从左至右依次丰富中心词的内涵，使得语义更加紧凑和丰富。

2. 功能侧重

英语定语的功能侧重于精准限定，通过严格的语法规则来安排定语的位置和顺序，以缩小名词所指的范围，使语义更加精确。例如，"the tall man in the blue suit"（穿蓝色西装的高个子男人），这里的定语"tall"和"in the blue suit"共同限定了"man"的具体身份和特征，使得语义更加明确。

而汉语定语则更倾向于从多个维度进行组合修饰，层层累加地描绘被修饰词。汉语定语不局限于精准界定，更追求意象的渲染和情感的表达。例如，"那片翠绿的森林""那首悠扬的歌曲""那幅绚丽的画卷"，这些定语通过丰富的词汇和意象的叠加，不仅描绘了场景和氛围，还赋予了表达以诗意的美感。再如，"我童年记忆中那片金黄的麦田"，这里的定语"我童年记忆中"不仅限定了"麦田"的时间背景，还通过"金黄的"这一形容词进一步描绘了麦田的色彩和氛围，使得整个句子充满了怀旧和温馨的情感色彩。

（五）状语

1. 排列规则

在英语中，状语的位置虽灵活多变，但其排列却遵循着一定的逻辑与规律。当时间、地点等多个状语连用时，它们往往按照从小到大的范围顺序排列，这一习惯背后蕴含着深厚的文化逻辑。西方文化深受分析性思维影响，习惯将事物拆解成各个部分，按条理逐步剖析。例如，"He was born in a small village, near the river, in 1980."（他 1980 年出生在河边的一个小村庄里），从地点上由小范围的 "in a small village"（在一个小村庄里），推至稍大范围的 "near the river"（在河边），最后点明时间 "in 1980"（在 1980 年），这样的排序有助于英语母语者精准定位事件，契合他们理性、条理化的认知模式，让信息接收更高效、准确。

此外，在修饰动词时，英语状语的位置灵活多变，可以前置或后置，但不同位置所传达的语义存在微妙差异。例如，在 "He carefully read the book."（他仔细地读了这本书）中，状语 "carefully" 前置修饰动词 "read"，凸显了动作执行者的主动与细致；而在 "The book was read carefully by him."（这本书被他仔细地读了）中，状语 "carefully" 则后置，与被动语态相结合，使得句子的焦点转移到了动作的接受者 "the book" 上，更加强调了动作被执行的效果。这种细腻而精准的变化，正是英语状语位置灵活性的体现，它能够精确地满足各种不同的表达需求，确保语义传达的准确无误。

与英语不同，汉语的状语通常前置，这与中国传统文化中的整体性思维和直觉性思维密切相关。中国人认知世界时，往往先从宏观的大环境入手，再逐步深入具体细节。因此，在描述事件时，汉语表达者会先交代时间、地点等背景信息，再引出具体的动作或状态。例如，"昨天我在学校认真地学习" 这句话中，时间状语 "昨天" 首先勾勒出时间背景，地点状语 "在学校" 则进一步明确了场景，最后才是动作及状态的描述。这种由宏观至微观的排序方式符合中国人的认知习惯，使得信息呈现出一个自然而流畅的过程。此外，中国人的思维方式比较注重直觉和整体感知。在语言表达上，状语位置可以根据说话者对整体场景的感知顺序来安排。例如在口语中，人们可能会说 "外面雨下得很大" 或者 "雨下得很大，外面"，这两种表达方式虽然语序不同，但都能迅速传达核心语义而能被理解，因为汉语使用者更关注整体的语义场景（雨大这个情况和外面这个环境），而不是固定的语法顺序。这体现了汉语重在意会、灵活多变的特点。

2. 功能侧重

英语状语的功能侧重于精细雕琢和精确表达，这与其文化背景中对精确性的推崇密不可分。西方文化中的学术和科学传统强调严谨论证和精确无误，这种精神也渗透到语言表达中。英语状语通过丰富多变的位置和形态变化，对动词、形容词、副词等进行全方位修饰，精准地控制语义范围、界定时间跨度和拿捏程度深浅。这种精细的表达方式使得英语状语能够满足复杂交流场景下精准传递信息的需求。例如，"He quickly finished his homework."（他很快地完成了作业），状语"quickly"就精确地表达了动作"finished"的速度。

相比之下，汉语状语更注重勾勒事件的大框架和营造氛围。这与中国文化中崇尚的和谐统一、情景交融的审美观念相呼应。汉语表达不仅追求叙事清晰，更注重营造意境和烘托情感。例如，在"在阳光明媚的下午，我们在公园里愉快地玩耍"这句话中，时间状语和地点状语共同勾勒出一幅闲适惬意的画面，为后续的动作描述提供了丰富的情感底色。这种表达方式使得汉语状语在传递信息的同时，也能够激发听众的想象力和情感共鸣，更加贴合中国人注重整体意境塑造的交流习惯。

三、信息组织的差异

（一）语法关联的手段

1. 英语的形合特征

英语是典型的形合语言，它借助词汇的曲折变化和丰富的连接词语，将句子内部各成分间的关系精准地呈现出来。这种语言特点使得英语句子结构紧凑、条理清晰，逻辑脉络一目了然。例如，动词的时态、语态、人称的变化，以及名词的单复数变形等，为句子构建了严谨的语法框架。连接词语则如同榫卯结构，将不同的句子成分、分句紧密地连接在一起。

例子："In order to fulfill his lifelong aspiration of becoming an astronaut, a dream that had been nurtured since childhood, John diligently studied aerospace engineering, participated in numerous space-related training programs, and ultimately secured a position on a space mission after years of unwavering dedication."（为了实现他从小就立志成为一名宇航员的梦想，约翰勤奋地学习航空航天工程相关知识，参加了许多与太空相关的培训项目，经过多年不懈的努力，最终获得了一次参与太空任务的工作机会）在这个句子中，"In order to"明确指出了动作的目的，"that"引导的定语从句详细解释了"aspiration"的内容，"and"则作为并列连词，将多个动作有序地串联起来，充分展示了形合语言的信息组织能力。

2. 汉语的意合特质

相比之下，汉语则秉持意合的原则来组织句子。汉语句子成分之间较少依赖形式上的连接词，更多依靠语义的内在连贯性和上下文语境，通过无形的逻辑纽带将字词巧妙排列，使句子的意义自然流畅。

例子："夜幕降临，微风轻拂，树叶婆娑，一场春雨悄然将至"这句话没有明显的连接词，但读者可以依据语义的连贯性和生活常识，轻松解读出句子中的时间顺序和因果关系。夜色变暗，微风吹拂，树叶摇曳，最终推导出春雨将至的结论，寥寥数语，语言简练而意义明确，充分展现了汉语意合的妙处。

（二）语序安排的偏好

1. 英语的相对固定语序

英语的基本语序相对固定，主要遵循"主谓宾（SVO）"的结构，这一结构为英语句子提供了稳定的框架。同时，英语中的修饰成分，如定语、定语从句、时间状语和地点状语等，也遵循一定的位置规律，使得英语句子在结构上呈现出一种有序性和规律性。

定语通常位于名词之前，用于修饰和限定名词的性质、特征或数量等。例如，"the red apple"（红色的苹果）中的"red"就是定语，它修饰了名词"apple"。而定语从句则紧跟在先行词之后，对先行词进行进一步的描述或限定。如在"The book which I bought yesterday is very interesting."（我昨天买的书非常有趣）这句话中，"which I bought yesterday"就是一个定语从句，它紧跟在先行词"book"之后，明确指出了这本书是"我昨天买的"。

时间状语和地点状语在英语句子中通常位于句末，用以补充说明动作发生的时间或地点。这种位置安排使得句子的主要信息（主谓宾）更加突出，而次要信息（时间、地点）则作为补充，使得整个句子结构清晰，易于理解。例如，在"He played basketball in the park yesterday."（他昨天在公园打篮球）这句话中，"yesterday"和"in the park"分别作为时间状语和地点状语，位于句末，使得句子的主要信息"He played basketball"更加突出，易于读者理解和把握。

然而，英语语序并非绝对固定。在某些情况下，为了强调某个成分或达到某种特殊的修辞效果，英语句子的语序也会发生相应的变动。例如，在"Yesterday, he played basketball in the park."这句话中，时间状语"Yesterday"被提前到了句首，以此突出动作发生的时间节点，引导听众首先关注到这一时间信息。又如，在"In the park, he played basketball yesterday."这句话中，地点状语"In the park"被提前到了句首，使得动作发生的场景成为句子的焦点，增强了场景的描述性和画面感。

这种语序上的灵活变动，虽然打破了传统的"主谓宾"结构框架，却并未削弱句子的基本意义或信息的传递效率。相反，它赋予了句子更强的表现力和感染力，使得语言在传达信息的同时，也能够巧妙地传达出说话者的情感色彩和修辞意图。因此，在理解和运用英语时，我们既要掌握其基本的语序规则，也要学会在适当的时候打破这些规则，以更加生动、有力的方式表达自己的想法和情感。

2. 汉语的灵活语序

汉语的语序展现出了极高的灵活性，这种灵活性不仅不影响语义的准确传达，反而能够巧妙地突出不同的语义重点，丰富语言的表达层次。

举例来说，在表达个人情感倾向时，常规语序"我支持你"直接明了，但若将宾语前置，变为"支持你，我义无反顾"，这样的表达立刻增添了决绝与坚定的情感色彩，使得支持的态度更加鲜明有力。这种语序调整，不仅强化了情感表达，还使得句子更加富有感染力和说服力。

再如，描述场景时，"广场上聚集了很多人"与"很多人聚集在广场上"虽然传达了相同的信息，但前者将处所状语"广场上"前置，使得场景更加突出，仿佛读者能够一眼看到广场上人头攒动的情景。这种语序的调整，不仅丰富了语言的表意效果，还使得句子更加生动、形象。

此外，在叙述动作或事件时，汉语的语序调整同样能够巧妙地突出重点。例如，"他迅速地完成了任务"与"他完成了任务，而且速度非常快"虽然都描述了同一个人快速完成任务的情景，但前者通过状语"迅速地"前置，强调了动作之快，使得整个句子更加紧凑有力；而后者虽然也表达了相同的意思，但重点的突出程度以及语言的节奏感都略逊于前者。

汉语的灵活语序为语言表达提供了更多的选择和可能性，使得句子在传达基本信息的同时，还能够传达出说话者的情感、态度和语境等丰富信息。

（三）信息呈现的节奏

1. 英语的紧凑节奏

英语倾向于将核心信息与丰富的修饰成分紧密结合，一次性地、密集地呈现给读者。长难句在英语中十分常见，这些句子往往包含多个层层嵌套的从句和短语，使得信息得以高度浓缩和精确表达。在科技文献、法律文书等正式文体中，这种紧凑且严谨的信息呈现方式尤为显著。例如，在"The regulations, which were amended last year to address the emerging issues overlooked in the previous version, are now applicable to all sectors involved."（该条例去年进行了修订，以解决前一版本中被忽视的新问题，现在适用于所有的相关部门）这句话中，修饰成分一环扣一环，紧密交织，节奏紧凑，信息密度极高。读者需要仔细梳理语法结构，拆解复杂句式，才能全面而准确地理解所传达的信息。这种紧凑的信息节奏虽然对读者的阅读能力和理解能力提出了较高要求，但同时也确保了语言在表达上的精确性和严谨性，尤其在需要高度专业性和准确性的文体中显得尤为重要。

2. 汉语的舒缓节奏

相比之下，汉语更倾向于采用分段、分步的方式来逐步释放信息，其句子结构往往短小精悍，节奏显得更为舒缓流畅。这种信息呈现的方式不仅使得语言易于理解，还能增强语言的韵律感和感染力。在古诗词中，汉语的这种节奏特点体现得尤为明显。例如，"枯藤老树昏鸦，小桥流水人家，古道西风瘦马。"每一句都描绘了一幅生动的画面，缓缓展开，给人以美的享受和无限的遐想空间。在现代文中，汉语也常将复杂的信息拆解为若干个简洁明了的短句来表达，使得句子更加简洁明了，易于读者消化和理解。例如，"他走进屋子，放下书包，脱了外套，一下子瘫倒在沙发上。"这句话通过一连串动作的依次描述，不仅清晰地传达了信息内容，还营造出一种平和舒缓的信息接收氛围，让读者在享受阅读的过程中感受到一份轻松与愉悦。

（四）信息表达的方式

1. 英语更注重客观理性的表达

在信息表达方式上，英语和汉语同样存在差异。英语更注重客观、理性的表达，倾向于使用被动语态、非人称主语等结构来强调事物的客观性和科学性。这种表达方式使得英语在科技、法律等领域中具有独特的优势，能够准确、客观地传达信息。例如，"The research was conducted by a team of scientists to investigate the effects of climate change on marine life."（这项研究是由一组科学家进行的，旨在调查气候变化对海洋生物的影响）这句话中使用了被动语态和非人称主语"The research"，将焦点集中在研究本身，而非研究者，从而强调了研究的客观性和科学性，使得信息更加权威和可信。

2. 汉语更注重主观感性的表达

与英语相比，汉语更注重主观、感性的表达，倾向于使用人称主语、主动语态等结构来强调人的主观感受和情感色彩。这种表达方式使得汉语在文学、艺术等领域中具有独特的魅力，能够生动、形象地描绘出人物的情感和内心世界。例如，在文学作品中，我们常会看到这样的句子："他静静地坐在窗前，望着窗外飘落的雪花，心中涌起一股莫名的忧伤。"这句话通过使用人称主语"他"和主动语态，将读者的注意力引向人物的主观感受，使得情感表达更加细腻、动人。此外，汉语还善于运用各种修辞手法来增强语言的感染力和表现力，如比喻、拟人、排比等，这些修辞手法的运用使得汉语在表达上更加丰富多彩，具有独特的韵味和美感。诸如"月光宛若细腻的银纱，温柔地覆盖于大地之上"这样的比喻，不仅瞬间激活了月光的形象，使之跃然纸上，更添上一抹浓郁的诗意与雅致，尽显汉语那灵动而深邃的韵味。

第三节　语篇组织

一、开篇布局的差异

英语语篇往往倾向于直接切入主题，开篇即点明主旨。在学术论文中，作者通常会在开头部分明确指出研究的目的、方法、主要发现或结论，旨在迅速吸引读者的注意力，并引导读者明确文章的主题走向。新闻报道也常采用这种"倒金字塔"结构，首先报道突发事件的核心信息，再逐步展开细节。例如，在基因编辑技术研究论文的开篇，作者会直接表明研究旨在探讨基因编辑技术的伦理隐患，后续内容则围绕这一主题有序展开实验过程、数据分析等细节。新闻报道更是如此，如突发灾难新闻，开头往往是"A massive earthquake, measuring 7. 5 on the Richter scale, hit the coastal city of XX at 3：00 am local time this morning, leaving numerous buildings damaged and hundreds of people injured."（当地时间今天凌晨 3 点，沿海城市 XX 发生里氏 7. 5 级大地震，造成大量建筑受损，数百人受伤），瞬间将核心事件摆在读者眼前。

相比之下，汉语语篇的开篇则更加委婉含蓄，倾向于先做铺垫，通过营造氛围和酝酿情绪，逐步引导读者进入主题情境。散文、小说的起始段落常以细腻的景物描写或生活琐事为引子，悄无声息地带出主题。如鲁迅的《故乡》开篇便以故乡的萧瑟景象为引子，引出对故乡的深深怀念和对现实的深刻反思。这种开篇方式不仅增加了文章的韵味，也更能引发读者的共鸣。朱自清的经典散文《荷塘月色》，起笔便是："这几天心里颇不宁静。今晚在院子里坐着乘凉，忽然想起日日走过的荷塘，在这满月的光里，总该另有一番样子吧。月亮渐渐地升高了，墙外马路上孩子们的欢笑，已经听不见了；妻在屋里拍着闰儿，迷迷糊糊地哼着眠歌。我悄悄地披了大衫，带上门出去。"从内心的烦闷，到周遭生活场景的铺陈，不着痕迹地把读者引入月下荷塘的清幽之境，后续才缓缓展开对人生境遇的幽思。

以下通过三组对比示例，进一步深入阐述英语语篇与汉语语篇在开篇布局上的差异。

示例一

英语开篇：

"The central focus of this research paper is to analyze the effectiveness of renewable energy sources in reducing carbon emissions." （本研究论文的核心焦点是分析可再生能源在减少碳排放方面的有效性。）

汉语开篇：

随着全球气候变暖的日益严峻，人们开始寻找能够替代传统化石能源的新途径。在众多选项中，可再生能源因其清洁、可持续的特点而备受瞩目。本文将深入探讨可再生能源在减少碳排放方面的实际效果，以期为环境保护事业贡献一份力量。

分析：英语开篇直接点明了研究的核心焦点，而汉语开篇则先进行了背景铺垫，再引出研究主题。

示例二

英语开篇：

"This article aims to investigate the relationship between job satisfaction and employee productivity in the technology industry." （本文旨在探讨科技行业员工工作满意度与生产率之间的关系。）

汉语开篇：

在科技行业这个日新月异的领域里，员工们每天都在为创新和发展贡献着自己的力量。然而，他们的工作满意度如何？这又与他们的生产率有何关联？本文将围绕这些问题展开深入探讨，以期为企业管理提供有益的参考。

分析：英语开篇简洁明了地指出了文章的研究目的，而汉语开篇则通过提问的方式，引发读者的思考，再逐步引出研究主题。

示例三

英语开篇：

"The objective of this essay is to evaluate the impact of globalization on cultural diversity." (本文的目的是评估全球化对文化多样性的影响。)

汉语开篇：

随着全球化的不断深入，世界变得越来越紧密。不同文化之间的交流与碰撞日益频繁，文化多样性成为人们关注的焦点。那么，全球化究竟对文化多样性产生了怎样的影响呢？本文将对此进行深入剖析。

分析：英语开篇直接陈述了文章的目的，而汉语开篇则先描述了全球化的背景和文化多样性的重要性，再引出研究主题。这种开篇方式有助于读者更好地理解文章的研究背景和意义。

二、信息推进模式的差异

英语语篇的信息推进模式遵循线性逻辑，信息排列清晰有序。句子和段落之间通过明确的连接词和过渡语进行衔接，如"firstly""secondly""finally""moreover""however"等，将观点、论据依次串联，使得整个语篇呈现出连贯和统一的特点，读者能顺着这些标识，毫无障碍地追踪作者的思路。例如，在阐述一个论点时，英语作者会先提出论点，然后逐一列举支持论点的论据，最后进行总结。以论述社交媒体对青少年心理健康的影响为例，文章会先阐述社交媒体普及的现状，"Firstly, with the widespread use of smartphones, social media platforms have infiltrated every aspect of teenagers' lives. Platforms like Instagram, TikTok, and Snapchat have amassed billions of users worldwide, especially among the youth.";接着逐一分析其对青少年的影响"Secondly, this overexposure has led to several concerning issues, such as cyberbullying, body image dissatisfaction…"，一步步剖析问题成因、列举表现，层次分明，最后再进行总结。

而汉语语篇的信息推进则更加灵活多变，犹如一幅流动的水墨画卷。虽然缺乏明显的连接词，但凭借语义连贯和内在逻辑，读者仍然能够顺畅地理解文章的内容。古典文学里，叙事常于不同时空、场景灵活切换，现代议论性文字，也能靠语义的起承转合，让想法如行云流水般铺陈。如《红楼梦》中的对话描写，往往通过人物的语言、动作和神态来展现情节的发展和人物的性格特点，无须过多的连接词便能形成连贯的叙事。鲁迅在《祝福》里，祥林嫂的故事穿插在"我"不同时段的回乡见闻中，时间、场景频繁跳跃，却因人物命运这一内在逻辑，让读者沉浸其中。现代议论文在探讨传统文化传承时，也可能从当下流行的现象说起，突然跳到儿时的记忆，看似突兀，实则借由对传统文化不同侧面的情感关联，巧妙地推进观点。

以下通过一组对比示例，进一步深入阐述英语语篇与汉语语篇在信息推进模式上的差异。

示例

论述科技创新对社会的影响

英语语篇：

Firstly, technological innovation has significantly transformed our daily lives. The advent of smartphones, for instance, has made communication more convenient and efficient. Secondly, technological innovation has revolutionized industries, leading to the creation of new job roles and the elimination of outdated practices. Furthermore, technological innovation has had a profound impact on education, enabling remote learning and access to a wealth of information. However, it is also important to acknowledge the challenges that come with it, such as privacy concerns and the digital divide. In conclusion, while technological innovation brings numerous benefits, it is crucial to address its potential drawbacks.

汉语语篇：

科技创新，如同一股强劲的东风，吹遍了社会的每一个角落。智能手机的出现，就是一个鲜明的例子，它让我们的沟通方式焕然一新，变得便捷且高效。不仅如此，科技创新还推动了各行各业的变革，催生了新的职业，淘汰了旧有的模式。在教育领域，科技创新更是大放异彩，远程学习、海量信息触手可及。当然，科技创新也带来了挑战，比如隐私泄露、数字鸿沟等问题。但总的来说，科技创新利大于弊，只要我们能够妥善应对其带来的挑战，它定能为社会创造更多的价值。

分析：英语语篇通过"Firstly""Secondly""Furthermore""However""Inconclusion"等连接词，清晰地展现了信息的推进过程，从科技创新对日常生活的影响，到对行业、教育的变革，再到挑战与总结，层次分明。而汉语语篇则更加灵活多变，虽然缺乏明显的连接词，但凭借语义连贯和内在逻辑，同样能够顺畅地表达科技创新对社会的影响。

三、段落架构的差异

英语段落的结构紧凑规整，通常有主题句领衔，好比队伍的排头，提纲挈领点明段落核心，后续句子紧密围绕主题句铺展，或举例、或阐释、或论证，为主题服务，形成严谨统一的表意单元。在一篇关于职场高效沟通的英文文章里，某段落开头主题句为"Effective communication in the workplace requires active listening."，紧接着"Employees should put aside distractions, make eye contact, and show empathy towards the speaker. By doing so, they can fully understand the messages, avoid misunderstandings, and build stronger working relationships."，句句紧扣主动倾听对职场沟通的重要性展开。

汉语段落则相对松散自由，主题可能隐匿于段落之中，需要读者通过通读全段来领会。语句之间通过语义的连贯和内在的逻辑关系进行衔接，从多角度、多层面烘托主题，其间还可能穿插情感抒发、背景描述，丰富表意层次，使得整个段落呈现出一种自然流畅、灵动活泼的特点。如一篇汉语散文的段落，可能会先描绘一幅美丽的风景，然后逐渐引出对人生哲理的思考和感悟。比如描写传统节日的段落，开头或许先讲街头巷尾张灯结彩的热闹画面，接着说起儿时过节的趣事，中间还穿插几句对阖家团圆氛围的感慨，最后才点明传统节日承载的文化传承意义，多种元素交织，共同烘托主题。

以下通过三组对比示例，进一步深入阐述英语段落与汉语段落在架构上的差异。

示例一

关于健康饮食

英语段落：

Effective nutrition starts with a balanced diet. A balanced diet includes a variety of foods that provide the necessary nutrients for the body. For instance, fruits and vegetables are rich in vitamins and minerals, while whole grains and lean proteins provide energy and build muscle. By incorporating these foods into daily meals, individuals can maintain a healthy weight and reduce the risk of chronic diseases.

分析： 英语段落结构紧凑，开篇即点明主题 "Effective nutrition starts with a balanced diet"，后续句子紧密围绕这一主题展开，通过举例（fruits, vegetables, whole grains, lean proteins）和阐释（provide nutrients, maintain healthy weight, reduce disease risk）来支持主题句。

汉语段落：

说到健康饮食，其实并不复杂。你瞧，市场上琳琅满目的蔬果，色彩斑斓，富含维生素和矿物质，是日常饮食中不可或缺的一部分。再看看那些粗粮和瘦肉，它们不仅提供能量，还能帮助我们强健体魄。将这些食物合理搭配到每一餐中，不仅能保持身材，还能预防慢性病。健康，其实就这么简单。

分析： 汉语段落相对松散自由，主题 "健康饮食" 并未直接开篇点明，而是通过描述市场上的蔬果和粗粮瘦肉等具体食物来逐渐引出。语句之间通过语义的连贯和内在的逻辑关系进行衔接，最后才总结点题。

示例二

关于时间管理

英语段落：

Time management is crucial for achieving success in both personal and professional life. To effectively manage time, individuals need to prioritize tasks, set realistic goals, and eliminate distractions. By doing so, they can increase productivity, reduce stress, and achieve a better work‑life balance. For example, setting aside specific time for work and leisure activities can help ensure that both areas are adequately addressed.

分析：英语段落结构清晰，主题句"Time management is crucial for achieving success"明确点出段落核心，后续句子通过提出时间管理的具体方法（prioritize tasks, set goals, eliminate distractions）和效果（increase productivity, reduce stress, achieve balance）来支持主题。

汉语段落：

时间，确实是无比珍贵的财富。你看很多成功人士，哪个不是把时间安排得井井有条？他们懂得区分轻重缓急，给自己设定明确的目标，还能排除各种干扰。这样一来，工作效率自然就上去了，压力也小了不少。就拿我自己来说吧，每天安排固定的时间工作和学习，再留出一些时间来放松和娱乐，这样生活才更有滋味嘛。

分析：汉语段落主题"时间管理"并未直接开篇点明，而是通过描述成功人士的时间管理方式和自己的体验来逐渐引出。语句之间通过语义的连贯和内在的逻辑关系进行衔接，最后才总结点题。

示例三

关于环境保护

英语段落：

Environmental protection is essential for sustaining our planet. Governments and individuals must take action to reduce pollution, conserve natural resources, and promote sustainable practices. By implementing policies such as recycling and renewable energy use, we can mitigate the impacts of climate change and preserve the environment for future generations.

分析：英语段落结构严谨，主题句"Environmental protection is essential"

直接点明段落核心，后续句子通过提出环境保护的具体措施（reduce pollution，conserve resources，promote sustainable practices）和效果（mitigate climate change，preserve environment）来支持主题。

汉语段落：

谈及环境保护，这无疑是一个极为重要且广泛的话题。当前，环境污染问题日益严峻，自然资源也愈发紧张。面对这样的形势，政府必须果断采取行动，而个人同样责无旁贷。推广垃圾分类、使用可再生能源等环保举措，正是我们为改善环境所能做出的切实有效的努力。唯有全社会成员齐心协力，共同践行环保行动，我们才能守护好这片蔚蓝星球，为子孙后代留下一个宜居宜业的美好家园。

分析：汉语段落主题"环境保护"并未直接开篇点明，而是通过描述环境污染和自然资源紧张的现状来逐渐引出。语句之间通过语义的连贯和内在的逻辑关系进行衔接，最后才提出环境保护的具体措施和期望效果。整个段落呈现出一种自然流畅、灵动活泼的特点。

四、结尾收官手法的差异

英语语篇的结尾通常倾向于总结归纳，为文章画上圆满的句号。作者会重申核心观点或得出确切结论，旨在强化读者的印象或引导读者的行动。例如，在一篇英语说明文的结尾，作者可能会总结产品的特点和使用方法，并鼓励读者购买和使用该产品，如"In summary, our product boasts unique features and user-friendly design, making it an ideal choice for your daily needs. Don't hesitate to try it out and experience the difference!"（综上所述，我们的产品具有独特的功能和人性化的设计，是您日常需求的理想选择。不要犹豫，尝试一下，体验一下不同吧！）学术著作的结尾则少不了总结研究成果，如一本物理学专著的结尾可能会写道："In conclusion, our research has demonstrated the validity of the new theory through rigorous experiments. We anticipate that future studies will build upon this foundation to explore even more groundbreaking applications."（总之，我们的研究通过严格的实验证明了新理论的有效性。我们预计未来的研究将在此基础上探索更多开创性的应用）商务文案的结尾则多是明确行动建议，如"Based on our comprehensive analysis, we strongly recommend that the company allocate additional resources to digital marketing strategies immediately to secure a larger market share and stay ahead of the competition."（根据我们的综合分析，我们强烈建议公司立即分配额外的资源用于数字营销策略，以确保更大的市场份额，并在竞争中保持领先地位）这样的结尾条理清晰，不拖泥带水，让受众一目了然地明白收获了什么，以及下一步该做什么。

相比之下，汉语语篇的结尾则常常余韵悠长，或升华情感、或引发遐想。作者可能会通过景物描写或情感抒发来营造一种意境深远的氛围，让读者在回味中领悟文章的主旨。诗词常借景抒情，留下空灵意境让人回味，如王维的《山居秋暝》结尾"随意春芳歇，王孙自可留"以春日芳菲的凋零和隐士的自在留连作结，让读者在自然的宁静与诗人的淡泊中感受到一种超脱的意境。散文、小说的结尾也常是含蓄留白，给读者留下思考揣摩的空间。如鲁迅的《药》的结尾，以华大妈和夏四奶奶在坟头相遇却互不相识的情景收尾，把革命者牺牲的悲哀和民众的麻木愚昧留给读者去深刻反思。再如余华的《活着》的结尾，福贵和老牛相依为命，继续前行，"我知道黄昏正在转瞬即逝，黑夜从天而降了。我看到广阔的土地袒露着结实的胸膛，那是召唤的姿态，就像女人召唤着她们的儿女，土地召唤着黑夜来临。"这样的结尾把生命的坚韧和对未来的期许都蕴含在深沉的叙述中，让读者在感动中思考人生的意义。

英语语篇与汉语语篇在结尾收官手法上各具特色，前者倾向于总结归纳，后者则常余韵悠长。以下通过三组对比示例，进一步阐述这两种语言在结尾手法上的差异。

示例一

学术论文结尾

英语：

"In conclusion, this study has provided compelling evidence that regular exercise can significantly improve cognitive function in older adults. Future research should continue to explore the mechanisms underlying this relationship and identify optimal exercise protocols for maximizing cognitive benefits."

汉语：

(以一篇关于老年人锻炼与认知功能的学术论文结尾为例。)

"综上所述，本研究有力证明了规律锻炼能够显著提升老年人的认知功能。未来的研究应继续深入探究这一关系的内在机制，并找出最优化的锻炼方案，以实现认知效益的最大化。然而，锻炼之外，我们亦应关注老年人的心理健康、社交活动等多方面因素，共同促进他们的全面福祉。"

分析： 英语结尾直接总结研究成果，并提出未来研究方向，条理清晰。汉语结尾在总结的基础上，进一步拓展了研究视野，提出了对老年人福祉的全面关注，体现了更深层次的思考。

示例二

产品说明书结尾

英语：

"In summary, our product is designed to meet the diverse needs of consumers. With its innovative features and user-friendly interface, it is sure to become your go-to choice. Don't miss out on the opportunity to enhance your life with our product!"

汉语：

(以一款智能家居产品的说明书结尾为例。)

"总而言之，我们的产品旨在满足消费者的多样化需求。其创新功能和人性化的设计，定能成为您的首选。愿我们的产品为您的生活增添一份便捷与舒适，让家的温馨与智能并存，让每一天都充满惊喜。"

分析： 英语结尾强调产品的特点和优势，鼓励消费者购买。汉语结尾则更注重情感共鸣，通过温馨的语言营造家的氛围，激发消费者的购买欲望。

示例三

散文结尾

英语：

"In conclusion, life is a journey filled with ups and downs. It is important to embrace every moment, learn from our experiences, and continue to grow and evolve."

汉语：

（以一篇关于人生旅程的散文结尾为例。）

"人生如旅，有起有落，有笑有泪。重要的是，我们要珍惜每一个瞬间，从经历中汲取智慧，不断前行，不断成长。当岁月流转，回首往昔，愿我们都能以一颗平和的心，笑对人生风雨，拥抱每一个灿烂的明天。"

分析： 英语结尾简洁明了，总结了人生的意义和价值。汉语结尾则更加细腻，通过情感抒发和景物描写，营造出一种意境深远的氛围，让读者在回味中领悟人生的真谛。这种结尾方式更符合汉语读者的审美习惯，能够引发读者的共鸣和思考。

五、衔接手段运用的差异

英语语篇在衔接手段上显著依赖于显性衔接，如连接词、代词和冠词等，它们共同确保了英语语篇在语义上的清晰度和连贯性。读者通过这些明显的衔接标志，可以迅速理清句子和段落之间的逻辑关系。例如，连接词在英语中起到了明确逻辑关联的作用，如 "In addition, the study found that..." 这样的句子，通过 "In addition" 这一连接词，清晰地展示了与前文内容的递进关系。代词则用于指代前文提及的对象，有效避免了内容的重复和冗余。冠词则帮助确定名词的范畴和具体指向，如在句子 "The book I bought yesterday is interesting because it tells a fascinating story." 中，定冠词 "The" 明确了所指的是特定的一本书，而代词 "it" 则巧妙地代指前文提到的书，使得整个句子的语义精准且连贯，读者能够迅速理解各个成分之间的关系。

汉语语篇则更擅长运用隐性衔接手段，如语义连贯、语序编排和上下文呼应等。这些隐性衔接手段使得汉语语篇在表达上更加自然流畅，读者往往需要通过对语境的深入理解和感知，来把握文章的整体意义。例如，在句子"他走了，留下了一地的落叶和深深的思念"中，虽然没有明显的连接词来表明前后文的逻辑关系，但通过语序的巧妙安排和语义的连贯性，读者依然能够感受到"他走了"与"留下了一地的落叶和深深的思念"之间的因果关系。另一个例子是"春天到了，万物复苏，花儿开了，鸟儿也叫了"。这句话中，虽然没有使用显性的连接词，但通过语序的编排和上下文的呼应，读者能够清晰地理解到春天到来后自然界的一系列变化，感受到了春天的生机与活力。再看这段文字："秋夜，凉风习习。他独自漫步街头，路灯昏黄，店铺大多已关门，心底莫名涌起一阵孤独。"通过场景依次铺陈，从环境氛围过渡到人物心境，凭借语义连贯，读者能顺畅理解其中暗藏的情绪脉络，无须刻意点明因果。又如，在讲述传统节日时："春节前夕，家家户户忙着大扫除，贴上喜庆的春联，孩子们则满心期待着新衣新鞋，还有那满桌的年夜饭。"上下文呼应紧密，围绕"春节前夕"展开各项活动，虽然没有连接标识，可凭借对春节习俗的熟悉，大家一读便知其中关联，体悟到文字背后浓浓的年味儿，汉语这种隐性衔接不着痕迹，却将文意巧妙融合，尽显灵动之态。

英语语篇在衔接手段上主要依赖于显性衔接，这些手段包括连接词、代词和冠词等。汉语语篇则更擅长运用隐性衔接手段。以下通过三组对比示例，进一步阐述这两种语言在衔接手段运用上的差异。

示例一

英语： Firstly, the company achieved significant growth in sales last year. Secondly, it expanded its market share in key regions. Furthermore, the introduction of new products contributed to this success.

汉语： 去年公司销售大幅增长，同时在关键区域扩大了市场份额，新产品的推出也为此成功助力。

分析： 英语中使用了"Firstly""Secondly"和"Furthermore"等连接词，

明确指出了句子之间的逻辑关系，使得整个段落结构清晰，条理分明。而汉语则通过语序的自然编排和语义的连贯性，隐性地表达了这些逻辑关系，没有使用显性的连接词，但读者依然能够顺畅地理解整个段落的含义。

示例二

英语: The book I read last night was fascinating. It kept me up all night reading.

汉语: 昨晚我看的那本书非常吸引人，害得我一夜未眠，一直在看。

分析: 英语中使用了代词"It"来指代前文提到的"book"，避免了内容的重复，同时保持了句子的简洁性。而汉语则通过语序和语境的连贯性，隐性地表达了"那本书"这一指代关系，没有使用代词，但读者依然能够清晰地理解。

示例三

英语: After completing his project, David took a well-deserved break. The tranquility of the countryside and the sound of nature relaxed him deeply.

汉语: 完成项目后，大卫终于松了一口气，去乡下放松了一下。乡间的宁静和大自然的声音让他深感放松。

分析: 英语中使用了"After completing his project"这一介词短语明确前后动作的时间顺序，使得整个句子结构紧凑且逻辑清晰。而在汉语中，"完成项目后"这一表述，虽然没有直接使用介词短语，却通过自然流畅的语序，隐性且精确地传达了相同的时间关系。这充分体现了汉语在表达时间顺序上的灵活性和经济性。同时，汉语还通过语境的连贯性，使读者能够自然地感受到"乡间的宁静和大自然的声音"与"让他深感放松"之间的因果关系，这种因果关系在语境中自然流露，无须额外的连接词来明确。这展现了汉语在语境连贯性方面的独特优势，使得整个句子更加流畅且易于理解。

六、不同体裁下的体现

（一）记叙文

记叙文，作为一种以叙述为主要表达方式的文学体裁，其核心在于通过生动、具体的情节描述，展现人物的活动、经历以及由此引发的情感变化。记叙文不仅承载着叙述事件的功能，更蕴含了深刻的人文关怀和情感价值。

在英语记叙文中，作者往往注重构建清晰的事件发展脉络，通过精确的时间、地点和人物设置，为读者呈现出一个完整而连贯的故事框架。以夏洛蒂·勃朗特的《简·爱》为例，作者通过细腻的时间线，讲述了简·爱从小孤苦无依到成为独立女性的成长历程。情节的发展从简在孤儿院的艰难生活，到她成为罗切斯特先生家庭教师后的情感纠葛，再到她离开庄园、历经磨难最终重获爱情，每一个阶段都经过精心设计和安排，展现了简坚韧不拔的性格和对自由平等的追求。此外，英语记叙文还善于运用丰富的细节描写，如人物的心理活动、对话以及环境氛围的烘托，来增强故事的感染力和真实感。

而在汉语记叙文中，则更加注重人物情感的细腻表达和事件氛围的渲染。以鲁迅的《故乡》为例，作者通过回忆自己回到阔别多年的故乡所见所闻，展现了故乡的破败和人与人之间的隔膜。在描述与儿时玩伴闰土的重逢时，鲁迅细腻地刻画了闰土从天真活泼到麻木迟钝的变化，以及自己内心的震惊和悲哀。这种对人物情感的深入挖掘和细腻表达，使读者在阅读过程中产生共鸣和共情。同时，汉语记叙文还善于运用多种修辞手法，如比喻、拟人、排比等，来增强语言的生动性和表现力，使得文章更加引人入胜。例如，"希望是本无所谓有，无所谓无的。这正如地上的路；其实地上本没有路，走的人多了，也便成了路。"这句话就运用了比喻的修辞手法，生动地表达了作者对未来的希望和信念。

无论是英语记叙文还是汉语记叙文，它们都以叙述事件为基础，但侧重点和表达方式却各有千秋。英语记叙文更偏向于构建清晰的故事框架和呈现丰富的细节描写，而汉语记叙文则更注重人物情感的细腻表达和事件氛围的渲染。

（二）议论文

议论文，作为一种以阐述观点、分析事理为主要目的的文体，其核心在于通过逻辑严密的论证，表达作者对某一问题或现象的看法和态度。在英语与汉语这两种不同的语言环境中，议论文展现出了各自独特的风格和表达方式。

在英语议论文中，作者往往以清晰、直接的开篇陈述观点，随后运用严密的逻辑推理和详实的论据来支持论点。这种议论文结构严谨，条理清晰，注重客观性和科学性。作者通常会引用权威数据、专家观点或研究结果来增强论证的可信度，同时运用对比、举例、类比等论证方法来强化观点的表达。例如，在一篇关于教育改革的英语议论文中，作者可能会开篇即提出"教育改革应更加注重学生综合素质的培养"这一观点，随后通过引用教育专家的研究报告、对比国内外教育模式的优劣、列举实施素质教育带来的积极影响等多方面的论据，来全面、有力地支持这一观点。这种议论文结构严谨，条理清晰，注重客观性和科学性，语言风格偏向于客观、冷静，力求让读者在理性的思考中接受作者的观点。

而在汉语议论文中，作者则更加注重情感色彩和文化底蕴的融入。在阐述观点时，汉语议论文往往以生动的语言、形象的比喻和丰富的文化典故来增强文章的感染力和说服力。以一篇探讨"诚信为本"的汉语议论文为例，作者可能会开篇以"人无信不立，业无信不兴"这一富有哲理的成语作为引子，随后通过讲述历史上因诚信而成就伟业的故事、引用古代圣贤关于诚信的名言警句、分析现代社会中诚信缺失带来的严重后果等多方面的论述，来深刻阐述诚信对于个人成长和社会发展的重要性。汉语议论文善于运用历史故事、名人名言或成语寓言等文化元素，来丰富文章的内涵，提升文章的文化品位。同时，汉语议论文也注重与读者的情感共鸣，通过细腻的情感描绘和深刻的哲理思考，激发读者的共鸣和思考，从而达到说服读者的目的。

此外，无论是英语议论文还是汉语议论文，都需要注意以下几点：一是要确保论点的明确和突出，让读者一目了然；二是要注重论据的充分和有力，通过详实的数据、事实或权威观点来支持论点；三是要注重论证的逻辑性和严密性，确保论证过程条理清晰、无懈可击；四是要注重语言的准确性和生动性，既要表达清晰，又要富有感染力。在写作过程中，作者应根据文章的主题和读者的需求，选择合适的语言和风格，以达到最佳的说服效果。

（三）说明文

说明文，作为一种以说明为主要表达方式的文体，其核心目的在于清晰、准确地传递信息，帮助读者理解某一事物、现象或过程。无论是英语还是汉语，说明文都扮演着传递知识、普及科学、指导实践的重要角色。

在英语说明文中，作者通常注重逻辑性和条理性，通过分类、定义、比较、举例等方法，对事物或现象进行客观、全面的介绍。这种说明文往往结构严谨，语言准确，能够清晰地展现事物的本质特征和内在联系。例如，在介绍一种科技产品时，英语说明文会详细列出产品的功能、性能、使用方法等，使读者能够迅速了解产品的特点和操作方法。

而在汉语说明文中，除了注重信息的准确性和条理性外，还更加注重语言的生动性和形象性。作者常常运用比喻、拟人等修辞手法，以及丰富的细节描写，来增强说明的趣味性和可读性。同时，汉语说明文也更加注重人文关怀和情感色彩，通过讲述故事、引用典故等方式，使读者在了解事物的同时，也能感受到其中的文化内涵和人文价值。例如，在介绍一种传统手工艺时，汉语说明文不仅会详细描述工艺的制作流程和技艺特点，还会深入挖掘其背后的历史渊源和文化意义，使读者在欣赏工艺之美的同时，也能领略到传统文化的魅力。

此外，无论是英语还是汉语说明文，都需要注意以下几点：一是要确保信息的准确性和可靠性，避免误导读者；二是要注重语言的简洁明了，避免冗长和复杂的句子结构；三是要根据读者的需求和背景，选择合适的说明方式和语言风格。只有这样，才能写出既准确又生动、既实用又有趣的说明文，满足读者的阅读需求。

第四章　英汉语义内涵对比

　　语言与文化之间存在着千丝万缕的联系，语义作为语言的核心要素，深刻地反映着文化内涵并受其影响。在英汉两种语言的广阔天地里，语义文化内涵的对比研究如同一扇窗，让我们得以窥见两种文化在表达、理解与价值观等方面的异同。本章精心挑选了颜色词汇、动物词汇以及数字词汇作为研究的重点，这些词汇不仅是语言的基石，更是文化的镜像，蕴含着丰富的象征意义与文化寓意。

　　颜色词汇在语言中极具表现力，它们不仅承载着基本的视觉指代功能，更在英汉两种语言中衍生出丰富多样的引申意义。这些引申意义的背后，映射出中西方截然不同的文化象征和价值观念。例如，红色在中国文化中象征着喜庆、热情与繁荣，而在西方文化背景下，它可能更多地与危险、激情或禁忌相联系。通过对颜色词汇语义的细致对比，我们能够清晰地洞察到两种文化在审美观念、情感表达方式以及传统习俗等方面的显著差异。

　　动物词汇同样在英汉语言中展现出独特的魅力与深刻的文化烙印。它们在不同文化语境中被赋予多样化的象征意义与形象比喻，这些差异在成语、谚语、俗语等语言形式中得到了淋漓尽致的体现。一种动物在汉语中可能代表着吉祥、勤劳或智慧，而在英语中却可能有着截然不同的象征意义，这种差异反映了两国人民在认知、历史、宗教以及生活方式等多方面的不同视角与思维方式，为深入理解两种文化的特质提供了生动且丰富的素材。

　　数字词汇，除了其基本的计数功能外，在英汉语言中还承载着大量的文化附加意义。某些数字在中英文化中被赋予了特殊的地位和含义，这些含义深深扎根于各自的文化传统、宗教信仰、哲学观念以及民间习俗之中。无论是"三""七""九"等数字在中英文化中的独特内涵，还是数字在习语以及文化传统中的差异，都揭示了两种文化在思维模式、价值取向以及文化心理等方面的微妙差别。

本章将深入系统地对英汉语言中的颜色词汇、动物词汇和数字词汇的语义文化内涵进行对比分析，旨在揭示隐藏在词汇背后的文化奥秘，促进跨文化交流的顺利进行。这将有助于语言学习者更好地理解和掌握英汉语言的精髓，提升对两种文化的认知与感悟能力，并为语言教学、翻译实践以及文化研究等多个领域提供有益的参考与借鉴。

第一节　颜色词

一、汉语中的"颜色"溯源

（一）汉语"颜色"解

颜色，在现代语义中即"色彩"，然而在中国古代，其含义与今日大相径庭。《说文解字》载："颜，眉目之间也；色，颜气也。"依古人之见，颜色若显露于外则为色，若蕴藏于内则为气。故而最初"颜色"所指乃是人的气色。段玉裁注解道："凡羞愧喜忧谓之颜色"，缘由在于"心达于气，气达于眉间"，足见彼时"颜色"主要是指面色或气色，而非世间万物之色彩。直至唐朝，"颜色"才逐渐有了自然界色彩的含义。例如，唐朝诗人杜甫在《花底》一诗中写道："深知好颜色，莫作委泥沙。"此处的"颜色"已明显指向花朵的色泽。成语"五颜六色"亦体现了"颜色"这一表示众多色彩的语义。①

在中国古代，色彩绝非仅仅是一种单纯的视觉呈现或简单符号。古人对色彩赋予了极为深邃的哲学意义。先秦时期诸子百家争鸣，有力地推动了中国传统色彩观的形成，其中儒家与道家两大学派的影响尤为深远。儒家将自然界中的青、赤、黄、白、黑五种颜色视作正色，而其余颜色皆被

---

① 张严心，李珍. 英汉语言文化差异下的翻译研究［M］. 北京：中国商务出版社，2021：125.

归为邪色或间色。儒家通过对正色与间色的区分，构建起一套色彩等级秩序，以彰显其伦理道德观念在色彩领域的映射。道家学派则秉持阴阳两色观，《道德经》中有言："五色令人目盲，五音令人耳聋，五味令人口爽。"道家认为，在缤纷的色彩中，唯有黑白才是最为朴素、纯真的大美，此观念体现了道教学派所崇尚的朴素宇宙观，即追求事物的本真与自然之道，摒弃过多的外在修饰与繁杂。这两大学派的思想相互补充融合，最终形成了中国传统的阴阳五行"五色观"。①

（二）阴阳五行的"五色观"

华夏民族的先民们通过长期观察天地运行、日出日落及时序更迭等自然现象，逐渐形成了赤、青、黄、白、黑为宇宙大地五种基本色调的观念。在中国文化中，"五"被赋予了繁衍与象征的深意，这五种基本色调相互交织、变化万千，能够衍生出无数绚丽多彩的色彩，展现出无尽的奇妙与韵味。追溯至 2000 多年前的战国时期，"五色观"已初见端倪。从现代科学的视角来看，这五种色调实际上涵盖了黑、白两色与三原色。依据光学原理，三原色混合会呈现黑色，而三种色光混合则会产生白光。令人称奇的是，古代先贤仅凭对自然现象的观察与思考，所推导出的阴阳观念，在色彩领域与现代科学规律不谋而合，这深刻体现了中国古代先民的智慧与对宇宙万物规律的敏锐洞察。

自黄帝时代起，历经夏、商、周、秦等朝代，帝王们依据"阴阳五行"学说，为各个朝代确定了色彩象征。在"阴阳五行"学说中，五行依次为水、火、木、金、土，与之对应的颜色则是黑、赤、青、白、黄。由于古人坚信五行是构成宇宙万物的基本要素，色彩亦由此衍生，因此，五色与天道自然运行的五行法则紧密相连，形成了不可分割的关系。将五色与阴阳五行相互对应，是中国古代色彩文化最为独特且卓越的特征，这一做法不仅极大地丰富了哲学思想的内涵，使哲学理论在色彩领域得以具象化展现，同时也拓展了色彩本身的文化意义与价值。

古人还依据五行法则，将五方（东、南、西、北、中）、五时（春、

---

① 张严心，李珍. 英汉语言文化差异下的翻译研究 [M]. 北京：中国商务出版社，2021：125-126.

夏、长夏、秋、冬）、五气（寒、热、风、燥、湿）、五情（恐、喜、怒、忧、思）、五德（智、礼、仁、义、信）等诸多概念与颜色一一对应起来。通过这样的整合与构建，逐渐形成了一套别具一格、自成体系的色彩文化系统，成为中华传统文化宝库中一颗璀璨的明珠。这套色彩文化系统深刻地影响着中国古代社会的各个层面，从宫廷礼仪、建筑装饰到民间艺术、服饰文化等，无不渗透着五色观的印记，成为中华民族独特审美情趣与文化心理的重要体现。①

表 4-1　五行与五方、五色、五脏、五官等的对应关系图

五色	五方	五时	五味	五化	五气	五行	五脏	五情	五德	五官	五体	五液
青	东	春	酸	生	风	木	肝	怒	仁	目	筋	泪
赤	南	夏	苦	长	暑	火	心	喜	礼	舌	脉	汗
黄	中	长夏	甘	化	湿	土	脾	思	信	口	肉	涎
白	西	秋	辛	收	燥	金	肺	悲	义	鼻	皮	涕
黑	北	冬	咸	藏	寒	水	肾	恐	智	耳	骨	唾

"五色观"的形成与中国的阴阳五行说有着千丝万缕的联系，二者渊源极深。古人坚信木、火、土、金、水这五种最基本的物质是构建世界不可或缺的元素。在此基础上，人们又巧妙地将青、赤、黄、白、黑五色与五行相互匹配对应。在古人的认知体系中，于自然界纷繁复杂的各种色彩里，青、赤、黄、白、黑被视作最为基本的颜色类别，它们具有如同五行那般化生万物的神奇功能与特质。

依据五行说所阐述的关于时间、空间和颜色之间的精妙匹配关系如下。

木与春天、东方、青色相对应。木象征着植物，之所以属东方，乃是因为东部平原地区的自然环境最为适宜植物的蓬勃生长。在广袤的东部平原，大片繁茂的植物往往呈现出青绿色的盎然生机，这恰是春天与青色的生动体现，故而春季又被称为青阳。每当春回大地，万物复苏之际，处处绿意盎然，充满生机与希望。古人深刻地感悟到东方的青色与春天

① 张严心. 文化差异与英语教学［M］. 北京：中国商务出版社，2018：72-73.

紧密相连，二者共同象征着万物的茁壮成长与欣欣向荣。由此，春天进一步被引申为人的年轻时代，青春岁月便承载着如春天般的朝气蓬勃与无限活力。

火与夏天、南方、赤色相互关联。南方主夏且属火，这归因于南方地区气候炎热，艳阳高悬，炽热的阳光充分彰显了夏天与赤色的特质，象征着万物在此季节生长得极为茂盛。因此，赤色自然而然地代表南方，象征着火的热烈与活力。夏与五行中的火相得益彰，火之色为赤或曰朱，故而夏季又被称为朱夏，亦别称朱明，这些称谓都生动地描绘出夏天阳光强烈、万物繁茂的显著特征。

金与秋天、西方、白色彼此呼应。西方主秋季，中原以西多山的地理环境致使其矿产丰富，多含金属，极为适宜冶炼金属等相关活动，故而属于金。而且西部的大山常年积雪皑皑，白色成为其显著特征，这恰好体现了秋天与白色的内在联系，象征着万物在秋季逐渐走向肃杀凋零。所以秋季又被称为白藏，这个名称精准地传达出秋天万物收藏、生机渐隐的意境与氛围。

水与冬天、北方、黑色紧密相连。黑色代表北方，象征水，其缘由在于黄河之风陵渡以上存在一个由北向南的大回程，对于未深入了解黄河全貌、不出中原的人们而言，往往会误以为黄河从北方径直流过来，加之黄河的源头的确位于北方，所以便认为北方属水。再者，北方地区日照相对较少，夜晚时长较长，昏暗天气频繁出现，整体环境给人以黑色的直观感受，这正体现了冬天与黑色的契合之处。故冬季被称为玄冬，秋收冬藏，在这个季节里，农事虽已收获，但气候日益肃杀，万物渐次凋零，人们的活动范围也日益缩小。在这样的情境下，白色和黑色逐渐在人们的情感与情绪层面产生了悲凉与哀伤的深刻联想，成为秋冬季节人们内心感受的一种外在色彩映照。

土与长夏、中央、黄色相互对应，黄色位居中央，象征着土。可以毫不夸张地说，阴阳五行学说完全是中华先民对周围环境长期细致观察与深刻总结的智慧结晶，其中明显地蕴含着价值判断上的某种倾向性，以及地理范围上以中原为中心的观察视角。华夏族的先民们站在中原大地眺望四周，他们所目睹的是东夷、南蛮、西戎、北狄等远古部落，而脚下这片广袤肥沃的土地则显得尤为珍贵。在这样的地缘文化背景下，一种以中原为中心的文化意识自然而然地形成，并深刻地烙印在阴阳五行学说以及与之相关的五色观等文化理念之中。

（三）"正色"与"间色"

"正色"与"间色"的概念，不仅是中国古代色彩体系的重要组成部分，更是与阴阳五行学说紧密相连的文化符号。五色说，即青、赤、黄、白、黑这五种基本颜色，被视为天地间最为纯粹的色彩，它们与五行学说中的金、木、水、火、土相对应，形成了独特的色彩象征体系。

在此体系中，"正色"——即青、赤、黄、白、黑五色，象征着尊贵、高雅及纯粹，这些色彩与儒家的仁、义、礼、智、信等道德理念相融合，广泛应用于礼仪规范、服饰设计、建筑风格等多个领域。孔子出于对周礼的维护，明确将色彩分为"正色"和"间色"两类，进一步强化了正色的地位。①

而"间色"则是由不同的"正色"以不同的比例调和而成，它们被视为次要的、不纯正的颜色。然而，间色的产生并非随意，而是与五行学说之相克相生有着密切的关系。例如，绿色是由青色和黄色相混杂而产生的间色，它象征着木和土相互抵制的关系。这种色彩的产生，不仅丰富了色彩世界，也反映了古人对自然界万物相生相克规律的深刻认识。

在古代社会，正色和间色更多的时候成为明贵贱、辨等级的工具。古人以"正色为贵，间色为卑"，将正色视为尊贵和正统的象征，而将间色视为卑贱和非正统的代表。

然而，随着时间的推移，有些间色的文化内涵发生了本质的变化。它们虽然曾经是"卑贱之色"，但逐渐变为"庄重之色"和"祥瑞之色"。例如，紫色作为间色，原本是卑贱的象征，但春秋第一霸主齐桓公对紫色的喜爱，使得紫色逐渐成了祥瑞、庄重的代表。在唐代，紫色更是成了三品以上官员的官服颜色，象征着高官厚禄和尊贵地位。同样，红色作为间色，也逐渐取代了正色"赤"的地位，成为人们日常生活中更为常用的颜色。

---

① 张严心，李珍. 英汉语言文化差异下的翻译研究 [M]. 北京：中国商务出版社，2021：128.

此外，正色与间色的关系也并非一成不变。在某些特定的情境或结构中，正色和间色可能会相互转换。这种转换不仅反映了色彩运用的灵活性，也体现了古代社会文化的多样性和包容性。

"正色"与"间色"的概念不仅是中国古代色彩体系的重要组成部分，更是与阴阳五行学说紧密相连的文化符号。它们不仅丰富了色彩世界，也反映了古人对自然界和社会文化的深刻认识。随着时间的推移和社会的发展，正色与间色的文化内涵和象征意义也在不断变化和发展，成为中国传统文化中不可或缺的一部分。

二、英语中的"颜色"溯源

在英语中，"颜色"一词是"colour"（美式拼写为"color"），这一词汇的源头可追溯至古法语"colour"或拉丁语"color"。在拉丁语中，"color"原本蕴含着"覆盖"与"隐藏"的意味，这微妙地揭示了颜色最初被视为一种覆盖在物体表面的特性，仿佛为物体披上了一层独特的外衣，用以修饰并区分不同的对象。

随着时间的推移，"colour"在英语词汇中的含义逐渐丰富与深化。它不仅局限于描述物体表面的视觉特征，更扩展至涵盖与色彩相关的各种抽象概念。例如，在描述人的气色时，"colour"可用于形容如"a healthy colour in one's cheeks"（脸颊上健康的气色），这与汉语中"颜色"一词最初指称气色有着异曲同工之妙。此外，"colour"还被用来指代种族肤色，如"people of different colours"（不同肤色的人），这进一步彰显了其语义在社会文化背景中的广泛拓展。

从词形变化的角度来看，"colour"在英语中展现出多样的形态以适应不同的语境和语法结构。在名词复数形式中，它变为"colours"，这种变化不仅满足了语法的需求，也反映了语义的丰富性，能够指代多种颜色的集合。而在形容词形式中，"coloured"常被用来描述带有某种颜色或具有特定色彩特征的事物，如"coloured pencils"（彩色铅笔），这进一步拓宽了"colour"在语言表达中的功能和应用范围。

在英语发展的历史长河中，文学作品对"colour"一词的使用和语义演变产生了深远的影响。在中世纪的骑士文学中，"colour"常常被用来描绘骑士的盾牌、旗帜以及盔甲上的装饰颜色。这些颜色不仅具有装饰作用，更承载了骑士的家族荣誉、勇气与身份象征。例如，金色与红色的搭配可能代表着一个高贵且英勇善战的家族，而蓝色与白色的组合则可能象征着纯洁与忠诚。

随着文艺复兴时期的到来，文学作品对色彩的描绘变得更为细腻与丰富。在这一时期，"colour"开始被用来表达人物的情感、性格和心理状态。莎士比亚的作品便是一个典型的例子，他巧妙地运用色彩来描绘人物的神态与内心波动。如"pale as a white sheet"（脸色苍白如纸）这一描述，便生动地展现了人物的惊恐或震惊情绪，通过白色与人物神态的联系，生动地展现了人物内心的情绪波动，进一步拓展了"colour"在文学表达中的深度和广度。

此外，随着时代的发展，英语中的"颜色"词汇还不断吸收和融合其他语言的元素，形成了更为丰富多样的表达方式。这些外来词汇的引入不仅丰富了英语中颜色词汇的内涵，也促进了不同文化之间的交流与融合。

三、英汉颜色词差异的文化溯源

（一）历史文化背景差异

1. 发展历程不同

中国拥有数千年的悠久历史，封建王朝统治时期漫长且高度集权。自秦朝统一六国后，一系列严谨的政治和社会制度逐渐确立，其中颜色在彰显等级秩序方面扮演了关键角色。以黄色为例，从汉代开始，尤其是明黄色，被皇家所独占，成为皇权的象征。这一传统一直延续至唐、宋、元、明、清等朝代，皇帝的龙袍、宫殿的琉璃瓦以及皇家仪仗等，都大量使用黄色，严禁民间僭越使用。在唐朝，官员的服饰颜色依据九品中正制进行了严格划分，三品以上的官员着紫色，五品以上的官员着红色，而六品以下的官员则着绿色或青色等，通过颜色的不同鲜明地界定了官员的品级高低与权力范围。这种等级分明的颜色使用规范历经岁月的积淀，深深植根于中国传统文化的内核之中，成为中华民族独特的文化标志之一。相比之下，英国的历史发展轨迹则呈现出独特的面貌。在封建时期，贵族与君主之间形成了相互制衡的关系，贵族阶层通过血统、封地以及家族纹章来彰显其身份地位，而颜色在纹章学中占据了举足轻重的地位。例如，紫色、金色等稀有颜色常被用于贵族家族的纹章设计中，象征着高贵与荣耀。中世纪时期，罗马天主教在英国具有强大的影响力，宗教色彩浓厚的艺术与建筑得到了蓬勃发展，宗教仪式中的颜色运用也严格遵循教会传统。白色被用于象征神圣纯洁的宗教仪式场合，而黑色则与哀悼逝者紧密相关。然而，随着16世纪宗教改革运动的兴起，英国摆脱了罗马天主教会的控制，新教思想逐渐传播开来，宗教对社会文化的影响也发生了深刻变革。在这一历史背景下，颜色的象征意义也在悄然演变，与新兴的资产阶级价值观相互融合，进一步丰富了英语颜色词汇的文化内涵层次。

2. 文化传统的多样性

中国传统文化博大精深，儒家、道家等思想流派交相辉映，共同塑造了其独特的颜色文化观念。儒家以"礼"为核心，对颜色进行了细致的划分，将青、赤、黄、白、黑等正色视为正统与尊贵的象征，这些颜色与社会伦理道德规范紧密相连，体现了儒家对社会秩序的尊崇与维护。相对而言，间色的地位则稍逊一筹。道家则倡导阴阳平衡、返璞归真的理念，认为黑白两色蕴含着宇宙万物的根本之道，是纯粹与质朴的大美之色。在民间文化领域，中国各地的民俗活动与民间艺术为颜色文化注入了鲜活的生命力。例如，春节期间，红色的春联与红灯笼成为喜庆、吉祥与驱邪避灾的象征；而在传统剪纸艺术中，红色剪纸作品常表现团圆与幸福的主题，寄托了人们对美好生活的向往与期盼。

英国文化传统则呈现出多元融合的特征。在本土的凯尔特文化中，对自然万物与神秘力量的崇拜根深蒂固，颜色因此被赋予了特殊的原始意义与魔力象征。绿色往往与森林、精灵等神秘元素相关联，代表着自然的生机与神秘的未知。罗马文化的传入则为英国带来了地中海地区的艺术、建筑与文化理念，罗马式建筑中色彩斑斓的马赛克装饰与华丽的服饰颜色运用，对英国本土的颜色文化产生了深远的影响，进一步丰富了其色彩文化的内涵。

（二）自然环境因素

1. 地理环境不同

中国地处欧亚大陆东部，太平洋西岸，拥有广袤的国土与深邃的腹地，地形地貌复杂多变。这样的自然地理条件不仅孕育了华夏民族悠久的农耕文明，还深深滋养了人们对土地的深厚情感与崇拜。黄色，作为大地母亲的自然色泽，自然而然地成了汉民族心中的尊贵之色。在中国文化中，黄色不仅承载着尊土情结，更在五行学说中居于中心地位，与"土"元素相对应，充分彰显了中国人对黄色的崇敬与喜爱。

同时，中国地域辽阔，横跨多个气候带，自然景观丰富多样，从北国的寒冷干燥到南疆的温暖湿润，从西部的干旱少雨到东部的雨水丰沛，构成了一幅幅绚丽多彩的自然画卷。在南方地区，尤其是江南水乡，四季绿树葱茏，繁花似锦，河流湖泊如织，绿色植被覆盖率极高，形成了一片生机勃勃的绿色世界。

这样的自然环境赋予了绿色在中国文化中独特的象征意义，它成为生机、活力与自然和谐的代名词。历代文人墨客纷纷以笔墨描绘江南美景，如"日出江花红胜火，春来江水绿如蓝"，这些诗句生动地展现了江南春天江水碧绿、万物复苏的迷人景致。绿色在这里不仅是对自然景色的生动描绘，更是人们对生命繁衍、自然和谐的美好愿景与歌颂，它承载着人们对美好生活的向往与追求。

英国作为一个四面环海的岛国，海洋在其国民的生活与文化中占据着核心地位。其气候特征显著，湿润多雨，海洋性气候明显。英国人日常生活中，蓝色的海洋景象无处不在，它浩瀚无垠、波澜壮阔且充满变化，构成了令人叹为观止的自然景观。这种独特的自然环境，为蓝色在英语文化中注入了丰富而多元的内涵。

一方面，海洋的深邃与广阔，以及它的不可预测性，往往容易引发人们的忧郁与孤独感。因此，"feel blue"这一表达应运而生，生动地传达了人们内心的沮丧与落寞情绪。这种表达与蓝色海洋带给人的直观感受相呼应，共同构成了蓝色在英语文化中富有情感色彩的一面。

另一方面，海洋也是英国人探索世界、开展航海贸易与冒险活动的广阔舞台。在漫长的航海历程中，蓝色逐渐成为冷静、理智与坚韧不拔等宝贵品质的代名词。面对汹涌的海浪与未知的旅途，海员们需要保持清醒的头脑、果断的判断力与不屈不挠的精神。而蓝色，作为这些品质的象征色彩，不仅激励着海员们在浩瀚的海洋中勇往直前，还成为他们不断克服前行道路上重重挑战的精神支柱。这种蓝色所代表的勇敢与坚韧精神，深深烙印在英国人的文化记忆中，成为他们面对困难与挑战时的重要力量源泉。

2. 对自然现象的观察重点差异

中国古人对自然现象的观察与研究极为细致入微，并且将其与哲学思想、社会生活紧密结合。其中，四季更替与五行学说的融合堪称典范。依据五行学说，东方属木，木色为青。春天，太阳从东方升起，大地回暖，万物复苏，植物开始萌发新芽，一片青葱翠绿之象。因此，青色在中国文化中被赋予了生机、希望与新生的美好寓意。这种将颜色与方位、季节、五行相生相克原理相互关联的观念，深刻地反映了中国人对自然规律的敬畏与尊崇，以及对人与自然和谐共生关系的不懈追求。在传统建筑规划中，古代城市布局常遵循"左祖右社，面朝后市"的古老原则。其中，"左祖"位于城市的东方，这里往往被设计为绿树成荫、青葱环绕的园林景观，不仅赏心悦目，更寓意着东方木之青色所象征的勃勃生机与家族绵延不绝的繁荣愿景。而"右社"则坐落在城市的西方，西方在五行中属金，因此，这一区域通常以白色为主色调，建筑风格庄重而肃穆，恰与金之肃杀、收敛的自然属性相得益彰。这样的布局不仅体现了古人对自然规律的深刻洞察，也融入了丰富的文化象征意义。

英国人对自然现象的观察重点更多地倾向于天气变化与海洋活动。由于其岛国的地理位置，海上天气状况对人们的生产生活影响巨大。红色在英语文化中具有危险的象征意义，这与海上红色的风暴预警旗密切相关。当狂风暴雨即将来袭，红色的风暴预警旗高高飘扬在港口或海岸边，警示着船只与渔民切勿出海，危险即将降临。这种直观的视觉信号经过长期的文化沉淀，使得红色在英国人的潜意识中与危险、警告紧密相连。此外，在航海活动中，红色还常常与海上的战斗、海盗袭击等危险事件相关联。在一些历史记载或文学作品中，当描述海上的激烈战斗时，常常会用红色来形容战斗的残酷与血腥，进一步强化了红色在英语文化中危险与暴力的象征意义。

（三）宗教信仰的不同

中国宗教文化呈现多元共存的格局，道教与佛教影响深远且独具特色。道教作为本土宗教，崇尚自然、追求长生不老与阴阳平衡。在道教文化中，颜色与神仙境界、祥瑞征兆紧密相连。例如，紫色被视为祥瑞之色，传说中神仙居住的洞府常常被描绘为紫气缭绕，"紫气东来"更是被视为吉祥的预兆，象征着圣人降临或好运将至。道教的仪式服装、道观建筑装饰等多采用紫色、黄色等颜色，以体现其超凡脱俗、神圣庄严的宗教氛围。佛教自东汉时期传入中国后，经过长期的本土化发展，形成了独特的中国佛教文化体系。黄色在佛教中具有特殊的地位，是僧人的服饰颜色之一，象征着超脱尘世、慈悲为怀。佛教寺庙建筑多以红墙黄瓦为主色调，红色象征着庄严、热情与慈悲，黄色则寓意着佛光普照、智慧与解脱。寺庙内的佛像、壁画等艺术作品也巧妙地运用各种颜色来传达佛教的教义与精神内涵，如金色常用于描绘佛像的金身，象征着佛的神圣与庄严，以及佛法的光辉与永恒。

英国则以基督教为主要信仰，《圣经》作为基督教的经典，如同一部色彩斑斓的文化宝典，深刻而全面地塑造了英语颜色词的文化内涵。在基督教的宗教体系中，颜色被赋予鲜明强烈的象征意义，与上帝、天使、魔鬼等宗教形象以及人类的善恶、生死、救赎等观念紧密相连。白色，作为上帝与天使的象征色彩，在宗教绘画、雕塑、建筑装饰及仪式中被广泛应用。教堂内部，白色的大理石柱、祭坛布、天使雕像等，营造出圣洁、纯净、庄严的氛围，让信徒仿佛沐浴在上帝的神圣光辉中，感受到上帝的慈爱与庇佑。相反，黑色则与魔鬼、邪恶势力以及人类的罪恶、痛苦和死亡相关联。在描绘地狱或邪恶人物的艺术作品中，黑色常被大量运用，如黑暗的深渊、黑色的恶魔形象，通过强烈的视觉冲击唤起人们对邪恶的恐惧与对上帝的敬畏，警示人们远离罪恶，追求救赎。

四、常见颜色词在英汉语言中的多元语义与文化差异

在人类语言的丰富宝库中，颜色词宛如一颗颗璀璨的明珠，不仅用于

描述客观世界的视觉表象，更蕴含着深厚的文化底蕴。英汉语言中的常见颜色词，其语义演变与文化发展紧密相连。从古老的历史传承到多元的宗教信仰，从独特的自然环境感知到社会习俗的沉淀，这些因素相互交织，共同塑造了颜色词在两种语言中既存在共性又独具个性的多元语义与文化差异，值得深入探究与剖析。

（一）红色（red）

1. 基本语义

在汉语中，红色被定义为像鲜血一样的颜色，它鲜明且鲜艳，视觉上极具冲击力。当我们描述物体颜色时，"红旗"即颜色为红的旗帜，"红花"则是指拥有红色花瓣的花朵。这种对红色的基本认知在汉语的早期使用中就已根深蒂固，无论是古代的诗词歌赋还是日常的口语交流，红色作为一种直观的颜色描述被频繁使用。在古代服饰文化中，红色同样占据重要地位，如古代新娘的嫁衣多为红色，象征着喜庆与美好，这进一步体现了红色基本语义在传统习俗中的深刻体现。而在传统的本命年习俗中，人们穿着红色衣物、系红色腰带等，认为这样可以趋吉避凶，保佑自己在本命年里平安顺遂，这充分显示了红色在民间习俗中作为吉祥象征的不可替代性。

在英语中，"red"同样指代类似鲜血的颜色，如"a red apple"（一个红苹果）便是对物体颜色属性的直观描述。在英语的发展历程中，"red"的基本语义同样保持相对稳定，在各种文学作品、日常用语以及科学描述中，它都被用来界定具有这种特定颜色特征的事物，例如，"The red rose boasts a vibrant color."（红玫瑰颜色鲜艳）。在绘画艺术领域，红色颜料一直是描绘物体色彩的关键元素，众多西方油画中，艺术家们用红色来表现人物的服饰、嘴唇等，以彰显其生动与活力。例如，在达·芬奇的《蒙娜丽莎》中，人物嘴唇的红色描绘使其形象更加鲜活，为整幅画作增添了神秘而迷人的魅力。

2. 引申语义

汉语中，红色蕴含了极为丰富的引申意义。它象征着喜庆与吉祥，在春节、婚礼等庆典场合，红色的装饰如春联、红灯笼、红喜字等遍布各处，传递出欢乐、幸福的气息。这种喜庆之意可能源自古代对太阳、火焰等红色自然现象的崇拜，认为它们蕴含着神秘的力量，能带来好运与生机。

红色还与革命紧密相连，在近代中国历史上，"红色政权""红军"等词汇成了为人民利益而奋斗的正义与英勇力量的象征。这一时期的红色，被赋予了新的政治和社会内涵，成为代表进步与革命的色彩。

此外，红色还寓意着成功与受宠，如"走红"一词便用来形容某人事业顺利、人气高涨。在商业活动中，"红利"则指企业盈利后分给股东的利润，这里的"红"同样借用了红色的成功与好运之意，暗示着商业上的繁荣与收获。

而在一些地方戏曲表演中，红脸往往代表着忠诚、正义的人物形象，如关羽的红脸形象便深入人心，象征着他的忠肝义胆与高尚品德。

相比之下，英语中的"red"一词同样具有多样的引申意义。它有时表示危险与警示，如"red light"（红灯）代表停止与危险，"red flag"（红旗）则除了指颜色外，还常用来表示危险信号或引起警觉的事物。在经济领域，"in the red"表示亏损状态，这一用法可能源于过去记账时红色常被用来表示负数或欠债。

在文学作品中，红色也常被赋予深刻的象征意义。如霍桑的《红字》中，女主人公佩戴的红色"A"字不仅是通奸罪的标识，更蕴含着她内心深处的复杂情感与社会对她的评判。这里的红色象征着违背社会规范后的耻辱与挣扎，进一步拓展了"red"在英语文化中的内涵。

在冒险小说中，当主角面临危险时，常常会描述为看到"a red warning sign"（红色警告标志），预示着即将到来的危机。而在航海文化中，红色的旗帜也常被用作危险信号，当有海盗出没或海上存在其他危险情况时，船只便会升起红色旗帜以警告其他船只远离。这些用法都反映了红色在道德、社会秩序以及危险警示等层面的象征意义。

3. 文化象征意义与价值观念

在中国文化中，红色承载着深厚的文化象征与情感寄托，它不仅是中华民族对美好生活无限向往的直观体现，更是积极向上、乐观进取价值观念的生动彰显。从远古神话中"赤龙"作为祥瑞之兆，到民间习俗中红色被赋予驱邪避灾的神秘力量，红色在中国文化中始终扮演着神圣且不可或缺的角色。它象征着热情与活力，映射出中国人热情好客、蓬勃向上的民族性格和精神风貌。

在传统艺术领域，如剪纸、年画等丰富多彩的民间艺术中，红色常作为主色调，通过精妙绝伦的红色图案，寄托着人们对丰收、团圆、幸福等美好愿景的深切期盼。在社交礼仪方面，赠送红色礼物，尤其是红包，已成为一种历久弥新的习俗，寓意着深深的祝福与好运，深刻反映了红色在中国人际交往和文化传承中的核心地位。春节期间，长辈向晚辈发放红包，不仅传递着对晚辈健康成长、前程似锦的美好祝愿，更彰显了红色在中国传统节日中的独特魅力和重要地位。而在中式婚礼中，新娘佩戴的红色盖头，由新郎用秤杆轻轻挑起，这一仪式象征着婚姻的美满与称心如意，红色在此刻成了幸福婚姻的神圣象征。

在传统中式建筑中，如故宫的宫墙，红色被大量运用，不仅彰显了皇家的威严与庄重，更营造出一种热烈而喜庆的氛围，展现了红色在建筑文化中对皇家气派和美好寓意的独特诠释。

相比之下，在西方文化中，红色的象征意义则显得更为复杂多变。一方面，它与激情、爱情紧密相连，成为情人节等浪漫节日中不可或缺的元素；另一方面，红色也常与危险、暴力等概念相联系，这在一定程度上反映了西方文化中对个体安全的高度重视和对力量的深刻敬畏。这种对红色的多元解读，体现了西方文化中重视自由、独立和对力量控制的价值观念。

在西方绘画艺术中，红色在宗教题材和历史题材作品中有着独特的运用。在描绘战争场景时，红色可能被用来凸显战斗的激烈与血腥，强化战争的残酷性；而在宗教绘画中，红色则被用来描绘耶稣受难时的鲜血，以深化宗教故事中的牺牲与救赎主题。这些运用展现了红色在西方文化中的多元象征意义及其在艺术表达中的不可或缺性。

在西方爱情电影中，女主角在初次约会时穿着红色裙子，以此表达自己的热情与爱意；在西方歌剧表演中，红色的舞台布景或服饰常被用来营造热烈的情感氛围，如在歌剧《卡门》中，女主角卡门的红色服饰不仅凸显了她热情奔放的性格，更暗示了她命运中的危险与激情。此外，在西方的斗牛文化中，斗牛士手中的红布作为重要道具，能够激发公牛的情绪，使其更加兴奋和具有攻击性，这既体现了红色对动物情绪的强烈影响，也反映了西方文化中对红色与激情、危险之间独特关联的认知和运用。

4."红色"和"red"文化内涵的异同

（1）相同点

象征激情与活力：在汉语和英语文化中，红色及其对应词"red"都能唤起人们内心强烈的情感与活力之感。汉语里"红装素裹"描绘出一种充满生机与热烈氛围的景象，而英语中的"red-blooded"常用来形容人精力充沛、富有激情。无论是汉语语境下的"红高粱"（red sorghum）在田野中随风摇曳展现出的蓬勃生命力，还是英语表述"red roses"（红玫瑰）所传递出的热烈情感与活力，都彰显了红色在两种文化中对激情与活力的表达。例如，在体育赛事中，红色的运动服往往能给运动员带来视觉上的激励，使其更具斗志，英语中也常用"paint the town red"来形容人们尽情狂欢、充满活力的庆祝场景。

代表喜庆与欢乐：两种文化均将红色视为喜庆欢乐场合的重要象征元素。中华民族的传统节日春节，到处张灯结彩，红色的灯笼、春联等营造出浓郁的喜庆氛围；英语中如"red-letter day"（纪念日，喜庆的日子），像圣诞节、新年等重要节日也常用红色来装饰点缀，以增添欢乐祥和的气息。例如在西方的婚礼上，新娘可能会手持红色的花束，红色的装饰也会出现在婚礼现场，寓意着新婚的喜悦与幸福，与中国传统婚礼中红色的广泛应用有着相似的喜庆内涵。

警示与危险信号：红色及"red"在交通、安全等领域都表示警示与危险。汉语里的红色交通信号灯意味着停止，红色的消防设施醒目地提示危险；英语中同样，"red light"（红灯）用于交通管制，"red alert"（红色警报）则表示面临紧急危险情况。例如，在工厂中，红色的警示标识提醒人们注意危险区域或危险操作，在以英语为主要语言的国家的一些危险区域也会有"red warning signs"（红色警告标志）来告诫人们远离危险，保障自身安全。

（2）不同点

①汉语中的特殊含义

象征成功与荣耀：在中国文化里，红色具有成功、荣耀等积极的象征意义。如"开门红"表示事业或活动起始阶段的顺利与成功，"状元红"

是一种象征着荣誉与成就的美酒，常用于庆祝科举高中等喜事。例如，在企业开业时，人们会通过舞龙舞狮等活动来庆祝"开门红"，期望企业未来发展顺遂，取得辉煌成就。

代表忠诚与正义：汉语中红色与忠诚、正义紧密相连。京剧脸谱里红脸的关公，以其红脸形象象征着对兄弟的忠诚、对正义的坚守；"红心向党"表达了人民对党的忠诚与拥护。在历史故事和文学作品中，红色常被用来描绘正义的一方，如古代军队中高举的红色旗帜，代表着正义之师，激励着士兵们为正义而战。

与革命相关：红色在中国近现代史上具有极其重要的革命象征意义。"红军"是中国共产党领导的革命武装力量，"红色政权"代表着人民当家作主的政权形式，红色成了推动社会变革、争取民族解放的精神旗帜。例如，在革命根据地，红色的五角星、红旗飘扬在大街小巷，鼓舞着广大人民群众投身革命事业，为建立新中国而努力奋斗。

②英语中的特殊含义

象征亏损与负债：在英语商业语境中，"red"常表示亏损、负债等负面经济状况。"in the red"表示账目赤字、亏损状态，与"in the black"（盈利）相对。例如，"The company has been in the red for the past two quarters."（这家公司在过去两个季度一直处于亏损状态），这一表达在商业报道、财务分析等领域广泛应用，反映了英语文化对经济数据颜色象征的独特认知。

与恐怖、暴力相连：在英语文化的特定语境下，"red"与恐怖、暴力有一定关联。像"Red Brigade"（红色旅，意大利的恐怖组织）曾在历史上实施了一系列暴力恐怖活动，使"red"在涉及相关历史事件或恐怖主义话题时带有恐怖、暴力的色彩。例如，在新闻报道或历史研究中提及这类恐怖组织时，"red"便成了恐怖暴力行为的一种符号化表达。

（二）白色（white）

1. 基本语义

汉语中的"白色"，象征着如雪、霜般的纯净与无瑕。当我们描绘自然界的美景或物体的外观时，如"白雪皑皑，铺满大地"或"天空中悠然漂浮的白云"，这些描述都是对白色最直接、最朴素的展现。在古代诗词的海洋里，白色亦频繁亮相，如"白日依山尽"，勾勒出一幅夕阳西下时天边温柔的白色画卷，彰显了白色在描绘自然景致时的持久魅力，其语义历经岁月的洗礼依然稳固如初。

在传统服饰的世界里，白色以其给人带来的清爽、凉快的视觉感受，成为夏季衣物的首选之色，这完全得益于白色的固有色彩特性。在中医的深奥理论中，白色还与肺脏有着不解之缘，诸如百合、银耳等白色食物被视为滋养肺部的佳品，这从一个独特的角度揭示了白色在传统医学文化中的特殊地位。

而在传统绘画艺术的殿堂里，白色更是雪景、云雾等自然元素的完美诠释者。唐代王维的雪景画作，便是巧妙地运用了白色颜料，通过与其他色彩的精妙搭配，营造出一种超凡脱俗、意境深远的艺术境界，充分展现了白色在绘画中对自然景观的独到塑造力。

英语中的"white"，其基本含义同样是指类似雪或牛奶的洁白之色。在日常生活中，"white snow"（白雪）、"white shirt"（白衬衫）等表达随处可见。在英语文学作品的广阔天地里，白色也常被用来勾勒自然景色或物体的轮廓，比如在描绘冬季的雪景时，"The entire world was cloaked in white, presenting a scene of unspoiled and serene beauty."（整个世界被白色所覆盖，展现出一片未被玷污的宁静美景），这样的描绘生动地展现了白色在英语语境下对自然景观色彩的细腻刻画。

在西方的建筑装饰领域，白色常被用于教堂等宗教建筑的外墙，营造出一种圣洁、庄严的宗教氛围，这与白色的基本语义不谋而合。此外，在古典雕塑艺术的璀璨星河中，白色大理石因其质地细腻、色泽纯净而备受青睐，如古希腊的维纳斯雕像，其洁白的大理石材质不仅凸显了女性身体的柔美曲线，更赋予雕像一种神圣而纯洁的气质。

而在西方的婚礼习俗中，白色奶油常常作为婚礼蛋糕的主要装饰色彩，象征着新婚夫妇纯洁无瑕的爱情和婚姻的美好启程，这无疑是白色在西方婚礼文化中的又一重要象征。

2. 引申语义

在汉语语境中，白色蕴含了丰富而多层次的引申意义。它可用来描绘一种努力却无结果的状态，如"白忙一场"，这里的白色或许因其纯净无物的特质，隐喻了缺乏实际成果或收获的空虚感。同时，白色也能象征清晰明了，如"真相大白"，意味着事情的真相最终得以完全揭示。此外，它还常被用来表示无须付出代价或报偿的行为，如"白吃白喝"，这里的白色带有一种无须回馈的意味。

在传统戏曲艺术中，白色脸谱往往与奸诈、阴险的角色形象紧密相关，如曹操在戏曲中常被描绘为白脸，这种用法或许源于白色给人的冷峻、严峻之感，用以突出反派人物的冷酷无情。在京剧《三国演义》等剧目中，曹操的白脸形象与其多疑、狡诈的性格特征相得益彰，使观众能够迅速识别其反派身份。而在一些民间俗语中，"白眼狼"一词则用来形容忘恩负义之人，这里的"白"同样带有贬义色彩，可能与白色眼睛在某些文化背景下所传达的冷漠、无情印象有关。

在古典文学作品如《聊斋志异》中，白色常被用来描绘鬼怪形象，营造出一种阴森恐怖的氛围。身着白衣的鬼怪在夜晚出没，进一步强化了白色在营造恐怖感觉方面的作用，与其冷峻、严峻之感相呼应。

相比之下，在英语文化中，"white"一词则更多地与纯洁、无辜、善良等正面形象相联系。例如，"white lie"指的是出于善意而撒的小谎，这里的白色表示谎言并无恶意，而是出于善意或礼貌；而"white-handed"则用来形容清白无辜之人。在宗教语境下，白色象征着上帝、天使等神圣形象，传递着一种圣洁无瑕的美感。在婚礼等庆典场合，新娘身着白色婚纱，象征着她的纯洁与高雅。

在西方文学作品中，白色常被用来描绘美好的人物形象或纯净的心灵。例如，童话故事中的善良公主，常被形容为拥有白皙的皮肤和洁白的长裙，以此象征其纯洁与善良。在一些西方诗歌中，诗人常用白色来赞美少女的纯洁与美丽，如"她的白色连衣裙在微风中轻轻摇曳，宛如天使的羽翼"。此外，在宗教文学作品中，白色的百合花常被用来象征圣母玛利亚的纯洁与圣洁，成为一种经典的宗教象征。在一些描写战争结束后的西方文学作品中，白色鸽子常常被视为和平的象征，代表着和平与安宁的降临，这进一步丰富了白色在西方文化中的象征内涵，将其与美好、和平的概念紧密相连。

3. 文化象征意义与价值观念

在中国文化中，白色的文化象征意义丰富且多变。在古代，白色在祭祀祖先等庄重场合中扮演着重要角色，彰显出肃穆与敬畏之情。然而，在更广泛的民间习俗中，白色更多地与丧葬相联系，传递着哀伤与肃穆的氛围，这深刻反映了中国人对生死的敬重以及对家族传承的深刻认识。在一些文学作品中，白色被赋予了清幽、高雅的意象，如"白月光"常被用来描绘一种清冷、遥远而美好的情感或形象，这体现了中国人对宁静高远境界的无限向往。

在传统建筑领域，白色同样展现出其独特的文化价值。一些园林建筑采用白色的墙壁和灰色的瓦顶，营造出简洁、淡雅的氛围，这既是文人墨客对清幽之境的追求，也是白色在建筑美学中的独特体现。例如，苏州园林中的建筑，其白色的墙壁与园内的绿树、碧水相映成趣，共同构成了一幅幅富有诗意的画面。在绘画艺术中，白色也常被用来表现雪后的宁静与清冷，例如，中国的雪景画，画家以白色为主色调，通过墨色勾勒出的树枝等元素与白雪相搭配，营造出一种空灵、悠远的意境。

在戏曲艺术领域，白色同样展现出其独特的审美价值。传统的戏曲表演中，白色的水袖被演员用来表现优雅、轻柔的动作和情感。例如，在昆曲表演中，演员舞动白色水袖，仿佛仙女下凡，给观众带来一种优美、高雅的艺术享受。

相比之下，在西方文化中，白色的象征意义主要围绕纯洁、神圣展开，这与基督教文化的影响密不可分。白色在西方文化中代表着对上帝的崇敬、对道德纯洁性的追求以及对美好事物的向往，是西方价值观念中高尚、善良等品质的重要象征。在宗教、艺术、文学等多个领域，白色都扮演着重要角色。如在许多西方绘画作品中，圣母玛利亚常被描绘为身着白色长袍，以突出其圣洁的形象。在西方的婚礼文化中，白色的婚纱不仅是一种服饰选择，更是一种文化符号，代表着新娘的纯洁与婚姻的神圣，体现了西方社会对婚姻的尊重和对家庭价值观的重视。

在一些西方的宗教仪式中，神职人员穿着白色的祭服，象征着他们与上帝的接近和自身的圣洁。信徒们在这种氛围中感受到神圣的力量，从而更加虔诚地信仰宗教。此外，在西方的一些神话传说中，白色的独角兽被视为纯洁和神圣的象征，只有纯洁的少女才能接近它，这进一步体现了白色在西方神话文化中的特殊地位。在西方艺术展览中，白色的展厅空间常被用来展示具有高雅、纯净艺术风格的作品，白色的背景能够更好地衬托出作品的艺术魅力，这也反映出白色在西方艺术审美中的特殊作用，即能够营造出简洁、纯粹的艺术氛围。

4."白色"与"white"文化内涵的异同

（1）相同点

象征纯洁与无辜：在汉语和英语文化中，白色及"white"都被视作纯洁、无辜的代表。汉语里有"洁白无瑕"一词，用以形容事物纯净没有瑕疵，常用来比喻人的心灵纯净或品德高尚；英语中"white as snow"（像雪一样白）的表述也常用于形容人或事物的纯洁无邪。例如，在描写一个天真无邪的孩子时，汉语可能会说"这孩子的心如同白纸般纯洁"，英语则可能表述为"The child is as white as an angel."（这孩子像天使一样纯洁），都借助白色来传达这种纯洁无辜的特质。在许多宗教绘画和文学作品中，无论是中国描绘仙女的形象，还是西方刻画天使的模样，白色的服饰往往是其重要特征，以突出其纯洁神圣的形象。

与和平相关联：两种文化均将白色或"white"与和平建立起联系。汉语中"白鸽"是和平的象征，在一些国际和平交流活动或关于和平主题的艺术创作中，白鸽常常被描绘成白色，寓意和平友好；英语里"white dove"同样是和平的经典象征，在西方的宗教故事、和平集会等场景中频繁出现，代表着和平与安宁的希望。例如，在一些国际和平会议的标志设计中，白色的鸽子形象常常被融入其中，无论是在中国还是在西方文化背景下，人们看到这样的标志都能轻易理解其传达的和平寓意，白色成了跨越文化界限表达和平理念的重要视觉符号。

（2）不同点

①汉语中的特殊含义

与丧事紧密相连：在中国文化中，白色被赋予了丧事和哀悼的主要象征意义。在葬礼这一庄重场合，死者的亲属依照传统习俗，会身着白色的孝服，披麻戴孝，以此表达对逝者的深切悲痛与缅怀。整个葬礼现场也充满了白色的元素，如悬挂的白色挽联、摆放的白色花圈等，这些白色装饰不仅营造出一种肃穆的氛围，也深刻体现了对死者的尊重与怀念。特别是在传统的中式葬礼中，孝子贤孙们需全身穿着白色服饰，在守灵期间沉浸在白色的哀悼氛围中，这种将白色与死亡、哀伤紧密相连的传统源远流长，深刻反映了中国文化中对生死观的独特理解以及家族伦理情感的深厚表达。

表示空白与无有：汉语中的白色还能表示空白、没有内容或一无所有的概念。如"一穷二白"这个成语，形容一个国家或个人在物质、文化等方面极度匮乏，这里的"白"就是指空白、缺乏的意思。在绘画艺术中，画家面对一张洁白的宣纸，这张白纸就象征着创作前的空白状态，等待画家运用笔墨来赋予其内容和意义，体现了白色在汉语文化中对空白、虚无概念的表达。

象征卑微与平民：在古代中国社会，白色是平民百姓的常用服饰颜色，因此带有一定的卑微、低下的意味。"白丁"一词就是指没有功名、地位的平民，与身着华丽服饰的达官贵人形成鲜明对比。例如，在古代文学作品中，常以"往来无白丁"来形容一个人的社交圈子多为有学识、有地位之人，白色在此成了区分社会阶层的一种颜色标识，反映了中国封建社会的等级制度和文化观念。

②英语中的特殊含义

象征吉祥与幸运：在英语文化里，"white"有吉祥、幸运的含义。"a white day"表示吉日，人们在安排婚礼、开业、乔迁等重要活动时，往往会倾向于选择这样的日子，期望能带来好运和顺利。例如，在西方婚礼习俗中，新娘通常会穿着白色的婚纱，这不仅象征着新娘的纯洁，也寓意着新婚生活的吉祥幸福，白色在这种场合成了美好祝愿的象征载体。

表示诚实与正直：英语中"white"可用来表示诚实、正直的品质。"white lie"指的是善意的谎言，虽然是谎言但并无恶意，是出于不想伤害他人感情等良好目的而说的。例如，当朋友询问自己对其新发型的看法而实际上并不太满意时，说一句"It looks nice."就可能被视为"white lie"，这种对"white"与诚实相关联的表达体现了英语文化中对善意、友好交流的一种价值判断。

（三）黑色（black）

1. 基本语义

在汉语中，黑色通常指的是像煤或墨那样的深暗色调。例如，"黑夜"

描述的是缺乏光亮、颜色深沉的夜晚,"黑板"则是表面涂有黑色的教学辅助工具。古代汉语中,黑色也被用来描绘自然现象或物体,如"黑云压城城欲摧"这句诗,用黑色的云来营造一种压抑、沉重的氛围,这体现了黑色在汉语文学创作中营造氛围的基本语义功能,且这一语义在历史演变中保持了相对的稳定性。

在传统服饰领域,黑色常被用于制作庄重场合的服装,如古代官员的朝服中就有黑色的元素,用以彰显其威严。在书法艺术中,黑色的墨汁是书写的核心材料,书法家通过运用不同浓度的墨汁和笔法,在洁白的宣纸上展现汉字的艺术魅力。在这里,黑色不仅代表了一种颜色,更是文化艺术的重要载体。例如,颜真卿的楷书作品,通过黑色墨汁在宣纸上的精妙运用,笔画的粗细变化以及墨色的浓淡相宜,充分展现了字体雄浑磅礴而又端庄持重的独特韵味。

在京剧脸谱艺术中,黑色脸谱也扮演着重要角色,它通常用来表示刚正不阿、正直豪爽的人物形象。例如,张飞的脸谱就是黑色的,这突出了他的勇猛与直率,这是黑色在传统艺术形象塑造中的独特体现。

而在英语中,"black"同样表示深暗的颜色,如"black hair"(黑发)、"black night"(黑夜)等。在英语文学作品中,如诗歌、小说等,黑色也常被用来描绘黑暗、神秘的场景或人物形象。例如,在描述古老城堡的阴森氛围时,可能会用到"The black castle stood on the hilltop, surrounded by an eerie silence."(黑色的城堡矗立在山顶,被一种诡异的寂静所笼罩),这里通过黑色来渲染城堡的神秘与恐怖,展示了黑色在英语文学语境中的基本语义功能。

在西方绘画艺术中,黑色常被用来勾勒轮廓或营造阴影,以增强画面的立体感和层次感,这同样是基于黑色的深暗特性在艺术创作中的应用。在时尚领域,黑色也是一种经典的颜色,黑色的礼服常被用于正式的晚宴或颁奖典礼等场合,展现出穿着者的优雅与庄重。例如,在奥斯卡颁奖典礼上,众多明星身着黑色礼服踏上红毯,黑色的简洁与高贵凸显了他们的气质与身份,成为红毯上一道亮丽的风景线。

此外,在西方的建筑设计中,黑色的窗框、大门等元素也常被用于现代风格或哥特式风格的建筑中,与白色或其他浅色墙面形成鲜明对比,营造出时尚、神秘或庄重的氛围。

2. 引申语义

在汉语语境中，黑色不仅代表了一种颜色，还承载了丰富的文化内涵和引申语义。它常被用来象征邪恶与非法，如"黑心"意指心地险恶，"黑帮"则指从事非法活动的团伙，这种联想可能与黑夜的未知与潜在危险有关，人们往往将黑暗中的恐惧与不安投射到对人性和社会现象的认知上。同时，黑色也代表着严肃与庄重，在正式场合，人们常选择黑色服装以彰显其严谨的态度。此外，黑色还与哀悼紧密相连，葬礼上人们穿黑色衣服，以此表达对逝者的深切怀念与悲痛，这源于黑色深沉、凝重的特质，能够准确传达内心的沉重情感。

在文学作品中，黑色的这种多重象征意义得到了生动的体现。武侠小说中的邪恶门派常被描绘为身着黑衣，而正义之士在参加庄重场合时亦会选择黑色服饰以显威严。在民间故事如《包公断案》中，包公面如黑炭，其黑色面容象征公正、威严与铁面无私，展现了黑色在民间文化中的正面形象。在商业竞争中，"黑幕"一词则常被用来揭露不正当交易或手段，进一步强化了黑色的邪恶与非法含义。

相比之下，在英语文化中，黑色同样与邪恶、魔鬼、不幸等概念紧密相连。例如，"blackmail"（敲诈）一词便利用了黑色的负面形象来形容不道德行为，"black sheep"（害群之马）则指群体中的不良分子。在文学作品和影视作品中，黑色常被用来营造恐怖与神秘的氛围，如描述黑暗的城堡、阴森的森林等场景，这反映了西方文化对黑暗未知的恐惧与对邪恶力量的警惕。

爱伦·坡等恐怖文学大师的作品中，黑色更是成为营造恐怖氛围的关键元素。通过细腻的笔触，黑色被赋予了触动人心、引发恐惧的文学符号意义，如"black cat"（黑猫）常象征着厄运和不祥。在西方电影中，如《蝙蝠侠：黑暗骑士》，黑色元素被大量运用来塑造哥谭市的黑暗与混乱，反派角色的服装和装备也多为黑色，以此突出其邪恶本质。在哥特式文学作品中，黑色的城堡、骑士等形象则常被用来营造神秘、恐怖和压抑的氛围。

3. 文化象征意义与价值观念

在中国文化中，黑色的文化象征意义深刻地体现了中国人对善恶分明的道德观念以及对社会秩序的维护。当黑色象征邪恶时，它反映出对不良行为的深刻批判；而当它代表庄重与哀悼时，则彰显了对礼仪规范与家族情感的深切重视。在传统哲学思想领域，黑色与道家的"玄""幽"等概念相联结，蕴含着深邃与神秘的意味，这体现了中国人对自然奥秘与宇宙真理的不懈探索精神。

在书画艺术的殿堂里，黑色的墨汁是不可或缺的创作媒介。画家们巧妙地运用墨色的浓淡干湿变化，勾勒出山川、人物等丰富多样的形象。黑色在这里不仅是一种色彩，更是艺术表达的重要载体，它充分展现了中国传统艺术对黑色的独特审美价值与文化内涵的深刻挖掘。例如，在水墨画的广阔世界里，画家仅凭黑色的墨汁便能描绘出意境深远的山水画卷，通过墨色的细腻变化，展现出山水的远近层次与虚实相生之美，这充分展示了中国文化对黑色艺术表现力的极高赞誉。

相比之下，在西方文化中，黑色的象征意义则主要植根于基督教的善恶二元论。黑色作为邪恶的象征，与白色所代表的神圣形成了鲜明对比，这反映出西方文化对上帝与魔鬼、善与恶的明确区分以及对正义的不懈追求。在社会价值观念层面，西方文化强调对邪恶的坚决抵制与对神圣秩序的严格遵守，这种观念在西方的法律、道德、宗教等多个领域的体系构建中都得到了充分体现。

在法庭审判的庄严场景中，法官通常身着黑色的长袍，这象征着法律的严肃与公正。黑色在此场景下成为维护社会正义的一种重要视觉象征，这体现了西方文化中黑色在社会制度和价值体系中的不可或缺性。同时，在一些西方的宗教审判场景描绘中，恶魔常常被刻画为黑色的形象，而天使则是白色的化身，这种黑白分明的形象塑造进一步强化了西方文化中善恶二元的观念，引导人们坚守正义、远离邪恶。

此外，在西方的文学作品中，黑色也常被用来描绘反派角色的内心世界。例如，莎士比亚的经典戏剧《麦克白》中，麦克白在逐渐走向堕落的过程中，其周围环境的描写常常伴随着黑色元素，如漆黑的夜晚、黑色的雾气等。这些黑色元素不仅暗示了他内心的罪恶与挣扎，也深刻揭示了西方文化中黑色在文学创作中对人物心理刻画与情节氛围营造的重要作用。

4.“黑色”与“black”文化内涵的异同

（1）相同点

象征庄重与严肃：在汉语和英语文化中，黑色和“black”都带有庄重、严肃的意味。在正式的场合，黑色的服装常常被人们选择来表达对场合的尊重。例如，汉语文化中的重要商务会议或者西方文化中的法庭审判，与会者或相关人员往往身着黑色的西装或长袍，以展现严肃认真的态度。黑色的建筑材料也常被用于庄重的场所，如中国古代宫殿建筑的部分构件用黑色来凸显其庄严，西方教堂的黑色大门也给人一种肃穆的感觉。

代表神秘与未知：两种文化都将黑色或“black”与神秘、未知的概念相联系。在文学作品和影视作品中，无论是汉语还是英语语境，黑暗的场景或者黑色的身影常常被用来营造神秘的氛围。比如，在描述一个神秘的侠客或者一个充满悬疑的故事背景时，可能会出现“黑夜中，一个黑色的身影一闪而过”这样的情节，黑色在这里引发人们对未知事物的好奇和猜测，增加了神秘色彩。

（2）不同点

①汉语中的特殊含义

象征尊贵与权威：在中国文化里，黑色有尊贵、权威的象征意义。在古代，黑色是正色之一，曾被视为高贵的颜色。在传统戏曲中，黑色脸谱通常代表刚正不阿、公正严明的人物形象，像包公，他的黑色脸谱象征着其铁面无私的品质，是正义权威的代表。

表示邪恶与阴险：汉语中黑色也可表示邪恶和阴险，但这种情况相对西方文化来说没有那么强烈。比如“黑店”，指的是那些不择手段坑害顾客的店铺，这里黑色用于形容店铺的不正当、不道德行为。不过与英语中“black”的某些用法相比，汉语中的“黑”在表达邪恶时更侧重于描述行为的不正当，而非西方那种带有宗教或文化色彩的邪恶象征。

②英语中的特殊含义

象征邪恶与不祥：在英语文化里，“black”更强烈地象征邪恶与不祥。“black magic”（黑魔法）指的是用于作恶的魔法，带有邪恶的意图；“black cat”（黑猫）在西方的观念中被认为是不祥之物，走在路上如果遇到黑猫，会被认为可能会带来厄运。这种对黑色与邪恶不祥的紧密联系在西方的传说、童话故事等文化形式中频繁出现。

表示盈利：在经济领域，"black"在英语中有与汉语不同的特殊含义。"in the black"表示盈利，而"in the red"表示亏损。例如，"The company is in the black this year."（这家公司今年盈利），这里黑色与良好的经济状况相关联，体现了英语文化在经济术语方面对颜色的独特运用。

象征卑微与低贱：在英语文化的某些语境下，"black"也有表示卑微、低贱的意思。例如"black-sheep"（害群之马），用来形容一个家庭或团体中不受欢迎、给集体带来耻辱的人，带有一定的贬低色彩，这与汉语中黑色主要象征尊贵权威等含义形成鲜明对比。

（四）黄色（yellow）

1. 基本语义

汉语中的"黄色"，是指像金子、向日葵等所呈现的那种鲜明色彩。在描述自然景物和人造物品时，"黄色的油菜花""黄色的衣服"等表达屡见不鲜。在古代汉语中，黄色不仅作为颜色被描述，还承载着丰富的文化内涵。例如，"黄钟大吕"中的"黄钟"，是古代音乐中的一种重要音律标准，这里的黄色与音乐文化紧密相连，展现了黄色在古代文化中超越颜色本身的多元意义。尽管如此，黄色的基本语义仍然聚焦于颜色本身，且这一含义在历史长河中保持了相对的稳定性。

在传统建筑装饰领域，黄色被赋予了特殊的地位，常被用于皇家建筑的局部装饰，如黄色的琉璃瓦边饰，以此彰显皇家的尊贵与威严。在古代服饰文化中，黄色服饰是皇室成员的专属，普通百姓若擅自穿戴，将被视为对封建等级制度的严重僭越。这一规定深刻体现了黄色在封建等级制度中的特殊象征意义。

在古代祭祀仪式中，黄色祭器同样扮演着举足轻重的角色。由于黄色在五行学说中与土相对应，而土被视为万物之母，承载着生育万物的重任，因此，黄色祭器在祭祀活动中被赋予了特殊的尊崇地位，象征着对天地神灵的敬畏与敬重。以北京故宫为例，作为明清两代的皇家宫殿，其屋顶大量使用了黄色琉璃瓦，在阳光照耀下熠熠生辉，金碧辉煌，充分展现了皇权的至高无上。

而在民间，黄色纸张也曾被用于书写重要的文书或契约。这主要是因为黄色醒目且具有一定的尊贵象征，但民间所用的黄色与皇家专用的黄色在色彩纯度、使用范围等方面存在显著差异，这体现了黄色基本语义在不同社会阶层应用中的微妙差异。

英语中，"yellow"一词的基本语义指的是一种颜色，正如我们在"yellow flower"（黄花）和"yellow bus"（黄色的公共汽车）等表达中所见。在英语文学领域，黄色被广泛用于描绘自然景色或物体的外观，增添作品的生动性和形象感。例如，在描绘秋天的田野时，作者可能会写下"The yellow fields stretched out like a golden ocean under the autumn sun."（在秋日的阳光下，金黄的田野像一片金色的海洋般伸展开来），这样的描述不仅展现了田野的辽阔，还通过黄色的运用，让人仿佛置身于一片沐浴在秋日阳光下的金色海洋之中。

在西方绘画艺术中，黄色颜料同样扮演着重要角色。它常被用来描绘阳光、花朵等明亮而充满生机的元素，为画面增添活力与光彩。梵高的《向日葵》系列画作便是绝佳例证，那大片鲜艳的黄色向日葵，不仅生动展现了向日葵的蓬勃生机，更凸显了黄色在表达自然之美方面的独特魅力。

此外，在西方室内装饰设计中，黄色也常被巧妙运用。黄色的抱枕、窗帘等元素能够为空间带来温馨而明亮的氛围。特别是在儿童房或客厅的设计中，黄色的运用往往能让整个空间显得更加活泼、充满朝气。例如，在一些欧式风格的客厅里，淡黄色的窗帘与带有黄色图案的抱枕相得益彰，与白色沙发和木质家具相互映衬，共同营造出一种既优雅又温馨的家居环境。这不仅体现了黄色在西方日常生活审美中的积极作用，也展示了人们在色彩运用上的智慧与创意。

2. 引申语义

在汉语中，黄色除了其基本颜色含义外，还承载着丰富的引申语义。其中，低俗、色情的含义在现代社会中尤为显著，如"黄色书刊"和"黄色电影"等词汇便是对此类内容的直接指代。然而，在古代中国文化中，黄色却拥有截然不同的象征意义，它是皇家的专用色，代表着皇权的高贵与威严。例如，"黄袍加身"这一成语，便是用来形容某人登上皇位、掌握至高无上权力的情景。

从文化演变的角度来看，黄色从古代的皇家象征到现代的负面含义，这一转变无疑反映了社会文化的巨大变迁。在古代，黄色之所以被视为尊贵之色，与其与土地、五行等传统文化观念紧密相连密不可分。黄色作为土地的颜色，象征着丰收与富饶，而五行中的"土"又居于中央，代表着稳定与权威。因此，黄色自然而然地成了皇家的象征色。

然而，随着时代的变迁，黄色的象征意义也发生了巨大的变化。在现代社会中，黄色的低俗含义逐渐凸显，这既受到了西方文化的影响，也与国内社会道德观念的变化密切相关。例如，在一些现代文学作品中，作者会巧妙地运用"黄色交易"等词汇来形容非法的色情交易活动，以此突出其不道德和违法的性质。这种色彩与特定行为之间的关联，不仅增强了作品的表现力，也反映了社会文化对黄色这一色彩的复杂认知。

在英语语境中，"yellow"这一词汇在某些传统和俚语里常含贬义，被用来形容人的胆小、懦弱或卑怯性格。例如，"yellow-bellied"直接指代胆小怕事之人，而"yellow streak"则暗指某人性格中的懦弱成分。这种贬义色彩可能源自宗教和历史因素，如基督教故事中叛徒犹大身着的黄袍，使得黄色逐渐成了背叛与怯懦的象征。同时，黄色本身柔和、不强烈的视觉特性，也可能促使人们将其与缺乏勇气或决心的性格特征相联系。

在一些西方侦探小说中，如果某个案件涉及背叛或嫉妒等情节，作者往往会巧妙地融入黄色元素，如让嫌疑人穿着黄色的领带或在其周围布置黄色的装饰物件，以此暗示其不良动机或性格特点。这种色彩的运用不仅增强了故事的悬疑感，还使读者能够更深刻地理解角色的内心世界。

此外，在西方的童话故事中，黄色也常被用来刻画反面人物形象。例如，在《白雪公主》的故事中，皇后时常被描绘成身着黄色华丽服饰的邪恶角色。尽管黄色服饰在一般情况下可能象征着高贵与权力，但在这个故事中，它却被赋予了与皇后内心的嫉妒和邪恶相呼应的负面象征意义。这种色彩的运用，使得皇后的迫害行为显得更加阴险与可憎，进一步凸显了黄色在西方儿童文学中塑造反面人物形象的重要作用。

3. 文化象征意义与价值观念

在中国文化语境下，黄色的文化象征意义经历了从古代到现代的显著转变。在古代，黄色是皇权的象征，彰显了封建等级制度下对皇权的无上尊崇。从金碧辉煌的皇家宫殿到各种皇室用品上的黄色装饰，无不透露出黄色在古代中国的崇高地位。然而，随着时代的演变，黄色的象征意义逐渐发生了变化，在现代社会中，它有时竟被赋予了低俗、色情的负面含义，这既映射了社会文化环境的变化，也体现了人们对健康文化价值的追求与对不良现象的批判态度。

在戏曲艺术领域，黄色脸谱常被用来刻画性格残暴的角色，如京剧中的典韦等，这一用法既继承了黄色在古代文化中的威严感，又在戏曲人物塑造上赋予了黄色新的文化内涵，展示了中国文化对黄色复杂而多元的理解与应用。此外，在中医理论中，黄色与脾脏密切相关，一些黄色的食物如小米、南瓜等被认为有益脾胃，这进一步凸显了黄色在中国传统医学文化中的独特地位。

相比之下，在西方文化背景下，黄色的负面象征意义主要源于《圣经》故事的影响，它往往与背叛、嫉妒等不良品质相联系，与忠诚、正直等美德形成鲜明对比。在文学、艺术作品创作中，黄色常被用来描绘反面人物或营造紧张不安的氛围，以此引导人们树立正确的道德观念。在西方绘画艺术领域，黄色在一些宗教题材作品中可能被用来表现地狱的恐怖或邪恶人物的形象，从而强化其与神圣的白色之间的对立关系，这种视觉上的对比和文化内涵的冲突，进一步加深了黄色在西方文化中的负面形象。

在一些宗教仪式或神秘主义文化中，黄色甚至被视为不祥之色，与邪恶的魔法或诅咒相关联，如女巫或恶魔的传说中常提及的黄色雾气或光芒，这使得黄色在西方神秘文化领域更具负面色彩。在西方校园文化中，被称为"yellow"的学生往往被戏谑为胆小懦弱，这反映了黄色负面象征意义在西方青少年群体中的渗透，也促使他们在行为和品德上追求勇敢和正直。而在西方传统婚礼中，黄色花朵往往被视为不吉利的象征，因其与背叛等负面含义相关联，与婚礼所追求的忠诚、幸福氛围相悖，因此婚礼花卉选择中通常会避开黄色，这体现了黄色在西方婚俗文化中的特殊禁忌。这些现象共同揭示了黄色在西方文化中的复杂地位和多元象征意义，展现了跨文化背景下黄色象征意义的差异性与多样性。

4. "黄色"与"yellow"文化内涵的异同

（1）相同点

关联活力与生机：在中西方文化语境中，黄色均是生命力与活力的具象化符号。汉语文化里，"黄澄澄的麦穗"低垂饱满，"金灿灿的油菜花田"漫山遍野，这些意象生动勾勒出庄稼成熟时的丰收盛景，每一株作物都凝结着生命的蓬勃力量，彰显出大自然生生不息的盎然生机。同时，在传统节日里广泛应用的黄色装饰，如春节的黄色福字、彩灯，以及传统活动中的黄色旗帜、服饰等，所营造出的热闹、欢快、喜庆氛围，充分展现了人们对生活的热情与积极向上的态度，这也从侧面有力地说明了黄色蕴含着活力与生机。英语文化中，"yellow daisy"（黄色雏菊）、"yellow tulip"（黄色郁金香）等花卉在春日绽放，其明快的色调与万物复苏的节奏相契合，成为自然生命力的生动体现。"yellow ribbon"（黄丝带）作为希望与团结的象征，为黄色增添了积极向上的文化内涵，进一步强化了黄色与活力、生机的联系。

代表警告与注意：汉语和英语文化都利用黄色和"yellow"来引起人们的注意和警示。在交通标志中，黄色信号灯用于提醒驾驶员注意减速，准备停车。在中国的道路上，黄色的警告牌，如"注意行人""施工危险"等，使用黄色来突出信息的重要性。在以英语为主要语言的国家，同样有"yellow warning signs"（黄色警告标志）用于提示潜在的危险，如"yellow hazard tape"（黄色警示胶带）用于标识危险区域，让人们保持警惕。

（2）不同点

①汉语中的特殊含义

象征皇权与尊贵：在中国古代，黄色是皇家的象征颜色，严禁普通百姓使用。只有皇帝、皇室成员以及被皇帝恩赐的特殊场合或物品才能使用黄色。例如，故宫的建筑装饰大量使用黄色琉璃瓦，这种明黄色的琉璃瓦在阳光下金碧辉煌，凸显了皇家宫殿的尊贵地位，象征着皇权的至高无上。除了建筑，皇家的仪仗、器具等也多以黄色为主色调，体现皇帝的尊贵身份。

代表土地与丰收：汉语文化中，黄色还与土地和丰收紧密相连。黄色的土地是孕育万物的基础，在中国传统的农耕社会，土地的肥沃与否直接关系到农作物的收成。因此，黄色象征着大地母亲的滋养。例如，在描绘秋季丰收的场景时，"金黄的麦浪""黄澄澄的稻谷"等词汇经常出现，用黄色来展现丰收的喜悦和土地的馈赠。

表示色情低俗（现代部分含义）：在现代的一些汉语词汇中，"黄色"具有了色情、低俗的含义。如"黄色书刊""黄色电影"等，这些词汇用来形容包含色情内容的出版物或影视作品。这种含义的产生是受到西方文化的部分影响，以及社会观念对不良文化现象的一种标签式定义。

②英语中的特殊含义

象征胆小与怯懦：在英语文化中，"yellow"有表示胆小、怯懦的意思。例如，"He is a yellow-bellied coward."（他是个胆小如鼠的懦夫），这里的"yellow-bellied"用黄色来形容一个人内心的胆怯，就好像肚子里充满了黄色的、软弱的东西。这种用法在文学作品、日常口语中比较常见，用来贬低那些缺乏勇气的人。

与疾病相关（部分用法）："yellow"在英语中还可以与某些疾病相关联。例如，"yellow fever"（黄热病）是一种严重的热带疾病，患者会出现黄疸症状，皮肤和眼睛发黄。这种疾病名称的使用使得"yellow"在医学和健康领域带有了与疾病相关的负面含义，在提到这类疾病时人们会自然地将黄色与不健康的状态联系起来。

（五）绿色（green）

1. 基本语义

汉语中的"绿色"，恰如其名，是指代青草、树叶等自然之物的颜色。在描绘自然景致和具体物体时，"绿色的草地""绿色的树叶"乃至"绿色的翡翠"等表述俯拾皆是，彰显出绿色在日常语言中的广泛应用。回溯至古代汉语，绿色早已频繁现身于诗词歌赋之中，成为描绘自然之美的点睛之笔。例如，"碧玉妆成一树高，万条垂下绿丝绦"，诗人以绿色的丝带比喻柳树的枝叶，生动形象地勾勒出一幅春日柳树的优美画卷。历经岁月洗礼，绿色的基本语义依然稳固，精准地指向自然植物的颜色。

在传统服饰文化中，绿色同样占据着独特的地位。古代女子的翠色罗裙，以其清新脱俗之感，成为女性柔美形象的色彩代言。而在传统建筑装饰领域，绿色的琉璃瓦常被巧妙地运用于园林建筑或庙宇的局部点缀，与周遭的自然环境和谐共生,营造出一种宁静雅致的空间氛围。以苏州园林为例,其中的亭台楼阁因绿色的装饰元素而更添灵动与清幽,仿佛每一抹绿色都在诉说着古老的故事。

在中国画的广阔天地里,绿色颜料是绘制山水画卷中植被部分的必备之选。画家们通过细腻的绿色渲染,展现出山林的茂密与生机。董源的《潇湘图》便是一个绝佳例证,那郁郁葱葱的山峦以丰富的绿色调呈现,使观者仿佛置身于山林之间,呼吸着清新的空气,感受着宁静的氛围。绿色,已然成为中国画构建独特意境的重要元素。

在民间手工艺领域,如刺绣艺术中,绿色的丝线常被巧手绣制成花卉、草木等图案。这些精美的绿色刺绣作品,不仅展现了民间艺人对自然之美的细腻捕捉与精湛技艺,更为衣物装饰和家居饰品增添了一份自然质朴的美感。

英语中的"green",其基本语义同样是指类似青草、树叶的颜色,如"green grass"(绿草)、"green leaves"(绿叶)。在英语文学作品中,绿色同样是描绘自然景色的重要元素。在田园风光的描写中,"The meadow was a vast expanse of green, dotted with colorful wildflowers."(草地是一片广阔的绿色,点缀着五彩斑斓的野花),细腻地勾勒出绿色在英语语境下对自然景观的描绘功能。

在西方绘画领域,绿色颜料同样是描绘自然场景不可或缺的关键元素。无论是森林、草地还是田园风光,绿色都被巧妙地运用于塑造生机盎然的景象。康斯太勃尔的风景画便是明证,那浓郁而富有层次感的绿色草地与树木,让观者仿佛置身于大自然的怀抱之中,真切地感受到清新的空气与蓬勃的活力。

在西方的室内装饰设计中,绿色植物或带有绿色图案的壁纸、窗帘等装饰品常被用于营造自然、舒适的居住环境。尤其是在倡导回归自然风格的设计中,绿色更是不可或缺的核心元素,彰显出绿色在西方日常生活审美中的重要地位。

在西方的建筑外观设计上,一些现代风格的建筑巧妙地采用大面积的玻璃幕墙,并在周围精心种植绿色植物。当阳光透过玻璃洒在绿色植物上时,形成斑驳的光影效果,绿色与建筑的完美融合不仅增添了建筑的美感,更营造出一种与自然和谐共生的氛围。例如,一些位于城市公园附近的写字楼或住宅建筑，便以这种方式展现出绿色与建筑的和谐共生之美。

而在西方的园林设计中，绿色的草坪更是被精心修剪成各种图案，与色彩斑斓的花卉、造型各异的灌木相互映衬，形成对称而富有美感的景观布局。法国凡尔赛宫的园林便是一个绝佳的范例，其广阔的绿色草坪与精美的喷泉、雕塑相得益彰，共同构成了一幅西方园林设计的绝美画卷，展现出西方园林设计中对绿色景观的极致运用与审美追求。

2. 引申语义

在汉语语境中，绿色不仅代表其本原色，还蕴含着丰富的引申意义。比如，"绿色食品"象征着无污染、健康的饮食选择，而"绿色出行"则倡导环保的交通方式，这些用法反映了现代社会对健康生活和环境保护理念的重视。在文化意象上，绿色常用来象征青春与活力。然而，在某些方言或俗语中，如"绿帽子"一词，则带有贬义色彩，指称妻子有外遇的男子，这种含义体现了绿色在某些社会文化中的禁忌性，与绿色的其他积极引申意义形成鲜明对比。

在戏曲艺术中，绿色脸谱常被赋予勇猛、豪放的人物形象，如程咬金，其绿色脸谱彰显了他性格中的豪爽与不羁，这是绿色在戏曲文化中的独特内涵。

在现代商业广告中，绿色常被用作健康、自然产品的宣传色彩，例如，某品牌天然护肤品广告以绿色森林、草地为背景，强调产品的自然来源与无害性，借助绿色的环保、生机形象吸引消费者，进一步强化了绿色在商业文化中的积极形象。

相比之下，英语中的"green"同样拥有多重引申意义。一方面，它表示缺乏经验或稚嫩，如"He is still green in this field."（他在这个领域还很稚嫩），这一含义可能源于绿色植物的鲜嫩、未成熟形象。另一方面，"green"也用来形容嫉妒情绪，如"green-eyed monster"（嫉妒心），这一表达源自莎士比亚的作品，将嫉妒比作绿色眼睛的怪物，生动描绘了嫉妒的强烈与可怕。

在文学作品中，绿色常被用来营造神秘诡异的氛围，例如，描写古老森林中闪烁的绿色光芒，暗示未知的危险或超自然力量。在哥特式文学作品中，绿色雾气、幽光等元素常被用来烘托恐怖神秘的场景，使读者感受到紧张与不安。

在西方时尚界，绿色被视为具有独特个性和时尚感的颜色。设计师们通过不同色调和材质的绿色搭配，展现出前卫、大胆的时尚风格，体现了绿色在西方时尚文化中的多元应用与创新解读。

此外，在西方的童话故事中，如《绿野仙踪》中的翡翠城，绿色被用来描绘充满奇幻与冒险的场景，与魔法、奇幻世界紧密相连，给读者带来无限遐想。同时，绿色也暗示着这些场景的独特与神秘，与绿色在西方文化中的多元象征意义相呼应。

在校园文化中，绿色常被用作环保社团或自然科学研究小组的标志颜色。例如，在学校的社团招新活动中，环保社团的宣传海报上大量使用绿色元素，如绿叶、地球图案等，以突出其关注自然、倡导环保的宗旨。这反映了绿色在西方校园文化中与特定社团活动和学科研究的紧密联系，对青少年的兴趣培养和价值观形成产生了积极影响。

3. 文化象征意义与价值观念

在中国传统文化的深厚底蕴中，绿色与春天紧密相连，它不仅是万物复苏、生机盎然的象征，更是人们对希望与新生无尽向往的寄托。在传统园林建筑中，绿色植物被巧妙地融入设计之中，营造出一种自然与建筑和谐共生的美妙氛围，这既体现了中国人对自然之美的无限崇尚，也彰显了他们对和谐宜居环境的热切追求。然而，在特定的历史时期，如明清时期，绿色服饰常被视为低等级身份的标志，严禁高等级官员或皇室成员穿戴，这无疑映射出当时森严的等级制度下对颜色使用的严格约束。

在民间传说与神话故事中，绿色常常与精灵、神仙等超自然生物相伴，如传说中的绿衣仙女，她们居住在青山绿水之间，拥有超凡脱俗的力量与善良纯真的本性，绿色因此成为神秘与美好的代名词，这既是对自然力量的敬畏与想象，也是对美好愿景的寄托与向往。在中医理论中，绿色与肝脏相应，被视为滋养肝脏的佳品，如菠菜、芹菜等绿色食物备受推崇，这不仅体现了中国人对颜色与人体健康关系的独到见解，也反映了他们对自然与人体和谐统一的深刻理解。

清明节等传统节日里，人们踏青赏绿，感受大自然的勃勃生机，绿色在这里不仅是自然景色的真实写照，更是人们对生命轮回、家族传承深刻思考的体现，赋予了绿色在传统节日文化中更为深远的寓意。而在古典文学作品中，绿色常被用来描绘宁静悠远的田园风光，如"绿树村边合，青山郭外斜"等诗句，传达出诗人对远离尘嚣、回归自然的深切向往，进一步凸显了绿色在中国古典文学审美中的重要地位。

在西方文化中，绿色的嫉妒象征意义源自古希腊神话等古老传说，但绿色的生机活力象征同样深入人心。在节日庆典中，绿色装饰被广泛应用于营造欢快活泼的氛围，如圣诞节时用松柏枝叶点缀房屋，既增添了节日的生机，又传承了悠久的民俗文化。在环保理念的传播中，绿色更是成为核心的象征符号，引领着人们追求自然生态的保护与可持续发展，树立正确的环境价值观。

在宗教文化中，绿色也被赋予了特殊的象征意义。在基督教艺术作品中，绿色常被用来象征生命的永恒或上帝的恩赐，与宗教教义中的生命、救赎等概念紧密相连，从宗教层面丰富了绿色的文化内涵。在校园文化中，绿色常被视为自然科学学科的代表色，一些学校的自然科学学院以绿色为标志色，象征着对自然奥秘的不懈探索与研究，这反映了绿色在西方学术文化领域的一种独特分类象征意义。

在婚礼文化中，绿色同样扮演着重要角色。绿色的丝带、桌布等装饰元素被广泛应用于婚礼现场，象征着新的开始和生机盎然的未来，与婚礼所代表的新生家庭的美好愿景相得益彰，体现了绿色在西方婚俗文化中的积极寓意。而在艺术展览中，绿色主题的展览聚焦于自然、环保或生命等主题，通过绘画、雕塑、摄影等多种艺术形式展示绿色在不同视角下的多元内涵，进一步推动了绿色在西方艺术文化领域的深度探索与传播。

4. "绿色"和"green"文化内涵的异同

（1）相同点

生命与希望的象征：无论是在汉语还是英语文化中，绿色及其对应词"green"都承载着生命力和希望的寓意。汉语中的"春风又绿江南岸"生动地描绘了春天的生机勃勃，而英语中的"a green old age"则寓意着即便年老也能保持活力与生机。两者都习惯用绿色或"green"来描绘充满生机的自然环境，如"green fields"（绿色的田野）和"青山绿水"都展现了自然之美与和谐共生。

与自然的紧密联系：两种文化都将绿色或 "green" 视为大自然的象征，让人联想到自然的宁静与和谐。无论是郁郁葱葱的绿色植物、茂密的森林还是广阔的草地，都是大自然的缩影，象征着自然的美好与纯净。在中英文语境中，绿色或 "green" 常被用来描绘自然景色，如 "green leaves"（绿叶）和 "绿意盎然" 都传达了自然生态的繁荣与生机盎然。

环保意识的共鸣：随着全球环保意识的增强，绿色及 "green" 在两种文化中均成了环保的代名词。汉语中的 "绿色食品" "绿色出行" 等概念，以及英语中的 "green consumerism"（绿色消费主义）、"green energy"（绿色能源）等表达，都彰显了人们对环境保护和可持续发展的重视。例如，"green building"（绿色建筑）和 "节能减排，绿色发展" 等理念，都在强调保护环境、促进生态平衡的重要性。

（2）不同点

①汉语中的特殊含义

低贱与不幸的象征：在中国古代封建社会，绿色常被用作官阶较低官员的官服颜色，因此，它往往象征着官运的不佳或仕途的黯淡。例如，"绿袍小吏" 一词便形象地描绘出了那些身着绿色官服、地位不高的官员形象。此外，在汉语中，绿色有时也含有 "不名誉" 或 "不光彩" 的意味，如 "戴绿帽子" 这一说法，便是用来描述妻子出轨而使丈夫蒙羞的情境。

②英语中的特殊含义

缺乏经验与新鲜度：在英语中，"green" 这一词汇具有丰富的内涵。它不仅常被用来形容食物的新鲜程度，如 "green meat" 即指鲜肉，展现食材的鲜嫩与原生态；同时，它也被巧妙地用于形容人在某个领域或工作中的缺乏经验或训练。例如，"a green hand" 形象地描绘了一个新手或初学者的状态，而 "as green as grass" 则生动地表达了某人因缺乏经验而显得幼稚或不够成熟。这种用法在日常对话中十分常见，如 "He's still very green in his job." 就含蓄地指出了某人在工作中尚需积累经验。

象征嫉妒情绪：在英语文化中，"green" 还与嫉妒情绪紧密相连。这与汉语中通过 "眼红" 或 "害了红眼病" 等词汇来表达嫉妒之意的方式有所不同，但同样都传达了一种因羡慕或不满而产生的负面情绪。在英语中，"green with envy" 或 "green as jealousy" 都是极为生动的嫉妒情绪表达。这些短语不仅准确地捕捉到了嫉妒的本质，还通过色彩的隐喻，使得这种情绪的表达更加直观和富有画面感。例如，"She was green with envy when she saw his new car."这句话就生动地描绘了某人在看到别人的新车时内心充满嫉妒的场景。

代表钱财与财富：在美式英语中，"green"还具有指代"钱财、钞票"等财务相关概念的含义。这一特殊含义与"green"作为颜色的直观形象并无直接关联，而是源于历史和文化背景的演变。如"green back"一词，就是美国纸币的俗称，因其背面通常为绿色而得名。而"green sheet"则通常指政府预算明细比较表等财务文件。这种用法在财务和金融领域尤为常见，如"He's got a lot of green in the bank."这句话就是在形象地描述某人在银行账户里存有大量资金。

此外，"green"在英语中还有其他一些特殊含义和用法，如表示"青春活力"（green youth）、"环保意识"（green awareness）等。这些含义和用法都体现了"green"这一词汇在英语文化中的丰富性和多样性。通过对这些特殊含义的了解，我们可以更加深入地理解英语文化中的色彩隐喻和语言表达方式。

（六）蓝色（blue）

1. 基本语义

汉语中的"蓝色"，恰如其名，是指像天空与大海那般深邃而广阔的颜色。当我们描述自然景观或日常物品时，"蓝色的天空""蓝色的海洋"以及"蓝色的窗帘"等表述屡见不鲜，这些描述生动地展现了蓝色的普遍性和美感。

在古代汉语的诗词歌赋中，蓝色同样被赋予了描绘自然景色的重任。例如，"蓝田日暖玉生烟"这句诗，虽然"蓝田"是一个地名，但它也巧妙地借用了蓝色来营造一种静谧而深远的自然氛围。从古至今，蓝色的基本语义并未发生显著变化，它始终是一种被广泛认知和喜爱的颜色。

在传统的中国绘画领域，蓝色更是扮演着举足轻重的角色。画家们常常使用如石青等蓝色颜料，来精心绘制山水画卷中的天空、远山等元素。以宋代王希孟的《千里江山图》为例，画中的蓝色不仅将山峦的高远、天空的辽阔展现得淋漓尽致，更让观者仿佛置身于那气势磅礴的山水之间，感受着大自然的壮美与和谐。在这里，蓝色成为构建宏大自然景观画面的关键色彩元素。

此外，在民间传统手工艺中，蓝色同样占据着重要的地位。以扎染为例，这种独特的染色工艺能够将布料染成深浅不一的蓝色，从而制作出精美的服饰、手帕等物品。这些蓝色手工艺品不仅展现了自然质朴的美感，更承载了民间手工艺的文化传承和独特韵味。

英语中，"blue"的基本语义同样是指类似天空或海洋的颜色，诸如"blue sky"（蓝天）和"blue sea"（蓝色的海洋）等表达便是证明。在英语文学作品的细腻描绘中，蓝色频繁地被用来刻画自然景色或物体的外观，赋予文字以生动的色彩。例如，在描绘海边风光时，一句"The blue waves were crashing on the shore, creating a soothing rhythm."（蓝色的海浪轻柔地拍打着海岸，营造出一种宁静而和谐的节奏）便生动地展现了蓝色在英语语境下对自然景观颜色的精准描述。

在西方的航海文化中，蓝色的海洋不仅是水手们日常所见的景象，更是他们冒险与探索的舞台，以及危险与未知的象征。在赫尔曼·梅尔维尔的《白鲸》中，那片广袤无垠的蓝色大海不仅是故事的主要背景，更是孕育着巨大鲸鱼、隐藏着无数危险的地方。在这里，蓝色不仅体现了其在航海文学作品中对海洋这一宏大背景的形象描绘，更与航海者的命运紧密相连，共同编织出一幅幅波澜壮阔的航海史诗。

此外，在西方的建筑装饰中，蓝色也扮演着重要的角色。有时，蓝色的玻璃会被巧妙地用于教堂等建筑的窗户上。当阳光透过这些蓝色玻璃洒入室内时，会营造出一种宁静而神秘的氛围，与宗教场所的神圣感相得益彰。因此，蓝色也成为构建宗教建筑独特氛围的重要色彩手段之一，为信徒们提供了一个更加庄重、肃穆的祈祷空间。

2. 引申语义

汉语中，"蓝色"一词主要用以描述颜色本身，或营造清新、宁静的氛围。例如，"蓝色的梦"常被用来象征宁静悠远的梦境，传递出一种平和与深远的意境。在少数民族文化中，蓝色具有独特的象征意义。蒙古族文化中，蓝色被视为长生天的颜色，代表着永恒、纯洁与吉祥，这一色彩在他们的传统服饰、帐篷装饰等方面得到了广泛运用，体现了少数民族对蓝色的深厚情感和文化赋予。

人们看到蓝色通常会将其与天空、大海联想到一起，因此蓝色在中国通常表示一种冷静、理智、安详与广阔。[①] 在汉语文化的特定语境中，蓝色也常被赋予冷静、理智的象征意义。在现代文学作品中，蓝色更是被赋予了丰富的情感内涵，常被用来描绘青春的迷茫与憧憬，如"那蓝色的青春岁月里，充满了对未来的幻想与淡淡的忧伤"，将蓝色与青春时期复杂而微妙的情感紧密相连。

在中式室内设计风格中，蓝色的装饰元素如地毯、抱枕等被巧妙地运用，营造出宁静、优雅的居住空间，体现了蓝色在现代生活审美中的独特价值。蓝色的宁静特质，为喧嚣的现代生活带来了一抹宁静与平和。

而在英语中，"blue"一词则拥有更为丰富的引申语义。除了表示颜色外，"blue"还常被用来形容忧郁、沮丧的情绪，如"feel blue"即表示感到沮丧，这可能与蓝色在某些情境下给人带来的深沉、压抑感受有关。同时，"blue"也象征着高贵与尊贵，如"blue blood"即指贵族血统。

在特定领域，"blue"还具有专业含义。如"blueprint"表示设计或规划的初步方案，"blue-collar"则指代从事体力劳动的工人阶层，这些用法都反映了蓝色在社会职业分类中的独特标识作用。

在英语文学作品中，蓝色常被用来营造神秘、深邃的氛围。如"The blue mist hung over the ancient castle, adding an air of mystery."（蓝色的薄雾笼罩着古老城堡，增添了一抹神秘的色彩），这样的描写进一步丰富了蓝色在英语文化中的内涵。

此外，在西方音乐文化中，"the blues"即蓝调音乐，是一种具有独特风格的音乐类型。其旋律往往带有忧郁、悲伤的情感色彩，与蓝色的忧郁象征意义相呼应。蓝调音乐通过音乐的形式表达了人们内心深处的情感挣扎与宣泄，成为西方音乐文化中不可或缺的一部分。

在西方童话故事中，蓝色的宝石常被赋予神奇的魔力。如《阿拉丁神灯》中的蓝色神灯，是故事的关键元素之一。它所蕴含的魔力能够实现持有者的愿望，使蓝色与神秘、神奇的事物紧密相连，进一步丰富了蓝色在西方童话文化中的象征意义。

---

① 蒋雯. 英汉颜色词的隐喻对比研究［J］. 汉字文化，2022（18）：136–137.

3. 文化象征意义与价值观念

在中国文化的广阔天地里，虽然蓝色相较于其他色彩其文化象征意义并非最为突出，但在某些少数民族文化中，蓝色却拥有着举足轻重的地位。在藏族文化中，蓝色被视为天空的颜色，它不仅象征着神圣与纯洁，还寓意着吉祥如意。这种色彩偏好在藏族的唐卡艺术、建筑装饰等多个领域得到了充分的体现，深刻反映了藏族人民对自然的崇敬之情以及对美好生活的无限向往。

而在传统汉族文化中，蓝色虽然并未占据极为显赫的象征地位，但在文人墨客的笔下，蓝色却常常与清幽淡雅的意境紧密相连，展现了一种对宁静致远生活境界的深切追求。在古典园林的装饰色彩搭配中，蓝色的瓷器、布料等元素被匠心独运地运用，营造出一种静谧闲适的氛围，这与中国传统文化中对自然和谐之美的崇尚不谋而合。

此外，在中国的民间传说中，蓝色的龙被赋予了神秘而温和的形象。与象征皇权的黄色龙不同，蓝色龙更多地与自然、祥和紧密相连。在一些地方的龙王庙传说中，蓝色龙掌管着局部地区的雨水和水域安宁，这进一步彰显了蓝色在民间传说文化中的独特象征意义，也反映了民间对自然力量的一种敬畏与想象。

而在西方文化中，蓝色的象征意义则体现了西方文化对情感和社会阶层的深刻认知。一方面，蓝色象征着忧郁，这反映了西方文化对个人内心情绪的细腻关注与真实表达；另一方面，蓝色又代表着高贵，这体现了西方社会阶层的划分以及对贵族身份的尊崇。在艺术、文学作品中，蓝色常被用来描绘贵族形象或营造忧郁深沉的情感氛围，对西方人的审美观念和情感体验产生了深远的影响。

在西方宗教绘画中，蓝色有时也被用来描绘圣母玛利亚的服饰，以彰显其神圣庄严的形象，同时赋予其宁静温柔的气质。这种色彩运用既体现了宗教的神圣性，又反映了人性中的情感特质，与蓝色在西方文化中的多元象征意义相得益彰。

在西方现代时尚领域，蓝色同样被赋予了丰富的文化内涵。浅蓝色被视为清新时尚的象征，常用于春夏服装系列的设计；而深蓝色则更显稳重高贵，是商务或正式场合服饰搭配的首选。这表明蓝色在西方文化中的象征意义在不断演变和丰富，与当代社会的审美和价值观念紧密相连。

在西方的婚礼文化中，蓝色的装饰元素如花朵、丝带等有时会被巧妙地运用于婚礼现场布置之中，象征着忠诚与信任。这与西方文化中蓝色在情感方面的象征意义相呼应，将蓝色融入婚礼这一重要的情感与社交仪式中，进一步丰富了婚礼的文化内涵与情感寓意。

在一些西方的校园文化中，蓝色被选为学校的代表颜色之一，象征着智慧、冷静与探索精神。学校的校服、校徽等常采用蓝色元素，以激励学生们在学术上勇于探索、保持理性思维。在此，蓝色成为一种校园文化精神的象征标识，对西方青少年的价值观与校园文化氛围的塑造产生了积极的影响。

4. "蓝色" 与 "blue" 文化内涵的异同

（1）相同点

象征冷静与沉稳：在汉语文化中，蓝色常被视为冷静的象征。在传统绘画中，蓝色的色调也用于营造宁静致远的意境，像一些山水画卷中，淡蓝色的天空和湖水能够让人感受到一种平和冷静的氛围。在英语文化中，"blue" 同样代表冷静和沉稳。例如，在描述一个人在危机面前能够保持镇定的状态时，可以用 "as blue as a still sea"（像平静的大海一样沉着）来形容。在一些商务场合或者谈判场景中，身着蓝色西装的人也会给人一种可靠、沉稳的印象。

与天空和海洋相关联：汉语和英语文化都将蓝色与天空和海洋紧密相连。汉语中有 "碧海蓝天" 这样的词汇，描绘出大海和天空辽阔、澄澈的蓝色景象，让人联想到广阔和自由。在诗词中，如 "孤帆远影碧空尽"，蓝色的天空成为烘托离情别绪的广阔背景。在英语中，"blue sky"（蓝天）和 "blue ocean"（蓝色的海洋）是非常常见的表述，它们在文学作品、旅游宣传等多种场景中频繁出现。例如，在描述海边度假胜地时，会强调 "the beautiful blue ocean"（美丽的蓝色海洋），给人带来惬意、自由的感觉。

（2）不同点

①汉语中的特殊含义

象征平民与质朴：在中国古代，蓝色是平民百姓常用的服装颜色，体现了质朴和平民化的特点。普通百姓穿着蓝色的粗布衣裳进行日常劳作，这种蓝色的服饰象征着他们的平凡生活和踏实的性格。例如，在描写古代市井生活的文学作品中，常常会出现"身着蓝布衫的小贩"之类的人物形象，通过蓝色服饰来突出其平民身份。

有驱邪的意义（民间文化）：在民间信仰和习俗中，蓝色具有一定的驱邪作用。例如，在某些地方的传统婚礼习俗中，新娘会在身上佩戴蓝色的手帕或者饰品，据说可以抵御邪祟，保佑婚姻美满。这种对蓝色驱邪功能的信仰体现了汉语文化民间习俗的特色。

②英语中的特殊含义

象征忧郁与悲伤：在英语文化语境下，"blue"频繁被用来象征忧郁和悲伤的情绪。诸如"feel blue"这一表达，其含义即感到忧郁；而"a blue Monday"（忧郁的星期一）这一短语，则生动地描绘了人们在周一因需重启一周的工作或学习而感到的情绪低落。这种将蓝色与负面情绪相联系的用法，在英语的文学作品、歌曲等众多艺术形式中屡见不鲜。

表示高贵和荣誉："blue"在英语中也承载着高贵与荣誉的寓意。例如，"blue blood"一词，即指代贵族血统；而"blue ribbon"在竞赛或展览等场合中，则象征着最高荣誉的获得。

（七）紫色（purple）

1. 基本语义

汉语中的紫色，常见于自然景物、服饰及装饰品的描绘之中，诸如"紫色的花朵"与"紫色的绸缎"等表述。

在传统服饰文化中，紫色服饰往往是达官显贵与贵族阶层的专属，宫廷中的妃嫔们常身着紫色锦袍，以此彰显其尊贵无上的身份。在建筑装饰领域，紫色颜料亦被广泛应用于宫殿、庙宇的壁画与装饰图案之中，如北京颐和园的某些建筑装饰便巧妙融入了紫色元素，与其他色彩交相辉映，共同营造出一种富丽堂皇、气势恢宏的视觉效果。

古代文学作品中，紫色常与祥瑞之兆紧密相连，如"紫气东来"的典故，便讲述了老子过函谷关前，关令尹喜见紫气东来，预知将有圣人降临的传奇故事，这里的紫色被赋予了神秘吉祥的寓意，预示着非凡之事的到来。在戏曲舞台上，紫色脸谱则成为塑造刚正不阿、不畏权贵人物形象的重要视觉符号，如京剧《龙凤阁》中的徐延昭，便以紫色脸谱亮相，其正直无畏的性格特征通过紫色脸谱得以生动展现。古代诗词中，"紫袍金带"更是位高权重者服饰的代名词，如"紫袍金带不须夸，动便经年镇海涯"等诗句，通过紫色服饰的描绘，进一步强化了紫色在汉语文化中与权贵紧密相连的象征意义。

英语中的"purple"一词，其基本语义同样指代类似紫罗兰的颜色，如"purple violets"（紫罗兰花）与"purple dress"（紫色连衣裙）等表达。在英语文学作品中，紫色也常被用于描绘人物服饰与自然景色的独特魅力，如描写一位高贵女士出席晚宴时，"She wore a long purple gown that shimmered in the light, making her resemble a queen."（她身着一袭长长的紫色长裙，在灯光下熠熠生辉，宛如一位女王），通过紫色的运用，凸显了人物的高贵气质与非凡魅力。

在西方绘画艺术中，紫色颜料被广泛应用于宗教人物与贵族肖像的描绘之中，以彰显其神圣与高贵的形象特征。提香等大师的绘画作品中，人物的服饰或背景常融入紫色元素，营造出一种庄重而华丽的氛围，使画面更具艺术感染力与视觉冲击力。

时尚界中，紫色亦是高级定制服装与礼服设计的常用色彩，国际时装周的舞台上，紫色服装系列总能吸引无数目光，其独特的色彩魅力被设计师们巧妙运用，以展现时尚与奢华的完美结合。例如，某知名品牌推出的紫色晚礼服系列，采用丝绸、蕾丝等高档材质，搭配精致的刺绣与珠宝装饰，尽显优雅与高贵，紫色在此成为时尚界表达奢华个性与独特品味的重要色彩元素。

室内装饰设计中，紫色窗帘、地毯等元素常被用于营造浪漫奢华的卧室或客厅环境，如欧式古典风格的卧室里，深紫色天鹅绒窗帘与金色装饰线条相得益彰，再辅以紫色丝绸床品，整个空间弥漫着浓郁的贵族气息与奢华氛围，紫色成为构建室内奢华环境不可或缺的关键色彩。

西方文学作品中对自然景色的描写中，紫色同样展现出独特的魅力与感染力，如"The purple sunset painted the sky with a magnificent hue, enchanting the entire landscape."（紫色的夕阳将天空染上了壮丽的色彩，为整个风景增添了迷人的魅力），这里的紫色夕阳被描绘得如梦如幻，充满了神秘与浪漫的气息，展现了紫色在自然景色描写中的独特韵味与视觉美感。

2. 引申语义

在汉语语境中，紫色蕴含了祥瑞与高贵的深层意义，这种引申义与古代社会对紫色的高度尊崇紧密相连。诸如"紫气东来"这样的成语，已成为吉祥如意的象征。回溯至封建王朝时代，"紫微星"被尊为帝星，象征着皇权的无上权威，因此，紫色在某种程度上也代表着皇权与尊贵。这一点在古代宫廷剧中得以体现，皇帝的龙袍上常绣有紫色图案，宫殿的装饰亦多选用紫色元素，以彰显皇家的庄严与威仪。

在文化艺术领域，紫色常被用来描绘高雅的艺术氛围或作品风格。例如，"紫韵悠扬"可形容一场充满古典韵味、格调高雅的音乐会或戏曲演出，紫色在此象征着艺术的高品质与独特韵味。在一些古典诗词中，紫色还被用来勾勒仙境或奇幻场景，如"紫府仙人号宝灯，云浆未饮结成冰"，这里的紫色营造出一种神秘而超凡脱俗的意境，让读者仿佛置身于缥缈的仙境之中，进一步丰富了紫色在汉语文化中的意蕴。

在民间传说里，紫色的灵芝被视为仙草，拥有起死回生、延年益寿等神奇功效。许多神话故事都讲述着主人公历经艰难困苦，只为寻找这紫色灵芝的情节，紫色在此成为神奇与长寿的象征，反映出民间对紫色所蕴含的超自然力量的敬畏与向往。而在传统的武侠小说中，"紫电青霜"常被用来形容宝剑的锋利与珍贵，紫色与宝剑的结合，体现了其在武侠文化中与珍稀、非凡之物的紧密联系。如"紫电纵横惊鬼魅，青霜凛冽泣鬼神"，通过描绘宝剑散发的紫色光芒，来凸显其非凡的威力与独特的魅力。

在英语中，紫色因古代提取难度大、成本高昂，故常与皇室、贵族紧密相连，引申出高贵与奢华的寓意。例如，"born in the purple"一词便指出生于皇室或贵族之家。在宗教领域，紫色同样承载着特殊意义。基督教四旬期和降临节期间，教堂常以紫色装饰，象征忏悔、准备与期待，紫色在此与宗教仪式和精神追求紧密相连，反映了信徒在特定宗教时期的内心状态。

西方文学作品中，紫色常被用来描绘神秘、魔幻的场景或人物。如描写一位拥有神秘魔法力量的女巫时，会提到"她有一双紫色的眼睛，仿佛藏着宇宙的秘密",通过紫色强化人物的神秘色彩和超自然能力,激发读者对人物和故事的好奇与遐想。在童话世界里,紫色可能是魔法城堡、神奇宝物的颜色,如《睡美人》中被施魔法的城堡周围可能笼罩着紫色光芒,紫色魔法药水等元素也频繁出现,将紫色与童话中的魔法、奇幻元素紧密相连,进一步丰富了紫色在西方文化中的象征意义。

西方历史传说中,古罗马恺撒大帝身着紫色长袍的形象,成为权力与荣耀的象征。紫色在西方历史文化中与伟大统治者、辉煌帝国形象紧密相连,进一步强化了其高贵、威严的象征意义。在许多西方文学作品和影视作品中,描绘古代帝王或贵族时,紫色服饰和装饰往往成为凸显人物地位的重要元素。在诗歌创作中,"Purple haze, all in my brain"(紫色的迷雾,萦绕在我脑海)等诗句,通过紫色营造出迷离、神秘的氛围,紫色在此不仅触动人的情感,还激发了无限的遐想,充分展现了紫色在西方诗歌创作中独特的象征意义与情感表达功能。

3. 文化象征意义与价值观念

在中国文化中,紫色承载着深厚的文化象征意义,它不仅是祥瑞、高贵与神秘的象征,更是贯穿于中国历史文化的多个层面。自古代起,紫色便与皇权紧密相连,成为尊贵地位的标志。在传统礼仪文化中,紫色的服饰与装饰被严格规定于不同的等级之中,这既体现了中国古代社会对等级秩序的严谨态度,也彰显了紫色所代表的高贵与尊崇。而在一些地方民俗文化中,紫色更与祭祀、祈福等活动息息相关,如在庙会等庆典中,紫色的旗帜、彩带等装饰物屡见不鲜,人们深信这些紫色元素能够招来好运与福气,这充分展示了民间对紫色祥瑞象征意义的传承与尊崇。

在书画艺术领域,紫色颜料的运用独具匠心。画家们常常巧妙地运用紫色来表现特殊的意境或突出画面中的重要元素,例如,在描绘宫廷园林的画作中,紫色常被用于点缀亭台楼阁的装饰或渲染花卉的艳丽,使整幅画作更添华丽与高雅。紫色因此成为中国传统书画艺术中表达文化内涵与审美情趣的重要色彩之一。

此外,在中医药文化中,紫色草药如紫苏等也备受推崇。紫苏不仅具有多种药用价值,可用于治疗多种疾病,还在药膳文化中扮演着重要角色,被视为养生食材。其紫色的外观与药用功能相得益彰,使紫色在中医药领域也占据了独特地位，这进一步体现了中国文化对紫色多元价值的深刻认知与广泛应用。

在中国传统的神话故事中，紫色更是与神圣权威紧密相连。紫微星君被描绘为天庭中威严尊贵的神祇，掌管着人间的运势与命运。如"紫微星耀，天地同辉"这样的描述，不仅彰显了紫微星在神话体系中的尊崇地位，也进一步强化了紫色在神话文化中的高贵与神秘象征意义。

在西方文化中，紫色承载着丰富的象征意义，其核心主要围绕皇室、贵族以及宗教领域展开。作为高贵奢华的象征，紫色不仅体现了西方社会对阶级地位的重视，也反映了人们对贵族生活方式的深切向往。在宗教方面，紫色所蕴含的特殊含义则深刻揭示了西方宗教文化对信徒精神世界的深远影响与塑造。

在建筑艺术领域，西方的古老城堡、宫殿和教堂常常巧妙运用紫色元素进行装饰，如紫色的玻璃、壁画等，这些装饰不仅赋予了建筑更加宏伟壮观的外观，更深刻地传达了建筑所蕴含的高贵与神圣的文化内涵。

在文学与艺术作品中，紫色的象征意义不断被深化与丰富，对西方人的审美观念和价值判断产生了深远影响。这使得西方人在欣赏这些作品时，能够更深刻地理解作品所传达的文化信息与情感内涵。

在教育体系中，一些拥有悠久历史的贵族学校或学府，常将紫色作为学校的代表颜色之一，如校服、校徽等都会融入紫色元素。这不仅是对学校历史文化底蕴和高贵教育传统的传承，也象征着一种身份与品质，激励着学生们不断追求卓越与高尚的品德修养。

在婚礼文化中，紫色的花朵如紫罗兰、鸢尾花等，常被用作新娘的捧花或婚礼现场的装饰，象征着爱情的高贵与神秘。新人在紫色花卉的环绕下举行婚礼，寓意着他们的爱情如同紫色般独特而珍贵，这使得紫色在西方婚俗文化中成了表达美好爱情寓意的重要色彩选择。

此外，在西方的艺术展览中，紫色主题的展览往往聚焦于展现高贵、神秘与奇幻的艺术作品。例如，一个以"紫色梦境"为主题的展览，可能会展示一系列蕴含紫色元素的绘画、雕塑、摄影等作品，这些作品通过不同的艺术形式和表现手法，诠释着紫色在西方文化中的多元象征意义，为观众带来独特的视觉与精神享受，以及深刻的文化感悟。

4."紫色"与"purple"文化内涵的异同

（1）相同点

象征高贵与华丽：在汉语文化中，紫色占据着尊贵而独特的地位。自古以来，紫色就与帝王将相紧密相连，成为权力和地位的象征。明清时期的帝王宫殿被称为"紫禁城"，其建筑装饰中大量运用了紫色元素，如紫色的琉璃瓦、紫色的帷幕等，无不彰显着皇家的高贵与威严。在传统服饰中，高级官员的朝服上也常有紫色部分，这代表着他们显赫的身份与崇高的地位。

在英语文化中，"purple"同样承载着高贵的寓意。短语"born to the purple"意指"出身显贵"，这一说法源于古代欧洲皇室对紫色的偏爱。那时，紫色织物极为珍贵，只有皇室成员或贵族才有资格穿戴，因此"purple"自然而然地成为高贵出身和地位的象征。在西方的宗教仪式和绘画作品中，我们也不难发现神职人员的服饰中有时会出现紫色，这进一步体现了紫色所蕴含的神圣与高贵气质。无论是在汉语文化还是英语文化中，紫色都以其独特的魅力诠释着高贵与华丽。

代表神秘与神圣：汉语文化里，紫色常常带有神秘的色彩。神话故事和仙侠传说中，神仙、仙子们的服饰或住所往往被描绘成有紫色光芒环绕，紫色的云雾缭绕、紫色的法宝闪烁，这些元素共同营造出一种神秘莫测的氛围。此外，在宗教场所如寺庙中，一些重要的法器、经幡等也可能饰以紫色，这不仅暗示着与神灵的特殊联系，更赋予其一种神圣不可侵犯的感觉。

同样，在英语文化中，"purple"也与神秘和神圣息息相关。在《圣经》等宗教经典中，紫色常被用来象征神圣的力量和上帝的荣耀，成为信徒们心中敬畏与崇拜的象征。而在西方的神秘学和一些古老的传说中，紫色同样被视为具有神秘属性的颜色。例如，紫色的宝石被相信拥有特殊的魔力，能够保佑人们免受邪恶力量的侵害，成为许多人寻求庇护和力量的信仰象征。

（2）不同点

①汉语中的特殊含义

象征祥瑞与吉祥：在中国传统文化中，紫色被视为祥瑞之色。成语

123

"紫气东来"便是一个生动的例证，它源自一段传说：老子在过函谷关前，关令尹喜观察到东方有紫气萦绕，预感将有圣人到来，随后老子果然骑着青牛翩然而至。自此，"紫气东来"便成为吉祥、好运即将降临的象征，人们乐于使用这个成语来表达对美好愿景的热切期盼。在传统节日或庆典活动中，紫色的装饰也会被用来增添祥瑞的氛围。

与文人雅士的关联（特定情境）：在汉语文化的某些独特语境中，紫色还与文人雅士的高雅情趣紧密相连。古代的诗词书画中，紫色的花卉如紫薇花，常常成为文人墨客笔下的宠儿，他们通过吟诗作画来抒发自己对自然之美的独到见解和高雅情怀。此外，在传统绘画领域，紫色颜料也占据着特殊的地位，常被用于绘制那些充满高雅意境的佳作。

体现等级差异（历史文化视角）：在中国古代森严的封建等级制度下，紫色的使用被严格地纳入了礼制范畴。不同品级的官员所穿着的紫色服饰，在颜色深浅、图案样式等方面都有着极为细致的区分。这种通过紫色服饰来彰显官员等级差异的做法，不仅体现了汉语文化中颜色与社会等级之间的紧密联系，也映射出古代社会对于身份尊卑的严格划分。

②英语中的特殊含义

象征皇权与统治（特定历史时期）：在西方历史的某些特定时期，"purple"被赋予了皇权与统治的深刻象征。古罗马时期尤为显著，皇帝独享穿着由特殊紫色染料制成的衣物特权，这种被誉为"帝王紫"的色彩，成了至高无上权力的象征，严禁平民百姓涉足。这一紫色与皇权紧密相连的观念，在西方历史文化中留下了深刻的印记。尽管在现代社会，这种象征意义已逐渐淡化，但在历史研究和文化回顾中，我们仍能清晰地捕捉到它的影子。

表达愤怒与狂怒（特定语境下的用法）：在英语词汇的海洋中，"purple"还蕴藏着一种较为独特却生动有力的表达——愤怒。例如，"purple with rage"（气得脸色发紫）这一短语，形象地描绘出一个人因愤怒至极而脸色变得青紫的状态。这种用法在文学作品的细腻描绘或是口语的鲜活表达中，都常被用来刻画人物情绪的极端强烈，使得情感流露更为淋漓尽致。

第二节　动物词

一、英汉动物词差异的文化溯源

（一）地理环境因素

1. 英国——岛国环境与海洋动物词汇的丰富性

英国作为一个岛国，其四周被海洋环绕的独特地理环境，不仅塑造了其丰富的自然景观，也深刻地影响了其文化和语言。特别是与海洋动物相关的词汇，在英国人的生活、饮食、文学以及传说中占据着举足轻重的地位。

（1）丰富的鱼类词汇与渔业文化

在英国，鱼类不仅是日常饮食的重要组成部分，更是渔业经济的重要支柱。英语中对于不同种类的鱼有着详尽而丰富的词汇，如"salmon"（鲑鱼）、"cod"（鳕鱼）、"mackerel"（鲭鱼）等。这些词汇不仅局限于餐桌上的对话，它们还频繁地出现在文学作品和谚语中，成为英国文化不可或缺的一部分。

例如，谚语"All is fish that comes to his net."（来者不拒）生动地体现了英国作为海洋国家，渔业在经济和文化中的重要性。这句谚语不仅传达了渔民们对于收获的喜悦和满足，也反映了他们对于生活的乐观态度。在英国的沿海地区，渔业曾经是许多城镇的主要经济来源，渔民们每天出海捕鱼，与海洋和鱼类建立了深厚的联系。这种生活方式促使了大量与鱼相关的词汇产生并传承下来。

（2）海洋哺乳动物的文化象征

除了鱼类之外，海洋哺乳动物如"whale"（鲸）和"dolphin"（海豚）在英国文化中也有着特殊的地位。鲸鱼作为海洋中最大的生物之一，其庞大的身躯和神秘的行为常常引发人们的敬畏和想象。在英国的航海传说和文学作品中，鲸鱼常常被描绘成巨大而神秘的生物，象征着自然的力量和人类对未知的探索。

例如，在赫尔曼·梅尔维尔的《白鲸》中，"白鲸"不仅是一个具体的生物形象，更是一个具有象征意义的存在。它代表了自然的不可预测性和人类对自然力量的挑战与敬畏。书中对鲸鱼的描写细致入微，从它庞大的身躯到它在海洋中的行为，都让读者感受到了鲸鱼的神秘与威严。这种对鲸鱼的描绘不仅丰富了英国文学的内涵，也深化了人们对海洋和自然的认识。

而海豚则被视为友好和聪明的动物，与人类有着良好的互动关系。在英国的海洋公园和自然保护区中，游客们经常可以看到海豚们欢快的身影和它们与人类之间的默契互动。这种友好关系不仅体现了海豚的智慧和灵性，也反映了人类对于海洋动物的尊重和爱护。

2. 中国——大陆环境与陆地动物文化的深度挖掘

中国，这片广袤的大陆，孕育了丰富多彩的文化，其中陆地动物扮演着至关重要的角色。以"马"为例，这一动物在中国古代交通、战争及农业生产中占据了举足轻重的地位。在古代社会，"马"不仅是重要的交通工具，其形象更与才能出众的人紧密相连，如"千里马"一词便是对杰出人才的赞誉。在战场上，骑兵的威猛与战斗力往往取决于战马的品质，成语"马革裹尸"便生动描绘了战士们英勇无畏、为国捐躯的壮烈场景。此外，在古代驿站体系中，马作为信息传递的关键工具，承担着连接各地、确保信息畅通无阻的重任。同时，马在丝绸之路上的贸易运输中也发挥了不可替代的作用，长长的马队驮着货物穿梭于东西方之间，促进了经济文化的交流与融合。

再来看"牛"，这一在中国传统农业社会中不可或缺的劳动力，它不仅是勤劳与踏实的象征，更深深融入了人们的日常生活与情感世界。汉语中的"俯首甘为孺子牛"便以牛为喻，颂扬了那些心甘情愿为人民服务、无私奉献的精神。在农耕文化中，牛耕技术的出现极大地推动了农业的发展，使得粮食产量大幅提升，人们对牛充满了深厚的感情，将其视为家庭的重要成员和农业丰收的象征。在农村地区，牛不仅承担着耕地的重任，还能拉车运输货物，成为乡村生活中不可或缺的一部分。农闲时节，孩子们牵着牛在河边悠闲地吃草，这一场景成了许多人心中温馨而美好的记忆。

（二）宗教信仰和神话传说

1. 西方基督教文化和神话传说对动物词的影响

在基督教文化中，某些动物具有特定的宗教象征意义。例如，"lamb"（羔羊）象征着耶稣基督的纯洁和无辜。在《圣经》故事中，耶稣被称为"上帝的羔羊"，为人类的罪孽而牺牲。因此，"lamb"在西方文化中常常与救赎和牺牲联系在一起。在教堂的壁画和宗教艺术作品中，常常可以看到羔羊的形象，它或是被天使环绕，或是在耶稣的身旁，以视觉的形式向信徒们传达着基督教的教义和信仰内涵。

"snake"（蛇）在基督教文化中则成了邪恶的象征，这一观念源自《圣经》中亚当与夏娃在伊甸园受蛇诱惑而堕落的故事。在英语语境中，"snake"一词往往带有负面含义，如"a snake in the grass"（暗藏的危险；阴险小人），这一文化认知深刻影响着西方社会对蛇的看法。文学作品中的蛇常常被描绘为狡诈、邪恶的角色，它们潜伏于暗处，伺机对人类构成威胁，这种形象的刻画进一步强化了蛇在西方文化中的负面象征意义。

此外，《圣经》与希腊神话中关于龙的描述，也共同塑造了龙在西方文化中的负面形象。在《圣经》中，龙被视为魔鬼的化身，是人类的敌人；而在希腊神话中，勇士卡德摩斯曾经听从女神雅典娜的安排，独自屠龙，龙牙被拔出来埋进了地里，继而变成了几个战士，他们互相搏斗厮杀，到只剩五个人时才停了下来，于是"sow the dragon's teeth"后来就被用来表示挑起纠纷或引起争端。诸如此类的神话故事表明在西方国家，人们对龙的感情不是崇拜，相反，龙是邪恶、魔鬼的代名词。[①] 这与东方文化中龙所承载的尊贵、神圣乃至皇权的寓意形成了鲜明的对比，彰显了东西方文化在龙这一神话生物认知上的巨大差异。

2. 中国宗教和神话对动物词的塑造

在中国道教、佛教文化及丰富的神话传说中，动物词汇被赋予了多元而深远的象征意义。与西方文化中龙常被视为邪恶象征的情况截然不同，

---

① 陈佳怡，胡燕娜. 英汉习语中动物词汇文化内涵分析［J］. 海外英语，2022（4）：44-46.

龙在中国文化中是一个标志性的神话生物，它在道教神话体系中扮演着掌管雨水与水域的重要角色。它不仅是权威、吉祥与力量的化身，更是古代帝王"真龙天子"尊号的灵感来源。龙袍、龙椅等皇室御用品上精致的龙纹装饰，无不彰显着龙的尊贵与神圣。在民间，龙被视为能呼风唤雨、保佑五谷丰登的神灵，因此在求雨仪式等民俗活动中，龙的形象屡见不鲜。此外，传统的龙舟竞渡活动，不仅是对龙文化的生动传承，更是人们通过划龙舟祈求风调雨顺、国泰民安的美好愿望的体现。

凤凰，这一中国神话中的吉祥之鸟，在佛教与道教文化中均占据显赫地位。它象征着美好、吉祥与高贵，成为中国传统婚礼中不可或缺的装饰元素，寓意着婚姻的美满与幸福。古代宫殿建筑中的凤凰雕刻与绘画，与龙纹交相辉映，共同诠释了皇家的威严与祥和。在文学作品中，凤凰常被用来比拟品德高尚、容貌倾城的女子，如"有凤来仪"一词，便是对美好降临的无限憧憬与赞美，展现了人们对凤凰文化的深厚情感与美好寄托。

（三）历史发展与社会观念

1. 英国——贵族文化与动物象征

在英国历史上，贵族文化对动物词汇的象征意义产生了深刻的影响。"eagle"（鹰），以其雄壮的姿态和非凡的力量，被视为力量与高贵的象征。英国皇家徽章上鹰的图案，不仅彰显了皇家的威严与权力，更是国家荣耀的象征。中世纪时期，鹰猎作为贵族们钟爱的活动，不仅体现了他们对自然界的征服欲，也强化了鹰在英国文化中的高贵地位。贵族们带着经过专业训练的鹰外出狩猎，鹰在天空翱翔，一旦发现猎物便迅速俯冲而下，这一壮观的场景成了贵族们展示财富与地位的独特方式。在英国文学作品中，鹰常被用来比喻英勇无畏的英雄人物，他们如同鹰一般拥有锐利的目光和强大的力量，能够在逆境中崛起，战胜一切挑战。

"hound"（猎犬）在英国贵族的狩猎活动中同样扮演着举足轻重的角色。它们象征着忠诚与勇敢，是贵族们狩猎时的得力助手。在英国的文学作品和传说中，猎犬总是忠诚地跟随主人，协助狩猎，其勇敢无畏的精神备受赞誉。亚瑟王传说中的猎犬，更是骑士们不可或缺的伙伴，它们帮助骑士追踪猎物，共同面对危险。古代英国的狩猎活动中，不同品种的猎犬各司其职，有的擅长追踪气味，有的则擅长追捕猎物，它们与猎人之间的默契配合，成为忠诚与友谊的典范。在一些贵族家庭的纹章中，猎犬的图案也屡见不鲜，彰显着家族的荣誉与传统。

2. 中国——封建等级制度与动物文化

在中国古代封建等级制度下，动物的使用及其象征意义与社会地位紧密相连。例如，麒麟，这一传说中的神兽，被视为祥瑞，其出现往往预示着太平盛世的到来。因此，麒麟与皇室及高级官员之间有着千丝万缕的联系。在朝廷的礼仪活动和建筑装饰中，麒麟的图案被广泛运用，以彰显皇家的圣明与国家的繁荣。古代宫殿建筑前的麒麟石雕，造型精美，气势恢宏，寓意着皇权的神圣不可侵犯。在一些重要的庆典活动中，麒麟相关的表演或展示也层出不穷，寄托着人们对国家长治久安、人民幸福安康的美好祈愿。

在中国古代的官服制度中，不同品级的官员衣服上绣有不同的动物图案，以区分等级。例如，一品官员的官服上绣有仙鹤，仙鹤象征着长寿、高雅与清正廉洁，这一设计不仅体现了官员的品级与地位，也反映了当时社会对官员品德的期望。这种以动物图案体现等级差异的方式在中国封建时期的文化中极为典型，它深刻地揭示了当时严格的社会等级观念。在官场交往中，人们通过观察官员官服上的动物图案，便能迅速判断其品级与地位，这也成为中国古代官场文化的一个重要特征。在一些描写官场生活的文学作品中，官员的服饰及其上的动物图案往往被着重描绘，以烘托人物的身份与性格特点。

二、常见动物词在英汉语言中的多元语义与文化差异

（一）狗（dog）

1. 汉语中的语义与文化内涵

在汉语语境中，狗的形象颇为复杂，且多数情况下带有贬义色彩。例如，"狗腿子"一词，形象地描绘了那些为恶势力鞍前马后、助纣为虐的人。他们如同忠诚的犬类紧跟主人，无条件地执行坏人的指令，在旧社会

的黑帮故事中，这类角色往往被描绘成跟随恶霸欺压百姓的小喽啰，他们仗势欺人，无恶不作。

"狼心狗肺"则用来形容人心肠狠毒、忘恩负义。古时候有个故事，讲述一人救助了受伤的陌生人，却被其恩将仇报，偷走了救命财物，这种行为便被人唾骂为"狼心狗肺"。

"狗眼看人低"则是批评那些以貌取人、轻视他人之辈。他们像狗一样，仅凭外表就判断人的高低贵贱，这在传统戏曲表演中常有体现，那些对衣着光鲜者谄媚逢迎，对衣衫褴褛者则恶语相向的角色，便是此类人的典型写照。

然而，在现代汉语中，狗的形象也偶有正面展现，尤其是在一些亲昵的表达中。比如，形容某人可爱、忠诚时，会说"这人像小奶狗一样"，但这种用法相对较少，且多见于特定语境或年轻人群体中。在一些农村地区，狗仍然被用作看家护院的忠实守卫，尽管人们依赖其守护功能，但在日常交流中，关于狗的贬义表述依然屡见不鲜。如"狗嘴里吐不出象牙"，便是用来形容坏人说不出好话，这在争吵时尤为常见，一方若觉得对方言语恶毒，便会气愤地回击以"你这狗嘴里吐不出象牙"。

因此，狗在汉语中的形象既有多样的贬义表达，也不乏现代语境下的正面描绘，但其贬义色彩在历史和文化传统中更为根深蒂固。

2. 英语中的语义与文化内涵

在英语文化中，"dog"一词尽管也包含诸如"a dirty dog"（意指卑鄙小人）这样的贬义用法，特别是在一些侦探小说或犯罪故事里，那些为求私利不择手段、背叛友情的人物常被这样形容。然而，总体来看，狗被视为人类忠实的朋友，承载着诸多正面形象和寓意。"lucky dog"意指"幸运儿"，这里的狗象征着好运与福泽。比如，在紧张激烈的比赛中，最终获胜者常被大家亲切地称为"lucky dog"，因为他们在比赛中屡次化险为夷，最终摘得桂冠。"top dog"则代表"优胜者"或"领军人物"，凸显了狗的强壮与领袖地位。在商业竞争领域，若某公司在行业中独占鳌头，其掌舵人便可能被尊称为"top dog"。

在西方家庭中，狗常作为宠物被精心饲养，人们与狗之间建立了深厚的情感纽带，狗被视为忠诚、友善与陪伴的化身。"man's best friend"（人类最好的朋友）这句俗语恰如其分地总结了狗在英语文化中的重要地位。在一些英语儿歌和儿童故事里，狗总是以憨态可掬、机智聪明的形象出现，它们或是协助主人公解决难题，或是带来无尽的欢笑，这些描绘进一步强化了狗在英语文化中正面而温馨的形象。例如，经典的《Bingo》儿歌，孩子们在欢快的旋律中感受着小狗的活泼灵动与纯真可爱，从而对狗产生了深深的喜爱与亲近感。

（二）龙（dragon）

1. 汉语中的语义与文化内涵

龙在中国文化中是一种极具威严和神圣的象征。它是中华民族的图腾，代表着吉祥、力量、权威和繁荣。在中国古代传说中，龙能呼风唤雨、腾云驾雾，掌控着天地间的自然力量。例如，在神话故事《西游记》中，四海龙王分别掌管着不同的水域，他们能够兴云布雨，对人间的气候和农业收成有着至关重要的影响。成语"望子成龙"深刻表达了父母对子女成就非凡、出人头地的殷切期望，这里的龙无疑是成功与卓越的化身。

在建筑装饰、绘画艺术以及传统节日中，龙的形象更是无处不在。春节期间，五彩斑斓的舞龙表演不仅增添了节日的喜庆氛围，更寄托了人们对新的一年风调雨顺、国泰民安的祈愿。龙，作为民族精神的象征，凝聚着中华民族的向心力与文化传承。在古代皇家建筑中，龙的形象更是被赋予了至高无上的地位，从宫殿的梁柱到皇帝的龙袍，无不彰显着皇权的尊贵与威严。北京故宫的太和殿内，龙椅、龙柱等装饰精美绝伦，它们不仅是皇家奢华的象征，更是皇权统治的核心体现。

2. 英语中的语义与文化内涵

相较于汉语中龙的威严与神圣，英语中的"dragon"则更多地被描绘为凶猛、邪恶且具有破坏力的怪物。在西方神话与文学作品中，龙往往与危险、暴力紧密相连，它们守护着宝藏，时常袭击人类与村庄，成为英雄们必须克服的难关。史诗《贝奥武夫》中的巨龙便是典型代表，它喷吐火焰，将村庄化为火海，而贝奥武夫虽最终战胜巨龙，却也付出了生命的代价。

此外，"dragon lady"这一词汇也反映了龙在英语文化中的负面形象，用以形容那些强势、凶狠的女性。在西方影视作品中，龙的形象往往被塑造为巨大、丑陋且喷火的怪兽，给观众带来强烈的视觉冲击与恐惧感。例如，《霍比特人》系列中的史矛革龙，它体型庞大、贪婪凶残，守护着无尽的财富，对任何闯入者都毫不留情。这些形象无疑加深了人们对龙在英语文化中邪恶与恐怖的认知，与汉语中龙的正面形象形成了鲜明的对比。

（三）猫（cat）

1. 汉语中的语义与文化内涵

在中国文化中，猫的形象相对中性。一方面，猫以其温顺、可爱的特质深受人们喜爱，常被当作宠物来陪伴日常生活。在文学与绘画作品中，猫的娇憨姿态常被描绘得淋漓尽致，传递出一种闲适、温馨的生活气息。宋代诗人陆游的《赠猫》一诗便生动地展现了人与猫之间的亲密关系，诗人将猫视为守护书房的可爱伙伴，其乖巧与灵动跃然纸上。另一方面，猫在汉语中也有略带贬义的表达，如"猫哭老鼠——假慈悲"，这一成语利用猫和老鼠的天敌关系，讽刺那些表面同情、实则心怀不轨的虚伪行为。此外，民间传说中猫还具有一定的灵性，如"猫有九条命"的说法，以及能够感知超自然现象的能力，这些都为猫增添了一抹神秘色彩。在一些古老的乡村故事中，猫被描绘为能看见鬼魂或预知灾难的神奇生物，使得人们对它既喜爱又敬畏。

2. 英语中的语义与文化内涵

在英语文化中，"cat"同样承载着丰富的含义。一方面，"a fat cat"常用来指代那些富有且有权势的人，类似于汉语中的"大亨"，这一表达将猫的形象与财富和地位紧密联系在一起。在商业巨头或政治权贵的新闻报道和文学作品中，"a fat cat"常被用来形容那些高高在上、拥有巨额财富和强大权力的人物。另一方面，"catty"则用来形容人的言语风格尖酸刻薄，如"a catty remark"（尖刻的评论），这一表达巧妙地捕捉了猫在某些情境下所展现出的狡黠与刻薄。在职场斗争或社交场合的勾心斗角中，"a catty remark"往往成为伤害他人的利器。同时，猫在西方文化中也被视为神秘的象征，尤其是黑猫，在恐怖故事或万圣节元素中常被描绘为神秘甚至不祥的生物。夜晚出现的黑猫伴随着阴森的音乐，往往能营造出一种令人毛骨悚然的恐怖氛围。然而，在西方的童话故事中，猫又常常以聪明、狡猾的形象出现，如《穿靴子的猫》中的主角，它凭借自己的智慧帮助主人获得财富和地位，展现了猫的机智与勇敢。这只猫巧妙地运用各种计谋，让主人从一个贫穷的青年摇身一变成为富有的贵族，其聪明才智令人叹为观止。

（四）马（horse）

1. 汉语中的语义与文化内涵

马在中国文化中蕴含着深厚的象征意义。在古代，它不仅是不可或缺的交通工具，更是战场上的得力助手，因此自然而然地成了速度、力量与进取精神的象征。"马到成功"这一成语，恰如其分地表达了人们渴望事情能够迅速且圆满达成的美好愿望，在这里，马被赋予了成功催化剂与象征的双重意义。

在文学与艺术的广阔舞台上，马常被描绘为英雄豪杰的忠诚伙伴与强大助力。以《三国演义》中的关羽为例，他的赤兔马不仅是他驰骋沙场的得力坐骑，更成了关羽英勇无畏形象的重要组成部分，深刻体现了马与英雄气概之间的紧密联系。关羽骑着这匹"日行千里，夜行八百"的赤兔马，在战场上所向披靡，威震四方。

同时，马还与人才选拔息息相关。"千里马"一词，常被用来比喻那些才华横溢、能力超群的人才，而"伯乐相马"的故事，则强调了慧眼识才、珍视人才的重要性。在古代驿站体系中，马更是信息传递的关键纽带，它们承载着重要的信息，穿梭于各地，确保了信息的及时传递。

"一骑红尘妃子笑，无人知是荔枝来"这句诗，便生动地描绘了马在古代物流运输中的重要作用，同时也折射出宫廷生活的奢华与背后的社会矛盾。唐玄宗为了满足杨贵妃对新鲜荔枝的渴望，不惜动用大量人力物力，通过马匹加急运送，从遥远的南方将荔枝送到长安。这一行为不仅彰显了马在古代物流中的核心地位，也反映了当时宫廷生活的奢靡以及可能由此引发的社会问题。

2. 英语中的语义与文化内涵

在英语语境中，"horse"同样承载着与力量和速度紧密相关的多重寓意。例如，"a dark horse"这一表达，原本源自赛马领域，意指那些起初不被看好但最终意外夺魁的马匹，如今已广泛用来比喻在竞争中以黑马姿态脱颖而出的个人或事物。想象一下，在一场紧张刺激的马拉松赛事中，一位赛前并不引人注目的选手突然发力，以惊人成绩夺冠，媒体便会欣然将其誉为"a dark horse"。

而"horse around"这一短语，则捕捉了马匹活泼好动的天性，借以形容人们轻松嬉戏、玩笑打闹的场景。在校园生活的温馨描绘或家庭聚会的欢乐时刻，孩子们在院子里追逐嬉戏，欢声笑语中仿佛化身为一群欢快的小马驹，尽情享受着无忧无虑的童年时光。

在西方文化作品与历史故事中，马不仅是骑士的忠实伙伴，更是勇敢与冒险精神的象征。骑士们骑着战马，在战场上冲锋陷阵，或是在冒险旅程中勇往直前，马匹的存在不仅增强了骑士的战斗力，更凸显了他们无畏的勇气与坚定的决心。中世纪骑士文学中，骑士们骑着高大的战马，手持锋利的长剑，与恶龙或邪恶势力展开激战，马匹不仅是战斗中的得力助手，更是骑士英勇形象的完美延伸。

此外，在西部牛仔文化中，马更是牛仔们不可或缺的忠实伴侣。他们骑着马匹在辽阔的草原上放牧、追逐牛群，马象征着自由与野性，成为牛仔文化的重要标志。在西部牛仔电影中，牛仔们骑在马背上，在广袤无垠的西部荒原上驰骋，马的奔腾与牛仔的英姿交相辉映，构成了一幅幅经典而动人的画面，生动展现了西部牛仔自由不羁、豪迈奔放的生活方式。

（五）狐狸（fox）

1. 汉语中的语义与文化内涵

在汉语语境中，狐狸往往被赋予了狡猾与奸诈的象征意义。"狐假虎威"这一成语，通过讲述狐狸凭借老虎的威势来恐吓其他动物的故事，形象地描绘了那些依仗他人权势、欺压弱小者的行为。在官场故事中，这类小人物攀附权贵、狐假虎威的行径屡见不鲜，他们利用他人的权势来提升自己的地位，耀武扬威，与成语中的狐狸如出一辙。

而"狐狸精"这一称谓，则更多地与善于迷惑男性、品行不端的女性形象相联系。在民间传说和文学作品中，狐狸常被描绘为能够化作人形，利用美貌和甜言蜜语来达到自己目的的角色。尽管在《聊斋志异》等文学作品中，也存在一些正面的狐仙形象，但总体而言，狐狸在汉语文化中的贬义色彩仍然较为浓厚。

古代的志怪小说中，不乏狐狸化作美女引诱书生的情节。这些故事中的书生往往因沉迷美色而荒废学业，最终陷入情网，甚至遭受不幸。这些情节不仅增加了故事的戏剧性，也进一步强化了狐狸在人们心中的负面形象，使其成为狡诈与魅惑的代名词。

2. 英语中的语义与文化内涵

在英语文化中，"fox"同样承载了狡猾的寓意。当我们说"a sly fox"（狡猾的狐狸）时，通常是在形容某人诡计多端，善于玩弄手段。在侦探小说的紧张情节中，那些狡诈的罪犯常常被比喻为"a sly fox"，他们凭借聪明才智巧妙躲避警方的追捕，布下层层迷雾。

然而，在英语语境中，"fox"也常被赋予聪明、机智的正面形象。"as cunning as a fox"（像狐狸一样狡猾）这一说法，在某些情境下，这种狡猾实则是一种生存智慧的体现。西方的寓言故事中，狐狸往往通过运用巧妙的计谋来获取食物或规避危险，展现出了令人赞叹的聪明才智。与汉语中单纯强调狐狸奸诈不同，英语文化中的狐狸形象更为立体，其狡猾之中蕴含着机智与应变的能力。

例如，在伊索寓言的《狐狸与葡萄》中，狐狸因够不着葡萄而自我安慰说葡萄是酸的。这一行为虽然看似狡诈，实则体现了狐狸的机智与灵活变通，它懂得在无法达成目标时调整心态，寻找自我安慰的方式。这样的故事不仅丰富了狐狸的形象，也让我们看到了狡猾与机智之间的微妙平衡。

（六）孔雀（peacock）

1. 汉语中的语义与文化内涵

在汉语文化中，孔雀是美丽与吉祥的化身。当孔雀展开它那绚烂多彩的尾羽，那一瞬间的惊艳与华美，让人心驰神往，不由自主地将其与世间一切美好事物相联系。例如，在古诗"孔雀东南飞，五里一徘徊"中，孔雀的形象不仅增添了诗句的凄美与哀婉，更通过其无与伦比的美丽，巧妙地烘托出故事中人物复杂而深刻的情感。

在传统绘画与装饰艺术中，孔雀的图案常被用于寓意吉祥如意与幸福美满。特别是在婚庆用品上，孔雀的形象更是不可或缺，它以其独特的魅力为婚礼增添了几分喜庆与祥和，象征着新婚夫妇未来生活的美好与甜蜜。

此外，在一些少数民族的文化中，孔雀更是被赋予了特殊的意义。傣族的孔雀舞便是其中的杰出代表。舞者们身着华丽的服饰，通过细腻而富有张力的舞姿，生动地模仿孔雀的种种姿态，不仅展现了孔雀的美丽与灵动，更深刻地表达了对美好生活的无限向往与追求。在这里，孔雀不仅是艺术创作的灵感源泉，更是民族情感与文化认同的重要载体，承载着人们对美好与和谐的永恒追求。

2. 英语中的语义与文化内涵

在英语文化的语境中，"peacock"一词虽同样蕴含美丽的意味，但更多时候却带有炫耀、自负的贬义色彩。当我们说"proud as a peacock"（像孔雀一样骄傲）时，通常是在形容某人过于自我陶醉，喜欢大肆炫耀自己的优势，无论是美貌、财富还是成就。在一些描绘社交场合的英语小说中，这样的角色屡见不鲜，他们身着华服，刻意彰显自己的风采，仿佛整个世界都在围绕他们旋转，这样的行为便自然而然地让他们与"peacock"的形象联系在了一起。

这种贬义色彩可能源于孔雀开屏时那极具视觉冲击力的展示姿态，这种姿态在很多人看来，是一种自我炫耀的行为。因此，在西方的文学作品和日常用语中，当我们想要形容一个人总是刻意在他人面前展示自己的优势，企图吸引所有目光时，"peacock"便成了一个恰当的比喻。这与汉语中孔雀主要作为美丽、吉祥象征的正面形象形成了鲜明的对比。

此外，在一些西方的童话故事中，孔雀也常常被塑造成自傲的角色。它们因为自己的美丽而目空一切，轻视他人，这样的行为往往会让它们最终遭遇挫折，从而传达出一种警示：过于自负和炫耀只会让人陷入困境。

这样的故事不仅丰富了孔雀在西方文化中的形象，也提醒着我们要保持谦逊和低调，避免因为一时的得意而迷失自我。

（七）凤凰（phoenix）

1. 汉语中的语义与文化内涵

在汉语文化中，凤凰是祥瑞的象征，与龙对应，共同代表着吉祥、和谐、高贵与永生的理念。凤凰的出现，被视为太平盛世的预兆，它的翱翔预示着天下太平、吉祥如意。在古代，无论是宫廷建筑的巍峨，还是服饰刺绣的精美，抑或是工艺品的巧夺天工，凤凰的图案总是与龙纹交相辉映，共同彰显着皇家的尊贵与威严。尤其是皇后的服饰，其上绣制的凤凰图案，更是母仪天下、尊贵无比的象征。

在古代宫廷剧的精彩演绎中，皇后的朝服上往往绣着栩栩如生的凤凰，当她身着华服出席重大典礼时，那凤凰图案仿佛也随之翩翩起舞，将她高贵的气质展现得淋漓尽致。而"凤凰涅槃"的传说，更是为凤凰增添了一份重生与不朽的神秘色彩。这一传说寓意着，在经历了无尽的磨难与考验之后，凤凰能够浴火重生，获得更加辉煌的新生与升华。这一精神，常被用来激励人们在逆境中坚韧不拔，追求更高尚的精神境界。

在传统文学作品中，凤凰更是成为品德高尚、才华出众者的象征。诗人常常以凤凰为喻，描绘那些在困境中依然坚守信念、最终实现自我超越的人物形象。凤凰，这一充满神秘与崇高的文化符号，成为人们心中理想人格的化身，寄托着人们对美好品质与高尚精神的无限向往。

2. 英语中的语义与文化内涵

在英语文化中，"phoenix"同样代表着重生与不朽。它源于古希腊神话，传说"phoenix"每隔数百年便会自焚一次，然后从灰烬中重生，拥有更绚烂的生命。这种重生的概念在西方文化中具有深远的影响，它不仅被广泛应用于文学与影视作品的创作之中，用以象征人物或事物在历经重大挫败或毁灭后所展现出的顽强生命力与重新崛起的力量，还成了激励人们在逆境中坚持不懈、追求新生的精神图腾。

在商业领域，当一家企业历经危机与挑战，最终成功实现转型与复兴时，人们往往会用"like a phoenix rising from the ashes"（如同凤凰浴火重生）这样的表述来赞誉其坚韧不拔与重生的力量。这一比喻生动地描绘了企业从困境中挣脱，重新焕发生机的过程，展现了"phoenix"作为重生象征的普遍意义。

然而，值得注意的是，与汉语文化中凤凰与皇家、高贵等概念的紧密联系不同，英语中的"phoenix"在文化寓意的层面上相对更为单一，其应用更多聚焦于重生这一核心内涵之上。在西方的神话改编影视作品中，"phoenix"的形象往往围绕其重生的能力展开，通过震撼人心的视觉与叙事手法，展现了从死亡到新生的壮丽过程，而较少涉及与皇家、社会等级等复杂文化元素的关联。这种差异，不仅丰富了东西方文化中对于重生与不朽的不同诠释，也为我们提供了从不同视角审视与理解这一古老而深刻的象征意义的机会。

（八）蛇（snake）

1. 汉语中的语义与文化内涵

在汉语文化中，"蛇"这一词汇不仅承载着远古时期的神秘与尊贵，也历经了时代的变迁，形成了复杂多样的象征意义。远古时期，蛇被视为神圣的象征，与龙的形象紧密相连，被誉为"小龙"，寓意着吉祥如意、力量与尊贵。在神话传说中，蛇常常与神仙、龙王等神秘形象相伴，象征着超凡脱俗与神圣不可侵犯。此外，蛇还常被用来比喻国君或君子，象征着智慧、深思熟虑与内敛的力量。

然而，自西汉时期起，随着人们对自然界认知的深化和社会观念的变化，蛇的寓意开始发生转变。人们开始将蛇视为凶兆、灾难与不祥之兆，认为其代表着阴暗、冷酷与危险。这一转变与蛇的生活习性密切相关，蛇常出没于阴暗潮湿之地，其形态与行为也常给人以神秘莫测、难以捉摸的印象。因此，在现实生活中，蛇更多地被赋予了贬义色彩，常用来比喻恶毒、心狠手辣、阴险狡诈之人。诸如"一朝被蛇咬，十年怕井绳""蛇蝎心肠"等成语，都生动描绘了蛇作为负面象征的形象。①

---

① 王晨晨. 英汉动物词汇文化内涵的对比及在外语教学中的应用 [J]. 海外英语，2021（16）：233-234.

值得一提的是，尽管蛇在汉语文化中承载着复杂的象征意义，但在一些地区或民族中，蛇仍被视为吉祥或神圣的象征。例如，在某些少数民族的图腾或神话中，蛇被赋予了保护神或祖先神的地位，象征着庇佑与力量。

2. 英语中的语义与文化内涵

在英语文化中，蛇（snake）同样承载着深刻的象征意义，与汉语文化中的蛇形象既有相似之处，也有其独特之处。在《圣经》故事中，"snake"引诱亚当和夏娃偷食伊甸园的禁果，导致他们被贬下凡间受苦。这一情节不仅赋予了"snake"狡猾与诱惑的象征意义，也使其成为罪恶与堕落的代名词。而《农夫与蛇》的寓言故事，则进一步强化了"snake"忘恩负义、背信弃义的负面形象，使得"snake"在英语中常被用来比喻那些狡诈、不可信或背叛他人的人，如"a snake in the bosom"这一表达，就生动地描绘了隐藏在内心深处的背叛者形象。

值得注意的是，尽管"snake"在英语文化中常被视为负面象征，但在一些文学或艺术作品中，"snake"也被赋予了积极或中性的象征意义。例如，在某些诗歌或小说中，"snake"被描绘为智慧、神秘或变革的象征，寓意着对未知世界的探索与超越。这些不同的象征意义反映了"snake"在英语文化中复杂多样的文化内涵和审美价值。

第三节　数字词

一、英汉数字词差异的文化溯源

（一）宗教信仰影响

1. 基督教对英语数字词的影响

在基督教文化中，数字"3"承载着极为深远的象征意义。作为基督教核心教义之一的圣父、圣子、圣灵三位一体（the Trinity），赋予了"3"在西方文化中神圣、完整及稳定的独特地位。这一象征性在诸多西方宗教艺术表现形式中得到了淋漓尽致的体现，尤其是在宗教绘画与建筑装饰领域。三角形构图作为"3"的直观展现，频繁出现于这些艺术作品中，象征着神圣的三位一体。例如，达·芬奇的名画《岩间圣母》中，圣母、耶稣与施洗者约翰三者之间的巧妙布局，形成了一个微妙而和谐的三角形关系，不仅视觉上给人以稳定与美感，更在宗教寓意上深刻映射了基督教的核心信仰。

在文学领域，"3"同样扮演着举足轻重的角色。许多经典故事采用了三段式的结构布局，如英雄历经三次试炼的情节设计，这种结构不仅为故事增添了内在的完整性和节奏感，而且与基督教文化中对"3"的尊崇紧密相连，寓意着英雄在重重挑战中实现精神的升华与蜕变。以史诗《贝奥武夫》为例，主人公贝奥武夫先后与恶魔格兰戴尔、格兰戴尔之母以及巨龙展开了三次激烈的战斗。每一次战斗都进一步丰富了他的英雄形象，而这种三段式的战斗历程，恰好与基督教文化中"3"的神圣结构相呼应，象征着英雄在历经重重考验后，最终走向精神的升华与成熟。

数字"7"在《圣经》里频繁出现且充满神秘色彩。上帝创造世界用了七天（seven days of creation），这七天分别创造了天地、光明与黑暗、水陆、日月星辰、动物和人类等，所以"7"被看作是完美、圆满的数字。在西方文化中，很多事物都与"7"相关联，如七宗罪（seven deadly sins）即傲慢、嫉妒、暴怒、怠惰、贪婪、色欲和暴食，七美德（seven virtues）包括谦卑、宽容、耐心、勤勉、慷慨、贞洁和节制，七重天（seven heavens）等。

在古老的西方传说与童话故事中，"7"这一数字同样扮演着重要角色。七个小矮人、七个仙女等形象频繁出现，它们不仅为故事增添了神秘与圆满的色彩，更是"7"作为完美数字在民间文化中的生动体现。以《白雪公主》为例，七个小矮人以其独特的性格与品质，共同构建了一个温馨和谐的小世界，而"7"这个数字，无疑为这个故事增添了一抹神秘而圆满的韵味。

在音乐艺术的殿堂里，"7"同样留下了深刻的印记。古典音乐中的七重奏，以其丰富和谐的音乐效果，成为对"7"所代表的完美境界的生动诠释。七种不同乐器的声音相互交织、配合，仿佛是在用音乐的语言讲述着关于"7"的神秘故事。

此外，在西方的占星学中，"七曜"的概念也深入人心。太阳、月亮、火星、水星、木星、金星、土星这七颗天体，被认为对人类的命运与性格有着深远的影响。它们不仅构成了占星学的基础，更进一步体现了"7"在西方文化各个领域中的广泛渗透与深远影响。从宗教到哲学，从民间传说到音乐艺术，再到占星学，数字"7"以其独特的魅力，在西方文化的长河中熠熠生辉。

2. 佛教、道教对汉语数字词的影响

佛教和道教作为中国传统文化的重要组成部分，对汉语数字词的影响深远而广泛。它们不仅赋予了数字特殊的宗教和哲学意义，还通过经典、仪式、艺术等形式将这些意义融入日常生活，丰富了汉语数字的文化内涵。

在佛教文化中，数字被赋予了深刻的象征意义。例如，数字"9"被视为极数，寓意尊贵与吉祥。佛教中的"九品莲花"象征修行者的不同境界，从凡夫到圣者的九个层次，展现了修行者逐步提升的过程，体现了佛教对修行境界的细致划分。此外，"九色鹿"的故事通过九色鹿的经历传达了佛教的因果报应思想，赋予"9"以圆满与神圣的象征意义。在佛教建筑中，"9"也常被用作设计元素，例如，佛塔的层数或佛像的数量，以表达对佛法的尊崇和对圆满境界的追求。佛教经典中还有许多与数字相关的概念，如"三宝"（佛、法、僧）、"八正道""六度"等，这些词汇逐渐融入汉语，成为日常用语，进一步丰富了汉语数字的文化内涵。

道教文化中，数字同样具有深刻的哲学和宗教意义。道教修炼功法、仪式等与数字组合密切相关，这些数字往往蕴含深刻的哲学思想与宗教寓意。例如，"三十六天罡，七十二地煞"共一百零八式的说法，源自道教对宇宙星辰的崇拜，这一数字组合不仅体现了道教对宇宙规律的认知，也反映了其"天人合一"的思想。此外，在道教仪式中，"三拜九叩"的礼仪规范体现了对天地人三才的尊崇，以及对神灵或尊长的极高敬意。这种礼仪形式不仅是一种宗教仪式，更反映了道教对天地人关系的深刻认知，以及对宗教信仰的虔诚态度。

（二）神话传说与民间故事的烙印

1. 英语数字词背后的西方神话传说

在希腊神话中，数字"12"占据着举足轻重的地位。奥林匹斯山上的十二主神，作为希腊神话的神祇核心，各自掌控着不同的领域，从天空到婚姻，从战争到艺术，无所不包。这十二位主神不仅构成了神话故事中错综复杂的神祇体系，而且他们的故事与相互之间的关系也贯穿了整个希腊神话的脉络，使得"12"在西方文化中成了完整与全面的象征。

这一数字的影响力深远，甚至渗透到了西方的历法之中。一年被划分为十二个月，这种划分或许正是受到了希腊神话中十二主神的启示，寓意着时间的循环往复与宇宙的完整和谐。

在西方文学与艺术创作领域，"12"的象征意义同样被赋予了丰富的内涵。当作家与艺术家们想要表达一种全面而丰富的概念时，他们往往会借鉴希腊神话中的十二主神，创作出诸如十二骑士之类的故事。这些骑士们，如同十二主神一样，各自拥有独特的性格、能力与使命，共同构建了一个完整且多元的英雄群体。例如，在中世纪的骑士文学作品《亚瑟王传奇》中，亚瑟王麾下的十二圆桌骑士便是一个生动的例证。他们围坐在象征着平等与团结的圆桌旁，每一位骑士都独具特色，有的勇猛果敢，有的智勇双全，有的医术高超。在亚瑟王的带领下，他们共同守护着王国，历经无数艰难险阻，展现出了"12"所代表的全面性与完整性在文学创作中的独特魅力。

此外，在西方的星座文化中，"12"同样扮演着重要的角色。黄道被划分为十二宫，每一宫都对应着一个星座，从白羊座到双鱼座，它们共同构成了人类性格、命运与运势的完整图谱。这一划分不仅体现了西方人对天体运行的深刻认识，也进一步印证了"12"在西方文化中构建完整体系的重要地位。

数字"3"除了在基督教中有神圣意义外，在希腊神话中也频繁出现。例如，三位命运女神（the Fates），她们分别负责纺织、丈量和剪断生命之线，决定着人类的命运走向。这种三位一体的形象设定在希腊神话中并不少见，它反映了西方文化中对"3"所代表的一种平衡和稳定结构的偏好。

在西方诗歌创作中，"3"的影响同样显著。诗人们常常采用三行诗节的形式，这种结构在某种程度上正是受到了希腊神话中"3"的启示。通过三行的巧妙组合，诗人们能够表达出一个完整而富有诗意的单元，使诗歌在结构和韵律上更加和谐统一，展现出独特的美感与稳定性。例如，但丁的《神曲》便是一部杰出的代表。这部伟大的诗作在结构上被巧妙地划分为《地狱》《炼狱》和《天堂》三个部分，每一部分又包含着众多精心构思的三行诗节。这种结构不仅使作品在形式上显得严谨而有序，更在内容的表达上通过"3"的反复运用，深刻探讨了人类灵魂的救赎与升华之路，从而展现了西方文化中"3"的结构美学在文学中的深远影响。

此外，在西方的戏剧创作中，"三一律"原则也体现了"3"的象征意义。这一原则要求戏剧创作在时间、地点和情节上保持一致性，通过对这三个要素的严格把控，使戏剧作品在结构上更加紧凑且富有逻辑性。这种原则的制定，无疑也在一定程度上受到了希腊神话中"3"的启发，进一步印证了"3"在西方文化中的重要地位及其对艺术创作产生的深远影响。

2. 汉语数字词蕴含的中国神话传说与民间故事

在中国古代神话传说中，数字"9"与龙有着密切联系。传说中龙生九子（nine sons of the dragon），这九子各有不同的形态和习性，分别承担着不同的职责和象征意义。例如，因牛喜好音乐，常被刻于琴头；睚眦好勇善斗，多被装饰在刀剑之上等。这些龙子的形象在中国古代建筑装饰、工艺美术等领域广泛应用，使得"9"在中国文化中与龙文化相互交融，进一步强化了其尊贵、神秘的象征意义。在一些古代宫殿建筑的屋脊上，会有龙子的雕像，既起到装饰作用，又蕴含着镇宅、祈福等文化寓意。例如，北京故宫的太和殿屋脊上，就装饰有龙子的雕像，它们形态各异，或张牙舞爪，或昂首挺胸，为宏伟的宫殿增添了一份神秘而威严的气息。

此外，在中国古代的神话故事中，"9"还以一种极数的概念出现，如"后羿射日"的故事中，后羿射下了九个太阳，只留下一个照耀大地。这一情节不仅展示了古代神话中对自然现象的丰富想象与描绘，更通过"9"这一数字，传达出一种极致与非凡的意境。这一故事不仅彰显了古代英雄的壮举与勇气，更通过"9"的象征意义，深化了人们对自然与宇宙的认知与敬畏。

在中国丰富多彩的民间故事中，"八仙过海"无疑是一个极具特色的传说，其中的数字"8"也因此在中国文化中占据了独特的位置。八仙，这八位仙人各自代表着不同的身份、性格与超凡能力，他们过海时各显神通的壮丽场景，不仅成了人们口耳相传的佳话，也让"8"这个数字在中国文化中焕发出了别样的光彩。

在中国文化中，"8"与"发"谐音，寓意着发财与繁荣，因此深受商业文化和日常生活的喜爱。无论是选择电话号码还是车牌号码，人们总希望能包含数字"8"，相信它能带来好运与财富。在商业活动中，这一数字更是备受追捧。传统的商业店铺在开业时，往往会特意挑选与"8"相关的日子，如初八等，以求生意兴隆、财源滚滚。这种对"8"的偏爱，不仅体现了人们对美好生活的向往，也彰显了"8"在中国文化中的独特地位。

在艺术创作领域，"八仙过海"的场景也常被描绘于绘画之中。画面中，八位仙人脚踏宝物，在波涛汹涌的大海上各展奇能，场面既奇幻又祥瑞，充满了浓厚的民间文化气息。这些绘画作品不仅展示了八仙的传奇故事，也让"8"这个数字因八仙的传奇而更加深入人心，成为中国民间文化中的一个重要符号。

此外，在建筑设计领域，"8"同样展现出了其独特的魅力。传统的八角形结构，如八角亭等，不仅视觉上美观和谐，更蕴含着"8"所代表的吉祥寓意。这种设计不仅体现了民间文化对数字"8"的喜爱，也展示了中国古代建筑艺术的精湛与智慧。

（三）历史文化传统与社会观念

1. 英语数字词反映的西方历史文化传统

在英国历史上，封建等级制度较为森严，数字"7""14"和"21"与骑士制度有着密切的关联。在中世纪的骑士文化中，成为一名骑士需要经历漫长的训练和考验。通常，男孩从 7 岁左右开始作为侍从（page），接受基础的骑士教育，包括礼仪、骑术和武器使用。到了 14 岁左右，他们晋升为扈从（squire），这标志着他们正式踏上了成为骑士的道路。作为扈从，他们开始接受更高级的训练，包括战斗技巧、战术策略、忠诚以及对领主的服务，同时也会跟随骑士参与实战，积累经验。直到 21 岁左右，他们才有资格通过正式的册封仪式成为骑士（knight）。

这些年龄节点在骑士文学和历史文献中频繁提及，构成了骑士成长叙事的核心要素，也深深烙印于西方中世纪的文化记忆之中。例如，在塞万提斯的经典小说《堂吉诃德》中，主人公堂吉诃德在幻想自己成为骑士的过程中，对中世纪骑士制度中的传统有着深刻的认知和向往。他尤其向往成为一名真正的骑士,尽管他的理解充满了浪漫化的幻想。在一些中世纪的城堡壁画中,我们常能见到描绘骑士册封的场景:身着华丽盔甲的骑士,单膝跪地,恭敬地接受领主的授剑,周围环绕着欢庆的人群与飘扬的旗帜。这一画面生动展现了骑士文化中所承载的荣耀与期望。

在西方的航海领域,数字"3"则扮演着另一番重要角色。一艘船若要在大海中稳健航行,三根桅杆的配置显得尤为重要,它们不仅关乎船只的稳定性与平衡感,更是远行探索的可靠保障。因此,"3"在航海文化中成了稳定、平衡与远航的象征。在描绘大航海时代的众多艺术品中,我们常常能见到三根桅杆挺立的帆船,在汹涌波涛中勇往直前,帆随风扬,气势恢宏,生动诠释了"3"在航海文化中的独特地位。航海日志中,船长们对三根桅杆状态的细致记录,更是体现了它们对于航行安全、速度与方向控制的关键作用。在西方航海术语中,"三角帆"等表述的广泛运用,也进一步证明了"3"在航海文化中的深远影响,它既是航海实践的实用体现,也是航海者心中那份对大海无限向往与征服精神的象征。

2. 汉语数字词体现的中国历史文化传统与社会观念

在中国古代文化中,数字"6"被赋予了吉祥的寓意,与"六六大顺"的美好愿景紧密相连。这一观念深深植根于古人对天地自然和谐以及社会秩序和谐的向往之中。在那个以农业为本的社会里,人们渴望风调雨顺、家庭和睦、社会安宁的理想生活状态,而数字"6"恰好成了这种顺遂与和谐状态的象征。因此,在诸如婚礼、乔迁等喜庆场合,人们倾向于选择包含"6"的日期,如农历的初六、十六等,以求得更好的兆头和祝福。

此外,在传统的礼仪文化中,"六礼"之说也彰显了数字"6"的吉祥寓意。这六礼包括纳采、问名、纳吉、纳征、请期、亲迎,每一步都蕴含着对婚姻制度的严谨态度和对家庭、社会关系的高度重视。在婚礼仪式中,从新郎家前往新娘家的迎亲队伍人数、礼品数量等,也常常与"6"有关,寄托着人们对婚礼顺利和婚后生活美满幸福的期盼。

而在古代官场文化中,"六部"的设置则体现了数字"6"在行政体系架构中的完整性。吏部、户部、礼部、兵部、刑部、工部这六个部门各司其职,共同管理国家政务,反映了古人对国家治理结构的精心规划与深刻认知。

相比之下，数字"4"在中国文化中的含义则显得复杂而多面。在音乐领域，尤其是古代音乐中，"4"对应的"徵"音在五声音阶及七声音阶中占据重要地位，常用于营造庄重、宏大的音乐氛围，体现了其在音乐理论与创作中的独特价值。然而，在汉语口语中，"4"因与"死"谐音，而在许多场合尤其是与生死相关的事情上被视为不吉利的数字。因此，在医院、殡仪馆等地，楼层、病房号等往往会避开数字"4"，一些电梯的楼层按钮也会用其他符号或空缺来代替"4"。这种对谐音所蕴含吉祥与忌讳观念的重视，是中国传统文化和社会心理在数字使用上的独特体现。

在商业楼盘销售中，开发商也会尽量避免推出4楼、14楼等楼层，或采用其他命名方式来迎合购房者的心理需求。而在一些传统的文学作品中，作者也会巧妙地利用"4"的谐音来营造特定的氛围或表达深刻的情感，如在描写悲伤、凄凉场景的诗词中提及与"4"相关的事物，以增强作品的感染力和艺术效果。

二、常见数字词在英汉语言中的多元语义与文化差异

（一）数字"一"（one）

1. 汉语中的语义与文化内涵

在汉语语境中，"一"承载着丰富的文化内涵与深刻的哲学意义。它首先象征着初始与起源，如"一元复始"，表示一个新的周期或年度的开端，寓意着新生与希望的萌芽。此外，"一"还体现了整体性和统一性的观念，如"一心一意"，强调专注、心无旁骛，将全部的心思和精力集中在一个目标上，体现了中国人对全神贯注、专心致志的推崇。在道家哲学中，"一"被视为万物之源，是宇宙生成序列的起点，如"道生一，一生二，二生三，三生万物"所示，这不仅是对宇宙起源的探索，也是对事物本质的一种深刻领悟。在文学领域，"一"常被用来描绘独一无二或超凡脱俗的意象，如"一览众山小"，不仅展现了诗人登高望远的壮阔景象，更凸显了其内心世界的独立与超越。

2. 英语中的语义与文化内涵

在英语文化中，"one"主要代表了单一性和独特性，如"one and

only"（独一无二的）用于强调某物或某人的无可替代性。这种用法与西方社会深植的个人主义价值观紧密相连，彰显了对个体独立性与特殊性的高度尊重和推崇。

在艺术领域，"one"的这一独特意义得到了进一步的延伸和彰显。当某个艺术家的作品被誉为"one of a kind"（独一无二的）时，这不仅是对其创作个性的极高赞誉，更是对其作品独特价值和不可复制性的深刻肯定。这种评价不仅凸显了艺术家个人的独特视角和创意，也体现了西方艺术界对创新、个性和差异性的高度重视。

（二）数字"三"（three）

1. 汉语中的语义与文化内涵

在汉语中，"三"这一数字常常被赋予众多、丰富的象征意义。例如，在"三人行，必有我师焉"这一古语中，"三"并非实指三个人，而是泛指多人同行，其中必有值得学习之处，这体现了中国人重视群体智慧、倡导相互学习的文化理念。

在传统文学和神话故事中，"三"的运用同样广泛而深刻。如"三顾茅庐"的故事，刘备三次拜访诸葛亮，才最终请得他出山辅佐，这里的"三"不仅强调了刘备的诚意和坚持不懈的精神，也增加了故事的情节性和感染力，使读者更能感受到刘备求贤若渴的迫切心情。

此外，"三皇五帝"作为中国古代早期文明和统治阶层的代表，其中的"三"同样象征着重要的历史时期和众多的领袖人物群体。这些领袖人物不仅在中国历史上留下了深刻的印记，也承载着古人对智慧、勇气和领导力的崇敬与向往。通过这些故事和传说，"三"在汉语中进一步被赋予了丰富的文化内涵和象征意义。

2. 英语中的语义与文化内涵

在英语文化里，由于受到基督教三位一体教义的深刻影响，"three"具有神圣、稳定的象征意义。除了前面提到的圣父、圣子、圣灵三位一体，在西方的文学作品结构上也常出现"三"的元素。例如，一些童话故事中，主人公常常会经历三次考验，如《金发姑娘和三只熊》中，金发姑娘对三只熊的家进行了三次探索，每次的经历都不同，通过三次情节的推进，使故事更加完整、富有层次，也暗示着一种稳定的叙事结构和神圣的秩序感，仿佛遵循着某种宗教或文化预设的模式，增强了故事的吸引力和寓意深度。

此外，在西方建筑美学中，"three"的象征意义同样显著。三角形被视为最稳定的几何结构，这一观念与"three"所代表的稳定性紧密相连。无论是建筑设计中的三角支撑，还是装饰艺术中的三元素运用，都体现了西方文化对"三"所承载的稳定、和谐理念的深刻理解和广泛应用。从宗教教义到文学创作，再到建筑美学，"three"在英语文化中扮演着多重角色，展现了其丰富的象征意义和深远的文化影响。

(三) 数字"七"（seven）

1. 汉语中的语义与文化内涵

在汉语文化中，"七"蕴含着神秘与奇幻的独特韵味。以"七夕节"为例，这一节日源自牛郎织女的浪漫传说，他们在农历七月初七通过鹊桥相会，使得"七"成为象征爱情与团圆的特殊数字。这一天，人们庆祝爱情，祈求幸福，赋予了"七"浓厚的浪漫色彩。

在古代丧葬习俗中，"头七"的观念深入人心，人们相信逝者去世后的第七天，其灵魂会重返人间。这一习俗反映了中国人对生死轮回、灵魂不灭的深刻信仰，"七"在其中承载着对逝者的深切缅怀和对生死奥秘的无限遐想。

此外，在传统武术领域，"七"同样扮演着神秘角色。诸如"七星步"等武术套路或功法，练习者需按照特定的北斗七星图案走位，据说这样的练习不仅能强身健体，还能修炼内功，达到超凡脱俗的境界。"七"在这里被赋予了一种神秘的力量，成为武术修炼中的重要指引。

2. 英语中的语义与文化内涵

在英语文化中，"seven"被赋予了完美与圆满的象征意义，这一观念深受上帝七天创造世界这一神话故事的影响。在音乐领域，这一数字得到了生动的体现——七声音阶（heptatonic scale）作为西方音乐体系的核心，通过七个音符构建出丰富多变的音乐旋律，为音乐的创作和表达提供了一个既完整又和谐的框架。

此外，在西方童话故事中，"seven"也扮演着重要角色。例如，《白雪公主和七个小矮人》中，七个小矮人各具特色，与白雪公主共同编织了一段温馨美好的故事。这里，"七"的运用不仅丰富了故事的人物关系，还使得整个故事结构更加圆满，仿佛是对"seven"所代表的完美境界的一种寓言式叙述。

（四）数字"八"（eight）

1. 汉语中的语义与文化内涵

在汉语文化中，"八"因与"发"谐音，而被赋予了发财、富裕的吉祥寓意，深受人们的喜爱。在商业领域，这一数字的应用尤为广泛。商家开业时，往往会特意挑选含有"八"的日子，如农历八月初八等，以期盼生意兴隆、财源滚滚。在电话号码、车牌号码以及门牌号等数字的选择上，人们也普遍偏好包含"八"的组合，相信这样的数字能带来好运和财富。

此外，在传统建筑设计中，"八"同样扮演着重要角色。例如，"八角楼"的设计不仅造型美观独特，还蕴含着吉祥的象征意义。八角形的结构寓意着居住者或使用者能够财源广进、八面玲珑，象征着好运连连和良好的人际交往。这种设计理念不仅体现了汉语文化中对数字的独特情感，也展示了古人对美好生活的向往和追求。

2. 英语中的语义与文化内涵

在英语文化中，"eight"并不像汉语中的"八"那样与发财等吉祥寓意紧密相关，而是更多地作为一个普通的数字被广泛应用。尽管如此，在西方的一些文化习俗或传统活动中，"eight"仍然具有其特定的意义。

例如，在某些体育比赛中，如八人制足球赛（eight-a-side football），"eight"仅用于明确参赛队伍的人数，并不承载额外的文化象征意义。同样地，在西方的数学和科学领域，"eight"作为一个基本的数字元素，参与各种运算和概念构建，如八面体（octahedron）等几何图形的定义。在这些专业领域中，"eight"主要依据其数学和几何属性发挥作用，而并未形成广泛的文化象征层面的独特性。

（五）数字"九"（nine）

1. 汉语中的语义与文化内涵

汉语中的"九"被视为极数，象征着尊贵与至高无上。在古代，帝王常被尊称为"九五之尊"，"九"在此处代表了皇权的无上威严与地位的崇高。这一数字也深深影响了传统建筑的设计，例如，北京故宫中的许多建筑装饰与布局均与"九"紧密相关，九龙壁上的九条活灵活现的龙雕，不仅展示了皇家的祥瑞之气，更彰显了其权威与尊贵。

在文化艺术领域，《九歌》作为中国古典诗歌的瑰宝，其名字中的"九"不仅体现了作品的丰富性与重要性，更涵盖了多种祭祀场景与深沉的情感表达，是古代文化艺术中不可多得的珍品。

此外，在民间习俗中，"九九重阳节"同样彰显了"九"的独特意义。这一天，人们会登高望远、赏菊插茱萸，庆祝农历九月初九这一特殊的日子。"九"在此不仅表示日期，更蕴含着长久、长寿的美好寓意，体现了对老年人健康长寿的深切祝福与对生命长久的无限向往。这些习俗与观念共同构成了汉语文化中"九"这一数字的丰富内涵与深远影响。

2. 英语中的语义与文化内涵

在英语文化中，"nine"虽然不像汉语中的"九"那样具有明确的尊贵极数象征，但在文学作品和传说中仍有着独特的体现。古希腊神话中的缪斯女神共有九位（the Nine Muses），她们各自掌管不同的艺术领域，如诗歌、音乐、舞蹈等，被誉为艺术灵感的源泉，这一形象赋予了"nine"在艺术领域的一种特殊韵味。

此外，在表达概率或可能性时，"nine times out of ten"（十有八九）这一短语在英语中常被使用，这里的"nine"主要作为数量上的表达，用来形容情况发生概率较高。这种用法与汉语中"九"所承载的尊贵、极数等概念存在显著差异，体现了两种文化对同一数字的不同理解和运用方式。

（六）数字"十"（ten）

1. 汉语中的语义与文化内涵

在汉语文化中，"十"象征着完整与圆满，这一理念在成语"十全十美"中得到了生动的体现，该成语用来形容事物完美无缺，达到了极致的状态。十进制作为中国传统计数系统的基础，进一步强化了"十"在人们心中作为完整计数周期的意义。

在历史文化层面，"十"同样承载着丰富的内涵。古代有"十恶不赦"的说法，这里的"十恶"指的是严重危害封建统治秩序的十种重大犯罪，它们被列举出来，作为不可饶恕的罪行。这一说法不仅反映了"十"在列举完整、具有代表性事物方面的作用，还体现了封建时期的法律和道德观念，即这十种罪行被视为罪大恶极，必须受到严厉惩罚。

此外，在民俗活动和传统仪式中，"十"也扮演着重要角色。例如，在某些祭祀仪式上，人们会供奉数量为"十"的祭品，以此来表达对神灵或祖先的虔诚敬意。这种供奉方式象征着一种完整、全面的敬意，体现了"十"在传统文化中的特殊地位。

2. 英语中的语义与文化内涵

在英语文化中，"ten"同样蕴含着完整的意义。以"top ten"（前十名）为例，无论是在音乐排行榜、体育赛事排名，还是其他领域的评选中，"top ten"都代表着最优秀的、排名前列的群体，意味着从众多对象中精心挑选出的、具有广泛代表性的优秀集合，展现了"ten"作为完整集合的象征。

此外，在《圣经》故事中，"十诫"（the Ten Commandments）作为上帝赐给以色列人的重要戒律，涵盖了道德、宗教仪式等多个方面，构成了基督教徒生活和信仰的基本框架。"ten"在这里不仅象征着完整的、不可或缺的宗教教义和行为规范体系，还体现了其在西方宗教文化中的核心地位。这一用法反映了西方文化对"ten"所代表的完整性在宗教和道德观念构建中的深刻理解和广泛应用。

（七）数字"十二"（twelve）

1. 汉语中的语义与文化内涵

在汉语文化中，"十二"同样承载着完整与丰富的象征意义。最为典型的例子便是十二地支，即子、丑、寅、卯、辰、巳、午、未、申、酉、戌、亥。这些地支与十天干相结合，共同构成了中国传统的干支纪年法，这一体系不仅用于纪年、纪月、纪日、纪时，还深刻体现了中国人对时间循环与万物变化规律的独到见解，展现了时间的完整记录框架。

在古代音乐领域，"十二律吕"同样彰显了"十二"的完整性。这一音律体系包含了黄钟、大吕等十二个不同的音高，它们相互协调，共同应用于音乐演奏与音律理论研究之中，充分展示了中国古代音乐文化的博大精深与和谐之美。

此外，在文学作品与民间传说中，"十二"也常被用来描绘数量众多或群体完整的场景。例如，《红楼梦》中的"十二金钗"，便是指贾宝玉身边的十二位各具特色的美丽女子。她们不仅形象鲜明，而且各自拥有独特的性格特点，共同构成了一个完整而丰富多彩的女性群体形象，成为书中描绘贵族生活与复杂人物关系不可或缺的重要元素。

2. 英语中的语义与文化内涵

在英语文化中，"twelve"的完整性象征与希腊神话中的十二主神紧密相连，这些主神构成了西方神话体系的核心神灵群体，为"twelve"赋予了深远的文化意义。这一完整性概念在西方文化的多个领域都有所体现。

在商业与日常生活中，"dozen"（一打）这一计数单位也凸显了"twelve"作为完整数量单位的重要性。一打等于十二个，这一概念在商品交易、日常购物等场景中广泛应用，如"a dozen eggs"（一打鸡蛋）等表达方式，既体现了"twelve"作为计数单位的便捷性，也反映了西方文化中对"twelve"作为完整数量概念的普遍认可与接受。

（八）数字"百"（hundred）

1. 汉语中的语义与文化内涵

在汉语中，"百"常被用来表示数量众多，这一含义在多个语境中得到了生动的体现。"百步穿杨"这一成语，通过描述能在百步之外射中杨柳叶子的高超箭术，用"百"来强调距离的遥远，从而凸显射箭者技艺的非凡与精湛。"百家争鸣"则描绘了春秋战国时期学术流派众多、思想活跃的繁荣景象。这里的"百"象征着学派数量之多，展现了当时社会文化的多样性和丰富性，以及人们追求真理、勇于探索的精神风貌。在传统的祝福语中，"百年好合"被用来祝愿新婚夫妇婚姻长久美满。这里的"百"不仅代表着时间的漫长，更蕴含着对幸福生活的深深期盼和美好祝愿，体现了人们对长久和谐关系的向往与追求。

此外，在中国古代的官制和行政区划中，"百"也被用于界定一定的数量规模。如"百里侯"等说法，其中的"百里"表示一个区域的范围，体现了古代社会对于地域划分和管理理念的独特理解。

2. 英语中的语义与文化内涵

在英语文化中，"hundred"同样表示数量多。例如"a hundred and one"（一百零一）这个短语，常被用来形象地表达数量繁多，如"a hundred and one things to do"即表示有无数的事情需要处理，这里的"hundred"起到了夸张的作用，以强调数量的庞大。

在历史与军事领域，"the Hundred Years' War"（英法百年战争）这一名称并非精确指战争持续了一整百年，而是用以形容战争历时之久、过程之复杂。"hundred"在这里作为夸张手法，凸显了战争的漫长与残酷，加深了人们对这一历史事件的印象。

此外，在西方的计数习惯与表达方式中，"hundred"扮演着重要的角色。例如，在货币计数方面，一百便士等于一英镑，这种以"hundred"为单位的换算方式不仅简化了计算过程，还体现了"hundred"在经济生活中的广泛应用和作为数量参照的重要性。

（九）数字"千"（thousand）

1. 汉语中的语义与文化内涵

在汉语中，"千"这一数字蕴含了数量极大、程度极深的内涵。成语"千钧一发"通过"千钧"这一重量极大的表达，强调了情况的万分危急，用"千"来突出危险的严重程度。而"千山万水"则描绘了路途的遥远与艰难险阻的众多，"千"与"万"的结合，进一步强化了路途的漫长与困难的深重。

在古代文学作品中，"千古"常被用来形容年代久远或具有深远历史意义的事物。例如，"千古绝唱"便是指某一文学作品或言论具有极高的艺术价值与历史意义，能够流传千古，这里的"千"体现了时间的漫长与文化价值的不朽。此外，在传统文化观念中，"千金"原指巨额钱财，后来也引申为对女子的尊称，如"千金小姐"，用以表达对其的珍视与尊重，"千"在此处象征着极高的价值。

2. 英语中的语义与文化内涵

在英语文化中，"thousand"同样承载着数量众多的含义。短语"thousands upon thousands"用于强调数量之多，如"Thousands upon thousands of people attended the concert."（成千上万的人参加了音乐会），展现了"thousand"在描述大量人群时的生动与形象。

在计数与统计领域，"thousand"作为重要的计数单位，广泛应用于人口数量、经济数据等方面的描述，帮助人们更准确地把握大量数据与现象。同时，在西方的宗教文献与文化表述中，"thousand"也被用来象征漫长的时间，如在对世界末日等宗教预言的描述中，其大量与长时间的内涵得到了充分体现。

第五章 英汉思维模式对比

思维模式，作为人类认知体系的基石，不仅构建了我们观察世界、理解事物以及进行认知与推理的内在框架，而且与文化紧密相连，成为连接个体认知与文化传承的桥梁。这种深刻而微妙的联系，使得思维模式成为探索不同文化背景下人类行为、思维方式及文化表现的关键所在。

思维模式与文化的关系是多层面且深远的。它不仅映射出一个民族独特的文化心理特征，如价值观、世界观和审美情趣，还作为一种内在驱动力，对文化心理的各个层面产生深远影响。从物质文化中的建筑风格、手工艺品，到制度文化中的政治体制、法律体系，再到行为文化中的礼仪习俗、社交方式，以及精神文化中的哲学思想、宗教信仰，思维模式都在其中留下了不可磨灭的印记。这种印记不仅塑造了文化的独特性，还影响了文化的传承、演变和发展方向。

同时，思维模式与语言之间的相互作用同样值得深入探讨。思维模式作为语言生成的内在动因，对语言的结构、词汇的选择以及语法规则的形成具有决定性影响。而语言，作为思维的外在表现形式，不仅承载着思维的内容，还通过其丰富性和复杂性进一步拓展和深化了思维模式。这种相互作用使得语言成为思维模式的一面镜子，反映了不同文化背景下人们的思维方式和认知习惯。

在跨文化交流中，思维模式的差异往往成为理解偏差和表达障碍的根源。英汉两种语言背后的思维模式存在显著差异，这使得在跨文化交流中准确传递信息、理解对方意图变得具有挑战性。因此，深入了解英汉思维模式的差异，对于促进跨文化交流、提升语言学习能力和优化翻译实践具有重要意义。

本章将从综合性思维与分析性思维、直觉思维与逻辑思维、形象思维与抽象思维、主体思维与客体思维以及螺旋式思维与直线式思维等多个维度对英汉思维模式进行系统的对比研究，旨在揭示英汉两种语言背后的思维奥秘，帮助读者更深入地理解两种文化的深层含义和认知习惯。这不仅有助于打破因思维差异造成的沟通障碍，促进更加顺畅和谐的文化交流与互动，还能为跨文化沟通、语言教学及翻译实践提供有益的参考和启示。

第一节　综合性思维与分析性思维

一、汉语综合性思维

综合性思维，作为一种全面、系统且辩证地审视问题的思维方式，强调整体与部分、宏观与微观、静态与动态之间的内在联系与相互作用。在汉语的语境中，这种思维方式得到了淋漓尽致的展现，它贯穿于对事物全貌的精准把握、对整体与部分关系的深刻理解，以及对事物发展变化的敏锐预测之中。

汉语句子结构的灵活性，以及通过意合方式将各成分紧密相连的表达习惯，正是综合性思维在语言层面的生动体现。逻辑连词在汉语中的使用并非必须，多数情况下会被省略。但这并不影响读者对句子意境与逻辑关系的整体把握。以描述清晨场景为例，汉语可以如此表达："太阳初升，鸟鸣欢畅，露珠晶莹，空气清新。"这四个并列的短语各自勾勒出清晨的不同景致，虽未使用明确的逻辑连词，但读者仍能鲜明地感受到它们之间的和谐共生与整体氛围的营造。这种表达方式既简洁凝练，又富含视觉美感，充分展现了汉语的独特魅力。

中国古典诗词更是汉语综合性思维的典范。诗人通过一系列意象的巧妙组合与描绘，构建出一幅幅绚丽多彩的画面，让读者在整体上感受诗歌的意境与美感。如李白的《静夜思》，诗人以月光、霜华、明月等意象为线索，营造出一种宁静而深邃的意境，让读者在品味中感受到诗人的思乡之情。这种意境的营造正是综合性思维在文学创作中的生动展现。

中医理论也充分彰显了汉语综合性思维的特点。中医从整体角度看待人体健康，强调阴阳平衡、五行相生相克等整体观念。在诊断和治疗过程中，中医医生会综合考虑患者的整体状况与个体差异，制定出个性化的治疗方案。他们不仅关注患者的症状表现，还注重患者的体质、情绪、生活习惯等多方面因素。这种综合性思维方式使得中医在治疗慢性病、调理亚健康状态等方面具有独特的优势与魅力。

在中国社会生活中，综合性思维同样发挥着重要作用。例如，在处理人际关系时，中国人注重和谐共处、互相尊重与理解。他们不仅关注个人的利益与感受，还注重整个社会的和谐稳定与共同发展。这种思维方式使得中国人在处理人际关系时更加灵活与包容，能够妥善应对各种复杂的社会问题与挑战。

二、英语分析性思维

分析性思维，作为一种将事物拆解为各个组成部分进行深入研究和剖析的思维方式，其核心在于对细节的精准把握和逻辑关系的清晰梳理。通过层层递进的分析，这种思维方式能够揭示事物的本质特征和内在规律。在英语语境中，分析性思维不仅深刻影响着对事物本质的理解，还广泛渗透于语言表达、科学实验及商业决策等多个层面。

英语句子的结构严谨且富有逻辑性，其形合的语言特点充分展现了分析性思维的魅力。在分析性思维的主导下，英语句子在构建时更加注重形式上的精确性和逻辑性。时态、语态、数、格等丰富的形态变化被巧妙地用来调控句子结构，使得整个句子条理清晰、层次分明。动词作为句子的核心，通过其形态变化（如时态、语态等）精确地控制着句子的主要动作和时态背景，其他语法元素，如名词、代词、形容词、副词、连词等，则紧密围绕这个核心，共同构建起一个能够精确表达各种语法关系和逻辑关系的句子框架。[①]

以句子"After he had finished his homework, John went to play football with his friends."为例，连词"After"明确指出了前后两个动作之间的时间顺序，即"在做完作业之后"。动词"had finished"采用过去完成时，精确地表达了"做作业"这一动作是在"去踢足球"之前就已经完成的。主语"John"清晰地表明了动作的执行者，而"his homework"和"his friends"则分别通过形容词性物主代词"his"与名词"homework"和

---

① 张文瑞. 英汉思维模式差异对英汉语言影响的探析［J］. 作家天地，2023（22）：94-96.

"friends"的结合，指明了作业是 John 的，朋友也是与 John 相关联的，从而明确了动作的相关对象。整个句子结构紧凑、条理清晰，逻辑关系一目了然，这充分体现了英语形合的语言特色以及分析性思维在句子构建中的巧妙运用。

在科学实验中，西方人同样注重分析性思维的应用。他们会对实验设计进行详尽的规划和实施，以确保实验的准确性和可靠性。例如，在生物学实验中，西方人可能会设计一系列对照实验来验证某个假设的正确性。他们严格控制实验条件，确保实验组和对照组之间仅存在一个变量差异，从而得出准确的结论并验证假设的正确性。这种分析性思维方式使得西方人在科学实验中能够准确地揭示事物的本质和规律。

在商业决策中，分析性思维同样发挥着重要作用。西方人会对市场趋势、竞争对手、客户需求等多方面因素进行深入分析，以制定出合理的商业策略。在制定营销策略时，他们会通过市场调研和数据分析来了解消费者的需求和偏好，从而制定出更具针对性的营销策略。这种分析性思维方式使得西方人在商业竞争中能够更准确地把握市场动态和客户需求，制定出更加科学、合理的商业策略。

三、思维差异的根源

（一）文化根源

汉语综合性思维与英语分析性思维的差异，首先根植于中西方文化的深厚土壤之中。中国传统文化深受儒家、道家等哲学思想的影响，强调"天人合一"、和谐共生以及整体观念的重要性。儒家思想中的"仁爱"和"礼治"，体现了从整体社会关系出发，追求社会和谐的价值取向；而道家思想中的"道法自然"，则进一步强化了人与自然和谐统一的整体观念，促进了综合性思维模式的形成。

相比之下，西方文化则更多地受到古希腊哲学和科学精神的影响。古希腊哲学家如苏格拉底、柏拉图和亚里士多德等，都强调对事物的精确认识、分类和逻辑推理能力的发展。这种文化传统使得西方人在面对问题时，更倾向于将其分解为各个部分进行细致研究，从而形成了分析性思维模式。

（二）经济根源

经济因素也是塑造中西方思维方式的重要因素之一。中国长期以农业经济为主导，这种生产方式使得人们更加关注整体的气候、土壤等自然条件对农作物生长的影响，以及整体的社会经济环境对农业生产的影响。在这种背景下，综合性思维模式得到了强化，因为人们需要综合考虑各种因素来制定农业生产计划。

而西方商业经济发达，商业活动注重精确计算和逻辑推理以及对市场动态的敏锐洞察。在商品交易过程中，对商品的质量、价格、利润等细节进行深入的分析和计算是必不可少的。这种对细节的精确把握和逻辑推理的需求，推动了分析性思维模式在西方社会中的广泛应用和发展。

（三）教育根源

教育体系也是塑造中西方思维方式的关键因素。中国教育体系注重培养学生的综合能力和整体观念，强调对知识的全面理解和掌握。例如，在语文课程中，学生需要阅读并理解整篇文章的主旨和意图，而不仅是关注单个句子的意思。这种教育方式有助于培养学生的综合性思维能力。

而西方教育体系则更注重培养学生的分析能力和批判性思维。在数学、科学等课程中，学生需要解决复杂的问题，进行逻辑推理和实验验证。这种教育方式有助于培养学生的分析性思维和逻辑推理能力。

四、影响和启示

（一）跨文化交流与理解

了解汉语综合性思维与英语分析性思维的差异，有助于促进跨文化交流与理解。在全球化日益加深的今天，不同文化背景的人们需要进行有效的沟通和合作。通过了解彼此的思维方式和表达习惯，可以减少误解和冲突，增进相互理解和信任。

例如，在商务谈判中，中国人可能更注重整体利益和长期合作关系的建立，而西方人则可能更注重具体条款和短期利益的保障。了解这些差异后，双方可以更加灵活地调整谈判策略，寻求共同利益点，从而实现双赢。

（二）教育体系改革与创新

汉语综合性思维与英语分析性思维的差异也为教育体系改革与创新提供了启示。教育体系应该注重培养学生的多元思维能力，既注重综合能力的培养，又加强分析能力和批判性思维的培养。

例如，在语文课程中，可以引入更多关于逻辑推理和批判性思维的教学内容，帮助学生提高分析问题和解决问题的能力。在数学和科学课程中，则可以注重培养学生的创新意识和实践能力，鼓励他们进行跨学科的学习和探索。

（三）创新思维与经济发展

了解不同思维方式的特点和优势，有助于激发创新思维并推动经济发展。综合性思维注重整体把握和宏观视野，有助于发现新的市场机会和商业模式；而分析性思维则注重细节把握和逻辑推理，有助于优化产品设计和提高生产效率。

例如，在科技创新领域，综合性思维可以帮助创新者从整体上把握技术趋势和市场需求，从而提出具有前瞻性和创新性的解决方案。而分析性思维则可以帮助创新者对产品进行精细化设计和优化，提高产品的竞争力和用户体验。这种综合与分析的结合，有助于推动科技创新和经济发展。

第二节　直觉思维与逻辑思维

一、汉语直觉思维

直觉思维是指人们在面临新问题、新事物和现象时，能迅速理解并作出判断的思维活动，它不依赖于严格的逻辑推理，而是基于人们的经验、知识和潜意识等，以一种直接、快速且未经明显逻辑步骤的方式得出结论或洞察事物本质。它具有迅速、直接和本能意识等特点。在汉语思维中，直觉思维占据一定比重，这体现在日常生活的语言表达、艺术创作以及哲学思考等多个方面。

在语言表达层面，汉语中的很多成语、俗语和谚语等，都是直觉思维的结晶。例如，"心有灵犀一点通"，这句话虽简短，却深刻表达了人与人之间无须言语便能心意相通的默契。又如，"踏破铁鞋无觅处，得来全不费工夫"，形容经过长时间的艰难寻找后，意外地找到了目标。这些表述看似缺乏逻辑推导，但读者却能凭借直觉和生活经验迅速领悟其含义。

在文学创作方面，直觉思维是营造独特艺术氛围的关键。许多作品，特别是那些与绘画相结合的写意诗，便是直觉思维的直接产物。例如，某些题于画作之上的诗意文字，诗人仅凭对画作的直觉感受，便能挥毫泼墨，写下如"远看山有色，近听水无声。春去花犹在，人来鸟不惊"般的佳句。这些诗句不仅精准捕捉了画面的直观美感，更以简洁凝练的语言，勾勒出画作中深邃的意境，使读者即便未见画作，仅凭诗句亦能凭借直觉感受到那份空灵与美妙。

王维的《山居秋暝》同样是直觉思维在诗词创作中的典范。"空山新雨后"，仅寥寥数字，便通过"空山"与"新雨"这两个意象的巧妙结合，营造出一种清新脱俗、超凡入圣的意境，仿佛引领读者穿越时空，亲身步入雨后初晴的空山之中，感受那份宁静与和谐。这种意境的营造，正是诗人凭借直觉对自然景象的深刻感悟与细腻表达，展现了直觉思维在艺术创作中的无穷魅力。

在哲学思考方面，汉语直觉思维强调对"道"的领悟和体悟。道家哲学中的"道"，远非言语所能精确描绘或逻辑所能严密推导的常规概念，它蕴含的是一种深邃而微妙的宇宙真理，超越了语言表述与逻辑推理的界限，要求人们凭借内心的深切体悟与直觉的敏锐洞察来把握。这种对"道"的深刻领悟与体悟，正是直觉思维的体现。在哲学思考中，直觉思维帮助人们跨越常规逻辑与言语的局限，直接触及事物的本质和真理。

二、英语逻辑思维

逻辑思维是人们在认识事物的过程中，借助概念、判断、推理等思维形式，能动地反映客观现实的理性的认识过程。它建立在因果关系之上，具有规范性、严密性、确定性和可重复性的特征。在英语思维中，逻辑思维占据主导地位，这体现在语言表达、科学研究以及法律条文等多个方面。

在语言表达层面，英语句子的构造严格遵循语法框架和逻辑序列，这不仅体现在简单的陈述句中，更在复合句和复杂句中得到了淋漓尽致的展现。例如，"If you want to succeed, you must work hard." 这样的条件句，不仅通过"if"明确指出了成功的前提——努力工作，还体现了逻辑上的必然联系。再如，"Because he was late, he missed the train." 中的原因状语从句，以"because"为桥梁，清晰阐述了迟到与错过火车之间的直接因果关系。英语中丰富的连词、从句结构以及时态、语态的灵活运用，使得语言表达更加精确、层次分明，逻辑链条紧密相连。

科学研究领域，以英语为主要语言的国家的科学家尤为重视实验设计的科学性和数据分析的严谨性，这是逻辑思维在科研实践中的直接体现。他们不仅遵循假设驱动的研究范式，还通过精细的实验设计（如双盲实验）来控制变量，确保实验结果的客观性和可靠性。在数据分析环节，统计学方法成为不可或缺的工具，通过计算概率、置信区间等手段，科学家能够科学地评估实验数据的显著性和可信度，进而基于逻辑推理得出结论，推动科学知识的进步。

法律体系中，以英语为主要语言的国家的法律条文以逻辑严谨、表述精确著称，这不仅是法律专业性的要求，也是维护法律公正与权威的基础。法律术语的严格界定、权利与义务的清晰划分，以及合同条款的详尽说明，都体现了逻辑思维在法律条文制定和执行中的重要作用。这种逻辑上的严密性，不仅有助于减少法律解释中的歧义和争议，还确保了法律适用的公平性和一致性，有效保护了公民的权利，维护了社会秩序。

文学创作，特别是西方的推理小说，是逻辑思维在文学领域的精彩演绎。柯南·道尔的《福尔摩斯探案集》便是一个典范，福尔摩斯以其敏锐的观察力、非凡的分析能力和严密的逻辑推理，逐步解开一个个复杂案件的谜团。小说中，每一个线索、每一次推理都紧密相连，环环相扣，构成了一个个逻辑严密、引人入胜的故事。这让读者在享受阅读乐趣的同时，也深刻感受到了逻辑思维的力量与魅力。

三、思维差异的根源

(一) 哲学根源

中国传统哲学如道家、禅宗等，强调内心的体悟和对自然、宇宙的直觉感知。这种哲学思想影响了汉语思维中的直觉倾向。道家追求对"道"的直觉把握，认为"道"是宇宙万物的根源和本质，只有通过内心的体悟才能把握其真谛。禅宗则提倡"顿悟"，认为通过瞬间的觉悟可以超越生死轮回达到涅槃的境界。这种对直觉和顿悟的强调，使得汉语思维在直觉方面表现出独特的优势。

而西方哲学从古希腊时期就注重逻辑推理和理性思辨。亚里士多德的逻辑学为西方逻辑思维的发展奠定了基础。他认为思维应该遵循一定的规则和原则进行推理和判断。这种对逻辑推理的强调使得英语思维在逻辑方面表现出严谨和理性的特点。

（二）文化背景

中西方文化背景的差异，也是导致直觉思维与逻辑思维差异的重要原因。中国文化注重个人修养和内心感悟，强调人与自然的和谐共生。这种文化背景使得汉语思维更加倾向于直觉和感悟，通过内心的体悟来把握事物的本质。而西方文化则注重科学精神和理性思辨，强调对客观世界的探索和分析。这种文化背景使得英语思维更加倾向于逻辑和推理，通过严密的逻辑论证来认识和理解事物。

（三）社会结构

中西方社会结构的差异也对思维方式产生了影响。中国传统社会结构相对封闭和稳定，人们的交往方式和生活方式相对固定。这种社会结构使得汉语思维更加倾向于经验主义和直觉判断，通过长期的观察和积累来形成对事物的认知。而西方社会结构相对开放和多元，人们的交往方式和生活方式更加灵活多变。这种社会结构使得英语思维更加倾向于理性和创新，通过逻辑推理和批判性思维来应对复杂多变的社会环境。

（四）教育与学术传统根源

中国教育传统注重个人的感悟和体验。在古代书院教育中，学生通过诵读经典、聆听师长教诲来领悟知识和人生的真谛。这种教育方式强调直觉和感悟的培养，使得学生在直觉思维方面具有较强的能力。同时，中国的文学创作也注重意境的营造和情感的表达，这种创作方式也促进了直觉思维的发展。

而西方教育则从一开始就强调逻辑训练。在学校课程中，数学、逻辑学等学科占据了举足轻重的地位，成为培养学生逻辑思维的关键途径。这些学科不仅通过系统的理论讲授与实践操作，让学生在解决实际问题的过程中逐步掌握逻辑思维的精髓，还注重通过案例分析、讨论交流等方式，提升学生的逻辑推理与判断能力。

四、影响与启示

（一）文化交流与理解的深化

了解直觉思维与逻辑思维的差异，为增进中西方文化交流与理解提供了新视角。在跨文化交流中，理解并尊重对方的思维方式是建立有效沟通、深化合作的基础。

以商务谈判为例，当与来自不同文化背景的合作伙伴交流时，了解并适应对方的思维方式至关重要。若对方更倾向于直觉思维，我们可通过情感共鸣和直观表达来建立信任，例如，分享个人经历或成功案例，以情感为纽带拉近彼此距离。而若对方注重逻辑思维，我们则需准备详尽的数据报告和逻辑严密的论证，以客观事实和数据说话，展现专业性和严谨性，从而赢得对方的信任与尊重。忽视对方思维方式的特点，可能导致沟通不畅，甚至影响合作关系的建立。

（二）教育方式的互补与融合

在教育领域，直觉思维与逻辑思维各有优势且可以相互补充。中国的直觉教育方式有助于培养学生的创新能力和直觉洞察力；而西方的逻辑教育方式则有助于培养学生的严谨思维和逻辑推理能力。将两者相结合，可形成互补的教育方式，既注重学生的直觉感悟，又强调逻辑思维的训练。

在课程设置上，学校可借鉴西方的逻辑学、数学等课程，培养学生的逻辑思维能力，提升他们分析问题、解决问题的能力。同时，也可保留并加强文学、艺术等课程，通过培养学生的直觉感悟能力，激发他们的想象力和创造力。这种结合直觉与逻辑的教育方式，有助于培养学生的综合素质和创新能力，为他们未来的学习和工作奠定坚实基础。

（三）个人思维发展与创新

对于个人而言，了解直觉思维与逻辑思维的差异有助于更好地认识自己的思维方式，并尝试拓展和提升自己的思维能力。通过借鉴西方的逻辑思维方法，我们可以提高自己的分析能力和推理能力，学会用客观、理性的眼光看待问题，避免主观臆断和片面性。同时，保持和发扬汉语的直觉思维优势，可保持对事物的敏感性和洞察力，善于捕捉和领悟生活中的细微变化和潜在机遇。

在创业过程中，这种结合直觉与逻辑的思维方式尤为重要。创业者可运用直觉思维捕捉市场机遇和灵感，发现潜在的市场需求和商业机会。同时，运用逻辑思维制定详细的商业计划和风险评估，确保项目的可行性和成功率。这种结合直觉与逻辑的思维方式，有助于创业者在复杂多变的市场环境中保持敏锐洞察力和理性决策能力，从而推动个人事业的成功与发展。

第三节 形象思维与抽象思维

一、汉语形象思维

形象思维，是一种倾向于通过具体的形象、实例和直观经验来认知和解读世界的思维方式。它强调直观感知与实际体验，善于捕捉并表达事物的形象特征，以此把握抽象的概念或深层的道理。这种思维方式具有鲜明的形象性、直观性和经验性，常借助生动的意象、巧妙的比喻和丰富的象征等手法，使表达更加直观明了，易于理解和记忆。

在汉语中，形象思维深深植根于汉字、日常语言、文学创作乃至整个文化体系之中。汉字作为汉语的基石，其象形特点如"日""月""山""水"等，直观展现了事物的形状，是形象思维在语言文字中的直接体现。而汉字的象形特性并不仅限于简单的自然景物，更在复杂场景和抽象概念的描绘中得到了巧妙的运用。如"休"字，生动地描绘了一个人依靠在树下休息的场景，传达了休息的概念；而"泪"字，则巧妙地融合了"水"

与"目",形象地描绘了眼泪从眼中流淌而出的情景。此外,汉字中的形声字,如"江""河",通过声旁与形旁的完美结合,既保留了字音,又巧妙地暗示了字义,进一步彰显了汉语形象思维的独特魅力与深厚底蕴。

汉语中的成语、俗语和俚语,同样是形象思维的生动展现。这些表达方式以具体的形象来传达抽象的道理,使语言更加生动有趣。如"画蛇添足",通过描绘一个人画蛇时多此一举地添上脚的形象,巧妙地揭示了做事过头反而不好的道理;而"胸有成竹"则通过比喻在画竹子前心中先有竹子的形象,形象地表达了做事前已有周密计划的含义。这些表达不仅易于理解,而且富有幽默感和趣味性,为汉语交流增添了丰富的色彩。

在文学作品中,汉语形象思维得到了更为深入的展现。作家们通过细腻的笔触和生动的描写,将人物、景物和情感刻画得栩栩如生。如李煜的词句"问君能有几多愁?恰似一江春水向东流",将抽象的愁绪比作滔滔不绝的江水,使情感更加具体可感;又如杜甫的《春夜喜雨》中,"随风潜入夜,润物细无声"一句,形象地描绘了春雨的细腻和滋润,传达了诗人对春雨的喜爱与赞美。这些形象生动的描写不仅增强了作品的感染力,更使读者在阅读过程中能够产生强烈的共鸣与深刻的情感体验。

二、英语抽象思维

抽象思维,是一种侧重于运用概念、判断和推理来阐述思想、原理或情感的思维方式。它强调理性分析、逻辑论证与理论构建,通过抽象化的语言引导听众或读者进行深入的理性思考与理解。在英语中,抽象思维广泛渗透于学术论述、科学探讨、哲学思考以及专业交流等多个领域。

英语词汇中富含大量的抽象名词,这些名词涵盖了广泛的概念和领域,如"democracy(民主)""justice(正义)"和"philosophy(哲学)"等,它们都是对现代社会中重要概念的抽象概括。此外,像"optimism(乐观主义)"和"pessimism(悲观主义)"等词汇,则是对抽象思想和观念的深度提炼。这些抽象名词的使用,使得英语表达更加精准、深刻,有助于人们更准确地理解和传达复杂的思想和情感。

在英语学术论文中,抽象思维得到了充分的展现。学者们常常运用抽象的术语和概念来构建理论体系,并通过严密的逻辑论证来支持自己的观点。例如,在心理学论文中,研究者可能会使用"cognitive dissonance(认知失调）"这一抽象概念，来深入剖析人们在面对矛盾信息时的心理反应；在经济学论文中，则可能会运用"opportunity cost（机会成本）"等抽象术语，来精确分析资源配置的效率问题。这种抽象表达方式不仅有助于学术研究的深入和精确，还使得论文更加具有学术性和专业性。

英语抽象思维还体现在逻辑推理的严密性上。在英语写作中，人们常常运用因果推理、归纳推理、演绎推理等逻辑方法来阐述自己的观点。例如，在分析一个社会现象时，研究者可能会先提出一个假设，然后通过收集数据、分析案例等方法来验证这个假设的正确性；在论证一个观点时，则可能会从一般到特殊或从特殊到一般地进行推理和阐述。这种逻辑推理的严密性不仅增强了英语表达的准确性和说服力，还使得论述更加条理清晰、逻辑严谨。

三、思维差异的根源

（一）哲学根源

中国传统哲学深受道家、儒家等思想流派的影响，倾向于感悟与直觉，主张通过具体事物的细致观察和亲身体验来领悟深层的抽象道理。这种哲学导向促使汉语表达倾向于借助具象化的形象与情境，以直观、生动的方式传达抽象概念。相反，西方哲学则更加注重理性主义与逻辑分析，致力于构建对事物本质的精确抽象与系统性理论框架。这种哲学传统使得英语表达更加偏好于抽象概念的精准运用与逻辑推理的严谨展现。例如，汉语中的"摸着石头过河"这一形象表达，生动地描绘了实践探索的情境；而英语中，相似的概念可能通过如"navigate through uncertainty by continuous experimentation"（通过不断的实验来应对不确定性）这样的抽象表述来传达。

（二）教育根源

中西方教育体系的差异也对汉语形象思维和英语抽象思维的形成产生了重要影响。中国教育体系深受传统文化影响，强调经典诵读与文学素养的培养。学生从小接触大量的诗词、故事等文学作品，这些作品多以形象化的手法展现思想与情感，通过生动的场景与角色塑造来传达深层意义。

这种教育方式无疑促进了形象思维能力的发展。而西方教育体系则更加注重科学知识的传授与逻辑思维能力的训练。在数学、物理等自然科学的学习中，学生们需要运用抽象概念与逻辑推理来解决实际问题，这种教育模式显著增强了他们的抽象思维能力。

四、影响和启示

（一）跨文化交流的影响

汉语形象思维和英语抽象思维的差异对跨文化交流产生了深远的影响。在全球化的今天，不同文化背景下的人们需要进行有效的沟通与合作。了解并尊重彼此的思维方式和表达习惯，有助于减少误解和冲突，增进相互理解和信任。

在跨文化交流中，汉语形象思维的直观性和生动性有助于吸引听众的注意力，增强表达的感染力。而英语抽象思维的精准性和深刻性则有助于确保信息的准确性和逻辑性。因此，在跨文化交流中，双方可以借鉴对方的优点，结合自身的特点，采用更加灵活多样的表达方式，以实现更有效的沟通。

（二）教育改革的启示

汉语形象思维与英语抽象思维的差异，为教育改革提供了宝贵的视角与启示。在教育实践中，我们应当致力于培养学生的多元思维能力，既深化形象思维的训练，也不忽视抽象思维的培养，力求实现两者的均衡发展。

针对形象思维的培养，我们可以进一步挖掘汉字和文学作品的独特魅力，利用其中丰富的形象和情节元素，激发学生的学习兴趣与想象力。通过生动的文学描绘和历史故事，引导学生感知和理解世界的多样性，培养他们的形象思维和创新能力。

同时，为了加强抽象思维的培养，我们应在数学、物理等基础学科中，注重逻辑推理和抽象概念的传授。通过系统的学习和实践，帮助学生构建坚实的抽象思维框架，提升他们分析问题和解决问题的能力。在此过程中，我们也可以巧妙地借鉴汉语形象思维的优点，运用生动的案例和情境模拟，将抽象的数学概念、物理定律等具体化，以便学生更好地理解和应用。

（三）创新思维的激发

汉语形象思维和英语抽象思维的差异还为创新思维的激发提供了新的思路。创新思维需要跳出传统的思维框架，以全新的视角和方式来审视问题。而汉语形象思维和英语抽象思维的不同特点，正好为创新思维的激发提供了丰富的素材和灵感。

在创新思维的培养过程中，可以鼓励学生尝试将汉语形象思维和英语抽象思维相结合，通过形象的描述和抽象的分析来共同解决问题。这种跨思维的结合有助于打破传统的思维定式，激发学生的创造力和想象力，推动创新思维的不断发展。

（四）文化多样性的尊重与融合

汉语形象思维和英语抽象思维的差异也提醒我们要尊重并融合文化多样性。每种文化都有其独特的思维方式和表达习惯，这些差异构成了丰富多彩的人类文明。在全球化的大背景下，我们应该以开放包容的心态来面对不同文化之间的差异，通过相互学习和借鉴来推动文化的交流与融合。

在尊重文化多样性的基础上，我们可以尝试将不同文化的优点相结合，创造出更加独特和富有魅力的表达方式。这种跨文化的融合不仅有助于增进相互理解和信任，还能为人类的进步和发展注入新的活力和动力。

第四节 主体思维与客体思维

一、汉语主体思维

汉语主体思维，是指汉语使用者倾向于以人作为思考问题的核心与出发点，强调主体意识在认知与表达中的主导地位。

在语言表达层面，汉语往往从自我的角度出发阐述客观事物。因此，汉语句子更倾向于使用人称主语和主动句式。[①] 例如，在叙述旅行经历时，

---

① 杨秋怡. 英汉思维对国际商务函电的影响 [J]. 宁波教育学院学报，2018，20（5）：79-82.

汉语使用者可能会说："我登上了长城，亲眼看见了那里的壮丽景色。"这句话以第一人称"我"作为主语，直接传达了说话者的亲身经历和主观感受，鲜明地体现了汉语主体思维的特点。此外，汉语还频繁使用没有明确行为主体的无人称句，或者选用如"人们""大家"等泛指性词汇作为句子的主语，这种表达方式不仅简洁明了，而且能够引发共鸣和思考。如"大家都觉得这部电影很精彩"，虽然未指明具体行为主体，但通过"大家"这一泛称，传递了普遍的评价和共识，进一步彰显了汉语中主体意识的影响。①

汉语主体思维还深刻反映了中国人对自身主观能动性的高度认可。在阐述观点或表达态度时，汉语使用者倾向于以自我为中心的观察视角，强调个人的感受和体验。例如，在讨论环保问题时，汉语使用者可能会说："我们应该从自己做起，保护环境。"这句话不仅突出了人的主体地位，还强调了个人在环保行动中的责任和担当。同样，在表达团队合作的重要性时，"我觉得我们需要加强团队合作，才能更好地完成这个项目"这样的句子，也清晰地展现了说话者的个人观点及其对主体意识的重视。

在文学创作领域，汉语作品也往往以人的视角为叙述主线，通过人物的所见所闻、所思所感来展现故事、传达情感。鲁迅的《祝福》便是一个典型的例子，作品以"我"的亲身经历为线索，展开对祥林嫂悲剧命运的描绘，通过"我"的视角和情感体验，深刻揭示了封建社会对人性的压迫与摧残，进一步凸显了人的主体意识。

二、英语客体思维

与汉语的主体思维相比，英语思维则更加侧重于客体，强调对客观事物本身特性与规律的关注。

在语言表达上，英语倾向于使用被动语态，以此突出动作的承受者或客观事实的存在，这体现了英语使用者在认知和表达时更倾向于从客观事物本身出发，尽量避免主观因素的过多介入。例如，在谈论环境保护时，英语可能会说"The environment should be protected."，这样的表述将焦点

---

① 张岚. 从英汉思维模式的不同看两种语言表达的差异［J］. 海外英语，2022（22）：100-102+105.

放在了"环境"这一客体上，强调了其需要被保护的状态。

在科技文献、新闻报道等文体中，为了保持客观公正，英语往往使用被动语态来减少人的主观因素，使表述更加侧重于客观事实和事物本身。如在科技实验报道中，"The experiment was conducted under strictly controlled conditions. The results were analyzed by a professional team." （实验是在严格控制的条件下进行的。其结果由专业团队进行分析）这样的句子就通过被动语态突出了实验和结果本身，而非实施动作的主体。此外，在产品说明书中，英语也常采用被动语态来介绍产品的使用方法和特点，如 "This product can be used in various environments. It is designed to be user-friendly." （该产品可用于各种环境。它的设计是用户友好型）这样的表述强调了产品作为客体的功能和特性，体现了英语思维对客体的重视。

三、思维差异的根源

（一）哲学根源

中国哲学深受儒家、道家等传统文化影响，强调人的道德修养和主观能动性。在这种哲学观念下，人的主观意识、情感和道德判断在认知与表达中占据主导地位，从而形成了主体思维。人们倾向于从自身的角度出发，关注人的内心感受和体验。

相比之下，西方哲学受古希腊哲学影响深远，追求对客观世界本质的探索和认知。西方哲学家们强调客观事物的独立性和规律性，认为客观世界是独立于人的意识之外存在的，人的认知需要通过观察、实验和推理等客观方法来获取。这种对客观世界的如实描述和认知方式，促使西方形成了客体思维。人们更倾向于从客观事物的角度出发，关注事物的本质、属性和规律，避免过多地受到个人主观因素的影响。

（二）社会根源

中国长期处于以家庭、宗族为基础的社会结构中，个人与社会紧密相连，个人的行为和价值往往与家庭、社会的期望相关联。这种社会环境使得人们在思考和行动时，习惯于从自身所处的社会角色出发，强化了主体思维。例如，在传统家庭观念中，家庭成员为了家庭的荣誉和发展，会主动承担责任，积极作为，凸显个人在家庭中的主体地位。

而西方社会，在近代科学的蓬勃发展下，如天文学、物理学、化学等领域的崛起，极大地依赖于对客观世界的精准观察、实验与剖析。科学家们通过不懈探索客观事物的内在规律，逐步构建起科学理论体系。这种科学研究方法不仅推动了科学的飞速进步，更深刻地塑造了人们从客观角度认知世界的思维方式，进而催生了以英语为主要语言的国家特有的客体思维模式。在这一模式下，人们更加注重对客观世界的如实反映与理性分析，展现了与主体思维截然不同的认知路径。

四、影响与启示

（一）哲学思维方式的深化

主体思维与客体思维的差异深化了我们对哲学思维方式的理解。主体思维强调人的主观意识、情感和道德判断在认知与表达中的主导地位，而客体思维则注重客观事物的独立性和规律性。这种差异促使我们更加全面地认识人类的思维方式，推动哲学研究的深入发展。

在哲学研究中，我们可以借鉴主体思维的直观性和生动性，关注人的内心感受和体验，同时结合客体思维的精准性和深刻性，确保对客观世界的准确描述和认知。这种结合有助于我们形成更加全面、深入的哲学思考，推动哲学理论的创新和发展。

（二）科学研究方法的启示

主体思维与客体思维的差异也为科学研究方法提供了有益的启示。主体思维倾向于从个人或群体的角度出发，关注主观体验和情感，而客体思维则更注重对客观事物的观察和实验。在科学研究中，这两种思维方式可以相互补充，共同推动科学研究的进步。

在自然科学领域，客体思维占据主导地位，科学家们通过观察和实验来揭示客观世界的本质和规律。然而，在社会科学和人文科学领域，主体思维也发挥着重要作用。通过关注人的主观体验和情感，我们可以更深入地理解社会现象和人类行为，为科学研究提供新的视角和方法。

（三）艺术创作与欣赏的丰富性

主体思维与客体思维的差异还为艺术创作与欣赏带来了丰富的可能性。主体思维强调个人情感和主观体验的表达，而客体思维则注重客观事物的真实描绘和再现。在艺术创作中，这两种思维方式可以相互融合，共同创造出具有独特魅力的艺术作品。

艺术家们可以借鉴主体思维的直观性和生动性，通过个人情感和主观体验的表达来创作具有感染力的艺术作品。同时，他们也可以结合客体思维的精准性和深刻性，对客观事物进行真实、准确的描绘和再现，使作品更加具有真实感和可信度。这种结合有助于创作出既具有个人风格又符合客观规律的艺术作品，丰富人们的审美体验。

（四）社会和谐与包容性的促进

主体思维与客体思维的差异也提醒我们要促进社会和谐与包容性。在社会生活中，我们应该尊重每个人的思维方式和表达习惯，避免对他人进行过度干涉和评判。通过理解和接纳不同的思维方式，我们可以增进相互之间的理解和信任，推动社会的和谐与进步。

同时，我们也应该注重培养自己的多元思维能力，既关注个人的主观体验和情感，又关注客观事物的本质和规律。这种多元思维能力的培养有助于我们更加全面地认识世界和他人，促进社会的包容性和多样性。在全球化的大背景下，我们应该以开放包容的心态来面对不同文化之间的差异，通过相互学习和借鉴来推动社会的交流与融合。

第五节　螺旋式思维与直线式思维

一、汉语螺旋式思维

螺旋式思维，是一种强调从多角度、多层次进行问题思考，并善于运用联想和类比来揭示问题本质及其内在联系的思维方式。在汉语表达中，这种思维方式尤为显著，其特点在于表达方式的迂回曲折，倾向于从侧面或相关背景逐步引导至主题。

汉语思维常展现出一种螺旋式的推进方式，在沟通时，人们习惯于先铺设背景信息，叙述相关事例，再逐步引出并深化核心观点。这种表达方式源于中国人对和谐人际关系的重视，旨在避免直接表达可能带来的冲突或冒犯，同时也希望通过详尽的背景铺垫，促进对方对观点的全面理解和接纳。

在文学作品中，螺旋式思维的表现尤为突出。以古典小说为例，作者常常借助丰富多样的人物形象和错综复杂的情节布局，循序渐进地铺陈故事的主线，而非径直切入核心情节。如《红楼梦》一书，开篇即以甄士隐、贾雨村的故事作为引子，缓缓拉开贾府家族兴衰、众多人物悲欢离合等宏大叙事的序幕。在纷繁复杂的人物关系和情节交织中，作者逐步且深刻地揭示了封建社会的种种弊病与深层主题。这种螺旋式的叙述方式，不仅增添了作品的层次感和丰富性，也让读者在跟随情节发展的过程中，逐渐领悟作品的深刻内涵。

在日常生活中，螺旋式思维同样有着广泛的应用。在商务谈判、提出建议等场合，人们也常采用这种迂回而富有策略性的表达方式。通过逐步展开话题、层层递进，既能够增强沟通的效果，又能够展现出自身的专业素养和思维深度。

二、英语直线式思维

直线式思维，亦称作线性思维，是一种遵循逻辑顺序进行思考，并强调直接、简洁、明了地表达观点的方式。在英语语言中，这种思维方式尤为显著，体现为句子结构条理清晰，逻辑连贯，使读者或听者能够迅速抓住要点。

英语思维倾向于直线式表达，即直接切入主题，随后围绕该主题展开详尽论述。这种表达方式赋予英语表达以简洁明了、逻辑严谨的特点。在英语写作中，段落结构通常遵循"主题句—支撑句"的模式，即以主题句开篇，明确段落主旨，随后通过举例、分析等手段对主题句加以阐述。这种结构安排让读者能够迅速抓住段落的核心，准确理解作者的意图和论述逻辑。

在日常交流中，西方人同样倾向于直接表达个人想法和需求，避免过多的迂回和铺垫。在商务英语和学术英语领域，直线式思维的应用尤为普遍。例如，在商务邮件中，英文邮件往往开篇即点明邮件目的，随后围绕该目的展开详细讨论，使得沟通高效且有针对性。在学术论文中，作者也习惯于开篇即亮出论点，然后通过严密的论据和论证过程来支撑论点，确保行文逻辑清晰、条理分明。

三、思维差异的根源

（一）社会根源

中国社会深受儒家文化影响，重视人际关系的和谐与融洽。在这样的社会背景下，直接表达个人意见或拒绝他人请求，往往会被视为不礼貌或对他人的不尊重。因此，人们更倾向于采用委婉、含蓄的表达方式，这种表达方式恰好体现了螺旋式思维的特征。通过迂回曲折的表述，先铺垫背景信息，再逐步引出核心观点，既维护了人际关系和谐，又达到了传达信息的目的。

西方社会则更加注重个体平等和效率，直接表达能够更快速、更有效地传达信息，这符合他们追求高效沟通的社会需求，从而形成了直线式思维。在语言运用上，这一点体现得尤为明显。例如，在拒绝他人邀请时，中国人可能会说："最近工作有点忙，恐怕抽不出时间，下次有机会再一起吧。"这种表达方式先找理由进行铺垫，再委婉地拒绝邀请。而英语中则可能直接说："Sorry, I can't make it. I have other plans."（抱歉，我去不了了，我有别的安排）简洁明了，毫不拖泥带水。

（二）历史根源

中国悠久的历史文化，在漫长的人际交往历程中，孕育了含蓄而委婉的表达习惯。这种独特的表达方式，深深植根于中国的历史文化土壤之中，成为螺旋式思维得以形成的重要基石。在中国传统的社会结构和儒家思想影响下，人们注重和谐与礼数，倾向于通过间接、婉转的言语来维护人际关系，避免直接冲突。

相比之下，西方历史的发展轨迹则显著受到商业文明和航海文化的深刻影响。商业活动的频繁开展和航海探险的勇敢尝试，要求人们在紧迫的时间限制内能够迅速、准确地传递信息，以便做出明智的决策。这种实际需求逐渐塑造了西方人直接、明确的思维方式和表达习惯，进而形成了直线式思维。在商业谈判、学术研讨等正式场合，西方人习惯于开门见山，直接切入主题，然后围绕核心议题展开详尽论述。这种高效、直接的沟通方式，无疑有助于提升工作效率和决策质量。在商务邮件的撰写中，这种差异体现得尤为明显。中文邮件开头可能会先寒暄几句，如："许久未联系，近来一切可好？"以拉近彼此的距离，营造和谐的沟通氛围，然后再逐渐引入正题。而英文商务邮件则通常采取直接切入主题的方式，开篇即明确邮件的目的和内容，如："I am writing to discuss the contract terms."（我写信是想讨论合同条款）这种简洁明了、毫不拖沓的表达风格，充分体现了西方直线式思维的特点。

四、影响与启示

（一）跨文化沟通的影响与应对策略

汉语螺旋式思维与英语直线式思维在跨文化沟通中各自具有独特的优势与局限。汉语螺旋式思维以其独特的委婉、含蓄表达方式，擅长在沟通中营造和谐氛围，通过细腻的背景铺垫和情感渲染，加深双方的理解和信任。这种沟通方式在人际关系建立、情感交流等方面具有显著优势，但在快节奏、高效率的商务或学术环境中，可能会被视为冗长或不够直接。

相比之下，英语直线式思维以其直接、明确的信息传达方式，在追求效率和速度的场合中展现出强大的优势。然而，这种表达方式在缺乏足够情感色彩和背景铺垫的情况下，可能导致信息的片面解读或误解，特别是在涉及复杂情感或文化背景的沟通中。

因此，在跨文化沟通中，双方需要采取更加灵活和包容的沟通策略。汉语使用者可以学习并适当采用直线式的表达方式，尤其是在需要快速传达核心信息的场合，以更直接、明确的方式传达信息，提高沟通效率。同时，英语使用者也应培养耐心和同理心，学会倾听和理解汉语使用者的委婉表达，从中捕捉隐含的意图和情感，避免误解和冲突。

（二）创新思维与问题解决策略的融合与创新

汉语螺旋式思维与英语直线式思维的不同特点为创新思维和问题解决提供了新的视角和思路。汉语螺旋式思维以其独特的视角，擅长从多维度、多层次深入剖析问题，通过丰富的联想与类比，揭示问题的本质及其内在关联。这种思维方式在激发创新灵感、推动设计创意方面尤为突出，广泛应用于创新设计、艺术创作等领域。

而英语直线式思维则以其严谨的逻辑思维和清晰的条理，成为问题解决过程中的有力工具。它强调直接、明确的分析与推理，确保问题解决的准确性和高效性。在科学研究、工程设计等需要精确计算和逻辑推导的领域，英语直线式思维展现出了不可替代的优势。

在融合与创新方面，我们可以积极探索两种思维模式的互补与融合。在创新设计领域，我们可以借鉴汉语螺旋式思维的联想与类比能力，同时结合英语直线式思维的逻辑性与条理性，进行更加全面、深入的设计思考。这样的融合不仅有助于拓宽设计思路，还能确保设计方案的可行性和实用性。

在问题解决过程中，我们同样可以运用英语直线式思维的分析与推理能力，结合汉语螺旋式思维的多元视角和深入思考，探索更加全面、创新的解决方案。这种跨思维的融合不仅有助于我们更准确地把握问题的本质，还能激发新的解决思路，推动问题的有效解决。

第六章　中西文化价值观对比

语言作为文化的载体，犹如一面镜子，清晰地映照出不同文化群体的价值观体系。在全球化的今天，深入探究不同文化之间的价值观差异，对于跨文化交流的顺畅进行、避免误解与冲突具有极为关键的意义。

文化价值观涵盖了个人主义与集体主义、时间观念、权力距离与等级观念等多个重要维度。在个人主义与集体主义价值观方面，语言的词汇选择、表达习惯、家庭与社会关系称谓以及交际模式等都犹如一个个微妙的指针，精准地指向不同文化在这一价值观维度上的倾向。例如，某些词汇可能凸显个人的独特性与自主性，而另一些则着重于群体的关联性与整体性；家庭称谓中对长辈、亲属的不同称呼方式，能深刻反映出个人在家庭乃至更大社会集体中的角色定位与相互关系；语言交际模式上，是更倾向于直白地表达个人想法与情感，还是含蓄委婉地维护群体和谐，也鲜明地体现着个人主义与集体主义价值观的分野。

时间观念同样在语言中留下了深刻的烙印。从时间表达方式中的时态运用、特定时间词汇的内涵，到准时观念、未来规划以及传统习俗在语言中的呈现，再到时间隐喻背后所潜藏的价值导向，都揭示了不同文化对时间的独特感知与利用方式。不同文化可能对过去、现在和未来赋予截然不同的权重，这些差异在语言的细枝末节中悄然渗透，影响着人们的思维方式与行为准则。

权力距离与等级观念在语言中的反映更是无处不在。敬语、谦语的使用范围与形式差异，犹如一把标尺，丈量着不同文化中权力等级的跨度与敏感度；称呼方式以及言语礼貌策略，则像是一幅幅生动的画卷，细腻地描绘出社会交往中权力与等级关系的微妙图景。无论是职场语言的严谨规范，还是社交场合语言的灵活多变，都无法逃脱权力距离与等级观念的潜在影响，它们在语言的舞台上演绎着不同文化的社会结构与人际交往规范。

　　本章将系统地探究英汉语言在个人主义与集体主义价值观、时间观念、权力距离与等级观念等文化维度上的异同与关联，旨在揭开隐匿于语言背后的文化价值观密码，为跨文化交流搭建起理解与沟通的桥梁，助力语言学习者跨越文化隔阂，精准把握英汉语言的内在精髓，提升对两种文化深层次的认知与感悟能力。

第一节　个人主义与集体主义

　　西方文化普遍推崇个人主义，而中国文化则更多地倾向于集体主义。从中西方的哲学起源来看，自古以来，中国人奉行的哲学观是"天人合一"，这正是集体主义价值取向的产生条件。而西方哲学观里的"天人相分"即把大自然与人类对立起来，这就为个人主义价值取向的产生创造了条件。[①] 个人主义（individualism）强调个人价值的主体性，个人与集体的相互依赖性较弱，认为个人价值至高无上，反对权威、宗教、国家、社会及任何其他外在因素以任何形式干涉和阻挠个人发展。在个人主义文化中，社会是一个由个人组成的集合，因此在个人主义价值观的文化中，注重的是个人的个性、独立、自主、权力、竞争、个人成就以及情感的公开表达，主张个人凭借自己的聪明才智、知识技能和勤奋努力，按照自己的意愿和理想取得财富、进步、地位和成就，往往以个人成就作为评价一个人的重要标准。[②] 相比之下，集体主义（collectivism）则是围绕社会、家庭等集体或机构而形成的一种思想体系。它主张以集体利益为先，重视社会公正和团队协作精神。集体主义强调集体利益高于个人利益，认为个人需服从集体的实际需要和导向，注重社会团结、公平与合作，追求集体公平和平等的社会发展。

---

　　① 李晓燕. 中西文化主要差异对比及其对中西文化的影响［J］. 英语广场，2018（1）：56-57.

　　② 吴净. 个人主义与集体主义：多元视角下中西方文化对比［J］. 科教文汇（中旬刊），2012（20）：78-79.

一、个人主义和集体主义的文化溯源

(一) 个人主义的文化溯源

西方文化高度重视个人主义，强调个人的独立性、自主性和自我实现。个人被视为社会的基本单元，拥有不可侵犯的权利和自由。

1. 古希腊文化的孕育

（1）城邦政治与公民意识

古希腊时期，城邦制度是其政治生活的核心。在城邦中，公民积极参与政治事务，如雅典的公民大会，年满20岁的雅典籍男性公民都有权利发言和投票。这种政治参与培养了公民对自身价值的高度认同和独立意识。公民们将自己视为城邦事务的重要决策者，这种角色使他们逐渐形成了对个人与集体关系的深刻理解。例如，在关于城邦建设、战争与和平等事务的讨论中，公民们会基于自己的见解和城邦的整体利益提出观点，这种政治实践是西方个人主义思想的早期萌芽。

（2）哲学思想的启蒙

古希腊哲学对个人主义的发展也起到了关键作用。苏格拉底强调个人的自我认知和道德思考，他通过对话的方式引导人们探索内心的真理。例如，他著名的"认识你自己"的观点，促使人们关注自己的思想、价值观和道德准则。柏拉图的理念论则将个人的精神追求置于重要地位，鼓励人们超越现实世界，通过理性去探寻理念世界中的真理。这种对个人精神世界的关注，为个人主义价值观的形成奠定了思想基础，让人们意识到个人在追求智慧和真理过程中的重要性。

2. 基督教文化的催化

（1）个人灵魂救赎观念

基督教教义中，个人灵魂的救赎是核心内容。基督教认为每个个人在上帝面前都是平等的，都需要通过自己的信仰和行为来获得拯救。这种观念极大地提升了个人的地位，将个人的精神追求和道德责任放在了首位。例如，在中世纪的欧洲，许多信徒通过个人的修行、祈祷和忏悔等方式来寻求灵魂的净化，这种对个人精神世界的高度关注，进一步强化了个人主义价值观。

（2）新教伦理的推动

新教改革运动产生的新教伦理对个人主义的发展影响深远。新教强调"因信称义"，即个人凭借信仰就可以获得救赎，而无须依赖教会的烦琐仪式。这一观念解放了个人的思想，使人们更加独立地思考宗教和道德问题。同时，新教伦理提倡勤奋工作和节俭生活是个人获得上帝恩宠的表现。这种观念促进了资本主义的发展，激励人们通过个人努力积累财富。例如，在工业革命时期，许多新教企业家积极投身商业活动，他们以个人的经济成就来证明自己是上帝的选民，个人主义价值观在经济领域得到了充分体现。

3. 启蒙运动的升华

（1）理性与自由的倡导

在启蒙运动时期，思想家们积极推崇理性、自由与平等的理念。例如，康德提出了"人非工具"的理念，强调个体应视自己为目的本身，而非他人实现目的的手段，从而彰显了个人自主性和尊严的重要性。伏尔泰主张天赋人权，认为每个人自出生起就天然地拥有自由和平等的权利。这些思想家的观点有力地批判了封建专制制度和宗教迷信，将个人的权利与自由提升到了核心地位，为个人主义价值观在政治、社会及文化等多个领域的广泛传播奠定了坚实的理论基础。

（2）社会变革的影响

启蒙运动引发的社会变革促使西方社会从封建等级制度向以个人权利为基础的社会制度转变。资产阶级革命建立了民主共和国，保障了公民的基本权利和自由。例如，美国的《独立宣言》和法国的《人权宣言》都明确规定了个人的权利，如生命权、自由权和追求幸福的权利。在这样的社会环境下，个人主义成为构建现代西方社会的重要价值观之一，人们更加注重个人的发展、自我实现和个人利益的维护。

（二）集体主义的文化溯源

与西方文化不同，中国文化以集体主义为核心价值之一，注重群体的利益、和谐与团结。个人被看作是集体的一部分，个人的价值往往通过对集体的贡献来体现。

1. 农耕文明的根基

(1) 集体协作的生产方式

中国古老的农耕文明是集体主义价值观的基石。在农耕社会，水利灌溉、农田开垦等大规模的农业生产活动需要集体协作。例如，修建都江堰这样的大型水利工程，需要众多农民共同参与，从规划设计到施工建设，每一个环节都离不开集体的力量。这种集体协作的生产方式让人们深刻认识到集体的重要性，个人的力量在面对这些大规模工程时显得微不足道，从而形成了集体利益高于个人利益的观念。

(2) 家族聚居与宗法制度

农耕社会以家族为基本单位，家族成员聚居在一起，形成了紧密的社会群体。宗法制度以血缘关系为纽带，构建了家族内部的等级秩序。在这种制度下，家族长辈拥有较高的地位和权力，负责管理家族事务。例如，在祭祀祖先、处理家族纠纷等事务中，长辈起着主导作用。家族成员之间相互支持、相互依存，共同应对自然灾害、外敌入侵等问题。这种家族观念和宗法制度强化了集体主义价值观，个人的行为受到家族集体的约束，个人的荣辱与家族的兴衰紧密相连。

2. 儒家思想的主导

(1) "仁"与人际关系的和谐

儒家思想在中国传统文化中占据主导地位，对集体主义价值观的形成起到了关键作用。儒家强调"仁"，即人与人之间的关爱和互助。在家庭伦理中，"仁"体现为"孝悌"观念，子女对父母的孝和兄弟姐妹之间的悌是家庭和谐的基础。例如，"父母在，不远游，游必有方"体现了子女对父母的责任和关怀。在社会层面，儒家倡导"修身、齐家、治国、平天下"，将个人的发展与家族、国家的利益紧密联系在一起。个人的价值通过对集体的贡献来体现，这种价值观鼓励人们为了集体的利益而努力，强化了集体主义观念。

(2) "义"与个人行为的准则

儒家思想中的"义"，象征着道义与公正，是衡量个人行为是否符合高尚道德标准的关键尺度。在集体主义价值观的背景下，"义"凸显了个人行为应以集体利益为重，个人的生存与发展要依托在大的社会框架中，人们对于集体有着天然的责任感与忠诚度。① 儒家所推崇的君子，应勇于承担，为了集体的"大义"，甘愿牺牲个人利益，这种"舍生取义"的精神，在儒家经典中屡见不鲜，深刻展现了儒家对个人行为准则的独到见解与崇高追求。

（3）"礼"与社会秩序的维护

儒家的"礼"文化也对集体主义价值观产生了重要影响。"礼"是一种规范人们行为的准则，通过各种礼仪活动来维护社会秩序和人际关系的和谐。例如，在社交场合中，人们要遵循见面礼、宴会礼等各种礼仪规范，这些礼仪体现了对他人的尊重和集体的秩序。在国家层面，古代的朝觐之礼、祭祀之礼等仪式也体现了国家的秩序和集体的意志。通过遵守"礼"，人们将自己融入集体之中，维护了集体的和谐稳定。

3. 传统文化中的群体意识

（1）民间习俗与群体活动

中国传统文化中有许多民间习俗和群体活动，这些都体现了集体主义价值观。例如，春节是中国最重要的传统节日，春节期间的各种活动，如贴春联、吃年夜饭、拜年等，都是以家庭为单位或者整个家族共同参与的。这些活动加强了家庭成员之间、家族成员之间的联系和凝聚力。在农村地区，还有一些集体性的民俗活动，如舞龙舞狮、赛龙舟等，这些活动需要众人齐心协力才能完成，体现了群体的力量和团结协作的精神。

（2）集体荣誉感的培养

在中国文化中，集体荣誉感也是集体主义价值观的重要体现。无论是家族、村落还是国家层面，人们都非常重视集体的荣誉。例如，在古代，一个家族中如果有人考取功名，这不仅是个人的荣耀，更是整个家族的骄傲，家族会为此举行庆祝活动，并且鼓励其他家族成员向其学习。在国家层面，当国家在战争中取得胜利，或是在文化、科技等领域取得重大突破时，全国民众都会深感自豪，这种集体荣誉感如同强大的精神动力，激励着每一个人为了集体的利益而不懈奋斗。

---

① 赵芷恺. 基于文化维度理论下中西价值观对比研究：以《陈情令》和《权力的游戏》为例［J］. 戏剧之家，2022（29）：143-145+149.

二、个人主义与集体主义在社会关系中的体现

(一) 西方个人主义影响下的社会关系

西方社会关系相对松散，个人之间的联系更多基于个人兴趣、职业需求或共同的价值观。朋友关系通常建立在个人之间的相互吸引和共同爱好基础上，社交圈子较为灵活多变。例如，在西方的社交俱乐部中，人们因对健身、摄影、读书等共同爱好而聚集在一起，一旦兴趣发生改变，可能就会更换社交群体。在家庭关系中，虽然也有亲情纽带，但家庭成员之间相对尊重彼此的个人空间和独立性。例如，在美国家庭中，成年子女与父母可能居住在不同城市甚至国家，他们通过电话、邮件或定期探访来保持联系，各自的生活相对独立。在工作关系中，同事之间除了工作合作外，个人生活较少交集，合作关系也更多基于合同和职业规范，一旦工作任务完成，合作关系可能就会相对淡化。比如在一个项目结束后，项目团队成员可能会各自奔赴新的项目，与之前的同事联系逐渐减少。

(二) 中国集体主义影响下的社会关系

中国社会关系高度重视群体归属感和紧密的人际网络构建，其中家族、邻里、同事等群体关系在个人生活中占据着举足轻重的地位。家族观念根深蒂固，家族成员间彼此关照，荣辱与共，形成了深厚的情感纽带。特别是在农村地区，家族祠堂不仅是家族历史与文化的象征，更是家族凝聚力的重要体现。家族成员会共同举办祭祀、庆典等活动，以此强化家族联系，例如，在春节期间，家族成员会齐聚祠堂祭祖，随后围坐共享团圆饭，共话家常与未来规划。

邻里关系在中国社会同样密切，"远亲不如近邻"这一俗语深刻反映了邻里间相互扶持、守望相助的重要性。随着城市化进程的加快，城市社区中的活动也日益丰富多样，旨在促进居民间的交流与合作，营造和谐的社区氛围。社区组织的亲子运动会、文艺汇演等活动吸引了大量居民积极参与，不仅丰富了居民的文化生活，也极大地增进了邻里间的情感交流。

在工作场所，同事关系不仅仅是工作协作的伙伴，更是彼此社交生活的重要组成部分。单位聚餐、团建活动等不仅为员工提供了放松与娱乐的

机会，更有助于增强团队的凝聚力和员工对单位的归属感。例如，某企业组织的户外拓展团建活动，通过一系列团队合作游戏和挑战项目，不仅锻炼了员工的身体素质，更在无形中加强了员工间的信任与默契，提升了整个团队的协作效率与战斗力。这些活动不仅加深了同事间的情谊，也为单位文化的建设与发展注入了新的活力。

三、词汇选择与表达习惯反映的价值取向差异

（一）英语中的个人主义词汇倾向

英语里存在大量彰显个人主义价值取向的词汇。例如，"ego"（自我）一词突出个人的自我意识与自我中心，在许多心理和哲学语境中被频繁使用，以探讨个人的自我认知与自我实现。"assertiveness"（自信、果敢）则强调个人在表达自身观点、维护自身权益时的坚定态度，如在商务谈判场景中，人们会赞赏具有"assertiveness"的谈判者，因为他们能够清晰且有力地为自己的立场发声，推动谈判朝着有利于自己的方向发展。"aspiration"（志向、抱负）体现了个人对自身未来成就与目标的追求，在西方文化语境下，年轻人常常被鼓励去追寻自己的"aspiration"，无论是在学术领域追求高深学问，还是在职业领域渴望登上行业巅峰，都被视为个人成长与自我实现的重要部分。这些词汇的广泛应用不仅映射出西方文化对个人特质、个人追求以及个人在社会中独立地位的高度重视，而且通过语言的媒介，不断加深了个人主义价值观在日常生活中的渗透与影响。

（二）汉语中的集体主义词汇印记

汉语中有不少带有集体主义烙印的词汇。如"大局"一词，强调从整体、全面的角度看待事物，个人的行为与决策需要服从于"大局"，例如，在国家建设项目中，个人利益可能需要为了项目的顺利推进而做出让步，一切以"大局"为重。"同舟共济"生动形象地描绘了众人在同一条船上，必须齐心协力、相互扶持才能渡过难关的情景，深刻体现了集体主义价值观中个人与集体休戚与共的关系。在企业宣传或团队建设中，"齐心协力""众志一心"等词汇也被广泛运用，旨在激发员工的集体意识，促使他们将个人力量汇聚到集体目标的实现上。这些词汇的频繁出现反映出在中国

文化里，集体的和谐、稳定与发展是至关重要的，个人被期望能够融入集体，为集体的利益贡献力量，并在集体的庇护与支持下实现自身价值的升华。

四、家庭、社会关系称谓中所蕴含的价值观差异

(一) 英语中家庭、社会关系称谓的个人主义特征

英语中的家庭、社会关系称谓相对简洁、宽泛，侧重于个人身份的标识，体现出个人主义文化特征。在家庭称谓方面，对于父母的兄弟姐妹，统一使用 "uncle" 和 "aunt"，这种简化的称谓方式弱化了家族内部细致的血缘关系区分，反映出个人在家庭关系认知中更注重自身与亲属的独立身份，而非强调家族整体的等级与网络结构。在社会关系称谓上，除了一些特定职业头衔外，如 "doctor"（医生）、"professor"（教授）等，通用的 "Mr."（先生）、"Mrs."（夫人）、"Miss"（小姐）等称呼被广泛应用，无论是在正式场合还是日常交往中，这些称谓都体现出一种平等、独立的个人关系，强调个人在社会交往中的自主性，不受过多家族或群体关系的束缚，个人之间的交往更多基于个人的意愿、兴趣与选择，而非基于严格的社会等级或家族关联。

(二) 汉语中家庭、社会关系称谓的集体主义内涵

汉语中的家庭、社会关系称谓极为丰富、细致，深刻蕴含着集体主义价值观。在家庭内部，对亲属的称谓严格区分父系与母系、长辈与晚辈、同辈之间的排行等，如父亲的兄长称 "伯父"，父亲的弟弟称 "叔父"，母亲的兄弟称 "舅父"，这种细致入微的称谓体系构建起了庞大而有序的家族关系网络，明确了个人在家族中的精确位置与角色，体现出个人是家族集体不可或缺的一部分，其行为与身份认同紧密围绕家族展开。在社会关系称谓中，汉语有诸多表示尊敬与自谦且体现等级差异的词汇，如 "令尊"（对方的父亲）、"家父"（自己的父亲）、"大人"（对长辈或上级的尊称）、"在下"（自己的谦称）等，这些称谓在不同场合的恰当使用，遵循着严格的社会礼仪规范，反映出个人对社会等级秩序的尊重与维护，强调个人在社会交往中的言行需符合其在集体中的身份地位，通过规范的称谓来

促进社会关系的和谐稳定，彰显集体主义文化中个人对集体秩序与和谐的重视与遵循。

五、语言交际模式与价值观的关联

（一）英语交际模式中的个人主义体现

英语语言交际模式鲜明地体现出个人主义价值观。在日常对话中，人们常常使用 "I"（我）作为句子的主语，突出自我的观点、感受与经历，例如 "I like this movie because it reflects my own thoughts and feelings."（我喜欢这部电影，因为它反映了我的个人想法与感受），强调个人的主观判断与喜好在交流中的主导地位。在表达不同意见时，英语使用者通常较为直接、坦率，会明确地说 "I disagree with you."（我不同意你），并随后阐述自己的理由，这种直接的表达方式旨在彰显个人的独立思考与个性立场，鼓励个人在交流中积极捍卫自己的观点，追求个人认知的完善与自我价值的表达。在群体讨论中，每个人也倾向于充分表达自己的独特见解，即使与他人观点相悖，也会坚持己见，通过激烈的思想碰撞来推动讨论的深入，这种交际模式反映出西方文化中对个人思想自由与表达自由的尊重与推崇，个人在交流中充分展现自身的主体性，积极寻求自我观点的认同与传播。

（二）汉语交际模式中的集体主义反映

汉语的语言交际模式深刻反映出集体主义价值观。在交流过程中，人们往往会避免过度突出自我，而是更多地考虑群体的感受与和谐氛围的维护。例如，在表达个人意见时，常常会采用委婉、含蓄的方式，如 "我觉得这个方案可能还有一些可以改进的地方，大家看看呢？" 这种表达方式既传达了个人的想法，又给予了他人充分的尊重与参与讨论的空间，避免因个人观点的强行灌输而破坏群体的和谐。在群体讨论中，汉语使用者更注重寻求共识，会在表达自己观点的同时，倾听他人的意见，并尝试在不同观点之间找到平衡点与契合点，以达成群体的和谐统一。在面对不同意见时，也较少直接反驳，而是采用 "求同存异" 的策略，例如 "您的观点也有一定的道理，不过我们也可以综合考虑一下其他方面"，这种交际模式体现出中国文化中个人对群体和谐稳定的重视高于个人观点的绝对表达，个人在交流中自觉将自我融入群体，以维护群体关系的融洽与团结为首要目标。

第二节　时间观念

在人类文明的长河中，时间观念的形成与发展深受地域、历史、宗教、哲学等多重因素的影响，呈现出丰富多彩的面貌。中西文化，作为世界文化宝库中的两大瑰宝，在时间观念上展现出了截然不同的特色与内涵。

西方时间观念，深受古希腊哲学、基督教文化以及现代科学发展的影响，形成了线性、精确、客观的时间观。在西方人眼中，时间如同一条直线，从过去延伸至未来，每一个瞬间都是独一无二、不可逆转的。这种时间观念强调时间的连续性和不可逆性，鼓励人们追求效率、珍视时间，以科学的态度和方法去探索和利用时间。相比之下，中国的时间观念则更多地体现了循环时间观的特点。在农耕文化的深厚土壤中，中国人在长期的农耕实践中，深刻体悟到自然界年复一年的规律变化：作物经历季节的更迭而枯荣交替，四季轮回不息，昼夜与日月亦遵循着恒定的规律变换。这些直观而生动的体验，促使中国人将时间与万物的生长变化紧密结合，认识到时间同样具备循环往复、永无止息的特性。① 这种时间观念注重时间的循环性和整体性，强调人与自然的和谐共生，以及个体在时间长河中的位置与责任。

随着全球化的深入推进，中西时间观念的交流与融合变得日益频繁。一方面，西方时间观念的精确性和效率性在推动社会进步和经济发展方面发挥了重要作用；另一方面，中国时间观念中的人文情怀和哲学智慧也为现代人提供了独特的思考角度和精神滋养。因此，深入探究中西时间观念的文化内涵与异同点，不仅有助于我们更好地理解不同文化背景下的时间

---

① 李璐. 中西方时间观念差异及对跨文化交际的启示 [J]. 文化创新比较研究，2022，6 (5)：164-167.

观念，还能为跨文化交流与合作提供有益的启示和借鉴。

一、中西时间观念的文化溯源

（一）西方时间观念的文化溯源

1. 古希腊哲学的奠基作用

（1）对时间本质的思考

古希腊哲学家对时间的本质进行了深入的思考，这种思考开启了西方线性时间观的先河。赫拉克利特提出"人不能两次踏进同一条河流"，这一观点体现了时间的流动性和不可逆性。他认为世界处于永恒的变化之中，而时间是这种变化的度量。这种观念让西方人开始将时间看作是一个单向的、连续的过程，过去的事情无法再次经历，为西方时间观念奠定了动态、线性的基础。

（2）时间与运动的关联

亚里士多德在《物理学》中对时间的定义"关于前后的运动的数"，进一步强调了时间与运动的紧密联系。他认为时间是均匀流逝且可分割的，这使得西方在认知时间上更加注重其精确性。在古希腊的社会生活中，这种观念也有所体现。例如，奥林匹克运动会每四年举办一次，从赛事的筹备、运动员的训练计划到比赛的具体日期和时刻，都严格按照时间来安排，这反映了当时人们对时间规划的重视以及对时间可度量性的运用。

2. 基督教文化的深远影响

（1）线性时间观的强化

基督教文化在西方时间观念的塑造中起到了关键作用。基督教教义带有强烈的末世论色彩，它将人类历史看作是一个朝着上帝审判的最终时刻线性发展的过程。这种观念将时间明确地划分为过去、现在和未来。例如，《圣经》中的故事叙述往往按照时间顺序展开，从上帝创造世界，到人类的堕落，再到耶稣基督的救赎，这种线性的叙事方式强化了西方人的线性时间观。

（2）时间的神圣化与仪式化

在基督教的实践中，时间被赋予了神圣的属性。每周的礼拜日是专门用于敬拜上帝的神圣时间，人们会放下日常事务，前往教堂进行祈祷、唱诗等宗教活动。一年中的重要节日如圣诞节、复活节等都有固定的日期，这些节日的庆祝活动严格遵循时间顺序，象征着对上帝救赎计划中关键事件的纪念。这种对时间的严格安排和仪式化，培养了西方人对时间的敬畏之心，也使得他们习惯按照时间规划来安排生活，因为他们认为时间是上帝的恩赐，应该合理利用以完成上帝赋予的使命，如通过勤奋工作、传播福音等来荣耀上帝。

3. 工业革命的巨大推动

（1）时间成为生产要素

工业革命是西方时间观念发展的一个重要转折点。机器大生产的模式使得时间成为一种极为宝贵的生产要素。工厂的生产需要工人严格按照精确的时间安排进行操作，例如，工人需要按时上下班，生产流程中的各个环节都有严格的时间节点控制，以确保生产效率的最大化。这种工业化的生产方式让"时间就是金钱"的观念深入人心，人们开始更加精确地计算和利用时间，以获取更多的经济利益。

（2）交通通信与时间管理精细化

随着工业革命带来的交通和通信技术的进步，西方人的时间观念进一步强化。火车、轮船等交通工具按照固定的时刻表运行，人们的出行必须严格遵循这些时刻表，否则就会错过车次或航班，导致行程延误。电报、电话等通信工具的出现，使得信息传递更加迅速，人们能够更加精准地协调不同地区之间的活动。例如，在商业活动中，不同城市甚至不同国家的商人可以通过电报迅速沟通商业信息，安排货物运输和交易时间，从而提高了商业运作的效率。这些变化促使西方社会形成了高度重视时间效率、精确规划时间的现代时间观念，并且这种观念逐渐渗透到社会生活的各个方面。

（二）中国时间观念的文化溯源

1. 农耕文明的孕育

（1）自然节律与农事活动

中国传统的农耕文明是中国时间观念产生的摇篮。在农耕社会，农业生产与自然的节律紧密相连，人们依据季节变化和天文现象来安排农事活动，形成了独特的时间认知体系。二十四节气就是中国古代农民智慧的结晶，它将一年划分为二十四个时段，每个节气都对应着特定的气候特征和农事操作。例如，"谷雨前后，种瓜点豆"，农民们依据节气的变化，有条不紊地进行播种、灌溉、施肥、收割等农事活动。这种对自然时间周期的遵循，体现了中国时间观念中对自然规律的尊重和顺应。

（2）循环时间观的形成

农耕生产的周期性和季节性特点，使得中国人形成了循环往复的时间观。春种秋收，寒来暑往，年复一年的农业生产循环，让人们感受到时间是一个周而复始的过程。同时，家族的传承和延续也在这种时间循环中得以体现，先辈们积累的农业生产经验和家族文化通过代代相传，在时间的长河中不断延续和发展。例如，一些古老的农耕家族，会将家族的耕种技艺、祭祀习俗等传承给子孙后代，这些传统在每年的特定时间都会被重复举行，强化了人们对时间循环性的认知和对家族、文化传承的重视。

2. 儒家思想的影响

（1）人生阶段的时间规划

儒家思想在中国文化中占据主导地位，对时间观念也产生了深远的影响。儒家倡导积极入世的人生态度，主张人们在有限的时间内通过自身的努力实现个人的道德修养和社会价值。孔子提出"吾十有五而志于学，三十而立，四十而不惑，五十而知天命，六十而耳顺，七十而从心所欲，不逾矩"，为人们描绘了一幅在不同的人生阶段应该达到的理想境界的蓝图。这种对人生时间规划的重视，体现了儒家将时间与个人成长和社会责任紧密联系的思想，让人们意识到时间的流逝应该伴随着个人的成长和进步。

（2）礼仪活动中的时间安排

儒家的"礼"文化也对时间观念产生了影响。在各种礼仪活动中，时间的安排都有严格的规定和象征意义。例如，在祭祀祖先的仪式中，不同的祭祀环节都要在特定的时间进行，如清晨进行祭祀准备，上午举行正式的祭祀仪式等，这些礼仪时间的安排旨在表达对祖先的敬重和对家族传统的遵循。儒家思想还强调历史的传承和借鉴意义，认为历史是一面镜子，通过研究历史可以汲取经验教训，更好地把握当下和规划未来。这种对历史时间轴的重视，使得中国人在时间观念上注重过去、现在和未来的连贯性，将个人的命运与家族、国家的历史发展相融合。

3. 道家思想的熏陶

（1）顺应自然的时间态度

道家思想以其独特的视角对中国时间观念进行了补充和丰富。道家主张顺应自然、无为而治，认为时间是自然的一部分，人们应该遵循自然的时间节奏，不要过度刻意地去安排和利用时间。老子提出"道常无为而无不为"，倡导人们放下过多的人为干预，让事物按照自然的规律发展，这种思想在一定程度上影响了中国人对时间的态度，使得人们在忙碌的生活中也懂得适时地放松和回归自然。

（2）时间相对性的认识

道家对时间的相对性也有深刻的认识。庄子提出"朝菌不知晦朔，蟪蛄不知春秋"，通过对比不同生物对时间的感知，揭示了时间的相对性和主观性。这种思想让中国人在时间观念上不仅局限于一种绝对的、精确的时间度量，而是更加注重时间的体验和感悟。例如，在文学艺术创作中，中国文人常常会以道家的时间观为灵感，表达对人生短暂与宇宙永恒的思考，如苏轼的《前赤壁赋》中"寄蜉蝣于天地，渺沧海之一粟。哀吾生之须臾，羡长江之无穷"，体现了对时间相对性和人生短暂性的深刻感悟，同时也反映出中国人在时间观念上的多元性和深邃性。

二、时间表达方式与时间感知

（一）英语中的时间表达方式与时间感知

1. 时态系统与时间精确性

英语拥有一套复杂且精细的时态体系，这是其时间表达方式的显著特点。16种时态（一般现在时、一般过去时、一般将来时、现在进行时、过去进行时、将来进行时、现在完成时、过去完成时、将来完成时、现在完成进行时、过去完成进行时、将来完成进行时、过去将来时、过去将来进行时、过去将来完成时、过去将来完成进行时）能够精确地描绘动作或状态在时间轴上的具体位置和持续情况。

例如，一般现在时用于表示经常发生的动作、事实或真理，像"The sun rises in the east."（太阳从东方升起），这体现了一种永恒的自然规律；而过去完成时则用于表示在过去某个时间之前已经完成的动作，例如"By the time I got to the station, the train had already left."（我到达车站的时候，火车已经离开了），通过时态的使用清晰地呈现出事件的先后顺序。在文学作品中，这种时态的精确运用更是随处可见。如在简·奥斯汀的《傲慢与偏见》中，"Mr. Darcy had been standing near enough for her to overhear a conversation between him and Mr. Bingley."（达西站得很近，她无意中听到了他和宾利的对话），这里的过去完成进行时生动地描绘出达西先生在过去一段时间内持续处于某个状态并且与后续事件产生紧密关联，让读者能精准地把握故事中人物动作与情节发展的时间脉络。这种精确的时态划分反映出英语使用者对时间线性顺序的严格遵循和高度重视，他们习惯将时间看作是一个由无数个精确时间点连接而成的连续体，每个动作都能在这个时间线上找到其准确的位置。

2. 时间词汇与时间片段划分

英语中的时间词汇也十分丰富，并且具有明确的界限。像"yesterday"（昨天）、"today"（今天）、"tomorrow"（明天）这样简单的词汇就将时间清晰地划分为过去、现在和未来三个基本的时段。除此之外，还有"last week"（上周）、"next month"（下个月）、"in a few days"（几天后）等词汇，能够精确地定位到具体的时间片段。

例如，在日常对话中，人们会说"I will meet you tomorrow at 3 p. m."（我明天下午三点见你），通过这些时间词汇，双方能够准确地理解见面的时间，避免任何模糊性。在商务活动中，"The deadline for the project is next Friday."（项目的截止日期是下周五），这样明确的时间表述确保了所有参与方对时间节点有清晰一致的认知，从而有序地安排工作进度。这种对时间词汇的精确使用，使得英语使用者在时间感知上更加注重时间的离散性，即将时间视为一个个可以明确区分的单元，每个单元都有其特定的用途和安排。

3. 线性时间感知

在西方文化中，英语使用者的时间感知显著地展现出线性特征，他们倾向于认为时间是一条直线,是单向持续运动、不可逆转的。时间就像一条奔流的河水,一去不复返。所以西方人很注重时间的节点性,从一个时间节点到另一个时间节点,他们注重的是中间那一段时刻。① 由于他们秉承线性时间观念,所以他们的处世风格注重效率和节奏,习惯于按照时间的自然顺序来规划和执行事务。

他们倾向于将时间构想为一条单向、不可逆转的直线,自过去穿越现在,直指未来。这种线性时间观念深刻影响着他们的思维与行事方式,使在日常生活中,他们严格遵守时间表,无论是商务会议、私人约会还是社交活动,都强调准时的重要性。迟到被视为对他人时间的轻视,尤其在正式商务场合,即便是几分钟的延误,也可能导致当事人需要在众人面前道歉并说明原因,场面颇为尴尬。这种对时间的严谨态度,彰显了他们对时间价值的深刻理解与尊重。

此外,他们善于以时间线为框架来组织日常活动,无论是制定个人日程、规划工作计划,还是设定长远目标,都会将时间切割成若干清晰的时间段,并为每个时段分配具体的任务与期望成果。这些任务与目标如同铁路上的站点,井然有序,不容轻易打乱。对他们而言,时间是一种稀缺而宝贵的资源,值得被精心规划与高效利用。

"Time is money."(时间就是金钱)这一谚语在西方文化中广为流传,恰如其分地表达了他们对时间价值的珍视。他们追求在有限的时间内实现最大化的产出,注重效率与成果。在工作环境中,他们擅长运用各种时间管理技巧与工具,如项目管理软件、时间矩阵等,以确保任务能够按时高效完成,从而提升个人工作效率与团队协作能力。这种对时间管理的精细与执着,正是他们线性时间观念在日常生活中的生动体现。

(二) 汉语中的时间表达方式与时间感知

1. 时态的灵活性与辅助表达

汉语的时态表达相对英语来说比较灵活,没有像英语那样通过动词的形态变化来体现时态。汉语主要借助时间副词、助词、语气词等来表示时

---

① 王天禄. 跨文化交际视域下中西方时间观念差异及应对策略 [J]. 新传奇,2024 (18):27-29.

间概念。例如,"着"表示动作正在进行,"了"表示动作已经完成,"过"表示过去曾经发生。像"我吃着饭呢""我吃饭了""我吃过饭了",通过这些词就能够简单地表达动作的不同时间状态。在文学创作中,如老舍先生的《骆驼祥子》中,"祥子在院子里看了看那灰红的天,打算去拉晚儿。"这里的"了"字简单而自然地表明祥子完成"看天"这个动作后产生的后续打算,虽无复杂的时态变化,但读者能清晰理解情节的时间推进。

同时,汉语也会使用一些词汇来表示时间的先后顺序,如"先""后""然后""接着"等。例如,"我先去超市,然后去图书馆",虽然没有像英语时态那样精确的时间界定,但通过这些词汇也能清楚地表达事件的顺序。在传统评书艺术中,艺人常常会说"且说那英雄先是单枪匹马闯入敌营,然后与敌军大将大战三百回合,接着施展巧计突围而出",通过这些连接词,将故事的情节依照顺序生动地展现在听众眼前,让听众能很好地跟上故事的节奏,这种时态表达的灵活性,反映出汉语使用者在时间认知上不像英语使用者那样强调时间的精确性,而是更注重事件本身的连贯性和完整性。

2. 时间词汇的丰富性与模糊性

汉语的时间词汇同样丰富多彩,除了有像英语一样表示具体时间的词汇,如"昨天""今天""明天""去年""下个月"等,还有许多具有浓厚文化内涵和模糊性的词汇。例如,"刹那""须臾""片刻""良久"等词,这些词汇在表达时间短暂或长久的同时,并没有一个精确的时间度量标准。

比如,"刹那"这个词源于佛教,虽然大致表示极短的时间,但具体多短并没有一个明确的界定。在佛教经典《仁王经》中提到"一弹指六十刹那,一刹那九百生灭",用一种相对的概念来形容"刹那"之短。这种模糊性使得汉语使用者在时间感知上更加注重时间的相对性和情境性。在不同的语境中,同样的时间词汇可能会有不同的含义,人们需要根据具体的情境来理解时间的长短和范围。例如,在描述一场激烈的战斗时,"刹那间,战场上硝烟弥漫,喊杀声震天",这里的"刹那间"强调战斗爆发的突然性和迅速性;而在描述两人久别重逢的场景时,"他们凝视着彼此,良久都没有说话","良久"则表达出一种长时间的情感沉淀和内心的复杂情绪，时间的长度依据情境而有了不同的感受。

3. 线性与循环时间感知的结合

在线性时间感知方面，中国人与西方人相似，都注重历史的发展脉络和事件的先后顺序。儒家先贤孔子在《论语·子罕》中的名言"子在川上曰：逝者如斯夫，不舍昼夜"，深刻揭示了其对时间流逝的见解：时间如同不息的江河，持续向前，既肯定时间的无情流逝，又倡导一种从容不迫、泰然应对的生活态度。[①]

在汉语语境中，无论是历史的编纂还是家族故事的传承，都严格遵循着清晰的时间线索。中国历史书籍往往按照朝代的兴衰更替和重大历史事件的先后顺序来编排，使得读者能够清晰地把握历史的发展脉络。在日常生活和学习中，人们讲述历史事件或家族故事时，也会自然地融入这种时间顺序，确保信息的准确传递。

在个人层面，中国人同样注重时间规划与目标设定。无论是学业上的不断升学，还是职业生涯中的逐步晋升，都被视为人生旅途中不可或缺的阶段性成就。这些目标不仅体现了个人对时间的珍视和利用，也反映了中国人对于线性时间流逝的深刻理解和积极应对。

然而，中国人的时间感知还蕴含着丰富的循环时间观。这一观念在传统农历和节气中得到了典型体现。人们依据节气的变化来安排农业生产活动，例如，"春耕、夏耘、秋收、冬藏"，这种循环往复的节气变化让人们感受到时间的流转和生命的节奏。在农村，春节等传统节日期间，一系列固定的传统习俗活动如贴春联、吃年夜饭、拜年等年复一年地重复进行，人们在其中体会到时间循环带来的稳定感和归属感。这种循环时间观使得中国人在感知时间时，更注重把握生活的节奏和生命的周期，不完全受限于精确的时间刻度。

中国文化中的时间规划因此具有了一定的灵活性。虽然中国人也重视效率，但在时间利用上更注重人际关系和生活的平衡。在工作中，除了完成任务外，中国人还会花费时间维护同事关系、与上级沟通等，这些关系维护活动被视为对工作长期顺利开展的重要保障。在日常生活中，中国人

---

① 李妮. 跨文化语境下中西时间观念对比分析：非言语视角 [J]. 现代妇女（下旬），2015（1）：286.

可能会在忙碌之余抽出时间陪伴家人、朋友，参加社交活动或传统文化活动，如品茶、书法、绘画等，这些活动的时间安排更多是根据个人的心情和情境来灵活调整的。

此外，中国人在时间利用上还会受到人情世故等因素的影响。例如，在传统节日或亲友的重要时刻，中国人可能会为了处理突发的人情事务而调整原本的时间计划。例如，一个人原本计划周末加班，但接到朋友的结婚邀请后，他可能会选择先去参加婚礼，然后再找时间补回工作，这种灵活性反映了中国文化中对"人情"和"关系"的重视，同时也体现了时间观念中的一种动态平衡。

三、语言中的时间隐喻与价值导向

（一）时间隐喻的概念与重要性

时间是一种抽象的概念，人类为了更好地理解和表达时间，常常会使用隐喻的方式。时间隐喻是指通过将时间与具体的空间、物体或事件相联系，从而使时间的概念更加形象化、具体化。这种隐喻不仅存在于日常语言中，还深刻地反映了不同文化中的价值导向和思维模式。

在语言中，时间隐喻通过各种词汇和表达方式得以体现。例如，我们会说"时光飞逝""时间如梭""时间就像一条河流"等。这些隐喻不仅帮助我们以一种直观的方式来感知时间的流逝和不可逆性，还为我们提供了一种理解和诠释时间的框架。

（二）英语中的时间隐喻与价值导向

1. 线性时间隐喻

英语中常见的时间隐喻是线性的，时间被看作是一条单向的、不可逆转的直线。例如，"Time is a river flowing swiftly."（时间是一条迅速流淌的河流）和"Life is a journey with no turning back."（人生是一场没有回头路的旅行）。这种隐喻反映了西方文化中的线性时间观，即时间从过去流向现在，再通向未来，具有明确的方向性。

这种线性时间隐喻与西方文化的价值导向密切相关。西方文化强调个人的进步和发展，鼓励人们积极追求目标，不断向前迈进。在这种价值观的影响下，时间被视为一种宝贵的资源，需要被有效利用。因此，西方人往往更加注重时间管理和计划安排，追求效率和成果。

2. 空间化的时间隐喻

除线性隐喻之外，英语中还存在空间化时间隐喻。在这种隐喻框架下，时间与空间的概念相互交织，共同孕育出一系列生动而富有表现力的表达方式。例如，"in the future"（在未来）仿佛将未来描绘成一个遥远而具体的空间，等待着人们的探索与前行；"in the past"（在过去）则像是一个被尘封的空间角落，存放着我们的回忆与过往；"ahead of time"（提前）利用"ahead"这一空间上的前置概念，巧妙地展现了在时间轴上领先于既定计划的状态；而"behind schedule"（落后于计划）则通过"behind"这一空间位置上的后置词汇，清晰地揭示了未能按照预定时间轨迹前进的滞后状态。

这种空间化的时间隐喻，实际上是将抽象的时间概念具象化为可分割、可度量的空间维度，从而展现了西方文化对时间精确性的追求。以商务会议为例，若某人在会议筹备或进程推进中"behind schedule"，很可能被视为不专业或对他人时间缺乏尊重，这绝非偶然现象，而是深刻反映了西方文化对时间把控的严谨态度，以及对严格遵守时间规定与安排这一价值取向的坚定坚守。

此外，空间化的时间隐喻还深刻体现了西方文化中的秩序与规则意识。在长期的文化熏陶下，人们已经习惯通过空间位置来精确判断时间的先后顺序，并在生活的各个领域，例如，商务活动、教育教学、社交往来等，都将准时和按计划行事视为至关重要的品质。在商务谈判中，准时赴约是对合作伙伴的基本尊重；在课堂教学中，按时开始和结束课程，按计划完成教学内容，是保障教学质量的关键；在社交聚会时，遵守约定时间则体现了个人的素养与对他人的关怀。正是这种对时间精确性与秩序规则的追求，塑造了西方社会在时间管理方面严谨、高效的形象。

（三）汉语中的时间隐喻与价值导向

1. 循环时间隐喻

汉语中有丰富的循环时间隐喻，这与中国传统文化中的循环时间观相呼应。例如，"岁月轮回""四季更替"等表达，将时间看作是一个周而复始的循环过程。这种隐喻反映了中国人对自然规律的尊重和顺应，以及对生命循环和宇宙秩序的理解。

在中国文化中，循环时间隐喻与农业文明有着深厚的渊源。农民根据季节的循环变化来安排农事活动，如"春种秋收"。这种时间观念也影响了中国人的价值观，人们注重与自然的和谐相处，强调事物的周期性和平衡性。

2. 社会事件导向的时间隐喻

汉语中还有很多时间隐喻是与社会事件相关的。例如，"历史的车轮滚滚向前""时代的潮流不可阻挡"等表达，虽然也体现了时间的方向性，但这种方向是由社会事件和历史发展所决定的。与西方的线性时间隐喻不同，汉语中的这些隐喻更加强调社会集体的力量和历史的必然性。

这种社会事件导向的时间隐喻反映了中国文化中的集体主义价值观和历史责任感。中国人往往将个人的命运与国家、社会的命运联系在一起，在时间的长河中，关注社会的进步和历史的传承。例如，在国家建设和社会发展中，人们会积极响应号召，顺应时代的潮流，为实现社会的共同目标而努力。

（四）时间隐喻与价值导向的对比与启示

通过对英语和汉语中时间隐喻及其背后价值导向的分析，可以发现两者之间存在明显的差异。西方文化中，时间往往被隐喻为一条直线，强调其线性和空间化的特征，这种隐喻方式深刻反映了西方社会对个人主义、效率追求以及精确性的高度重视。在这种时间观念的引导下，西方人更加注重个人目标的实现和时间的有效利用。而在中国文化中，时间则更多地被隐喻为循环往复的过程，或是与社会事件紧密相连的脉络，这体现了中国文化对集体主义、自然和谐以及历史传承的深刻认同。在这种文化背景下，人们更加注重与自然的和谐相处、人际关系的和谐以及社会的稳定和繁荣。时间被看作是一种循环往复的过程，人们在其中寻找平衡和稳定，追求内心的平和与满足。

这种时间隐喻与价值导向的差异对跨文化交流和理解产生了深远的影响。在跨文化交流中，如果我们能够深入理解并尊重对方文化中的时间隐喻和价值导向，就能有效避免因时间观念的不同而产生的误解和冲突。例如，在商务合作中，西方合作伙伴可能更倾向于按照严格的日程安排和时间节点来推进项目，而中国合作伙伴则可能会更加注重团队的整体利益和人际关系的和谐，从而在时间安排上展现出更大的灵活性。这种差异需要我们在合作中相互理解和包容，寻找共同点和平衡点。

同时，这种对比也为我们提供了一个宝贵的视角，让我们能够重新审视自身文化，并从中汲取其他文化的优点。在全球化的背景下，文化的交流和融合已经成为不可逆转的趋势。通过深入了解不同文化中的时间隐喻和价值导向，我们可以更好地融合多元文化的价值观，促进文化的交流与发展。这不仅有助于提升我们的跨文化交际能力，还能让我们保持开放的心态，不断学习和进步。

第三节　权力距离与等级观念

作为衡量个体对组织中权力分配不平等接受程度的关键指标，权力距离不仅映射出社会成员对权威与等级的认知态度，更在很大程度上勾勒出了人际互动的框架。这一维度的大小，通常通过权力距离指数（PDI，即 power distance index）来量化表达。在高权力距离（HPD）文化中，个人表现出对权威的高度尊重与信任，默许领导者掌握更大的组织分配权力。同时，强调上下级之间存在严格的等级顺序，不同的等级代表不同的权力。高等级者享有对应的特权，可以因此获得更多的资源分配。[①] 然而，在低权力距离（LPD）文化中，人们则追求一种更为平等的权力分配格局，上级与下级在本质上被视为平等个体，仅任务分配有所不同。这种文化氛围中，等级观念相对淡化，权力结构与地位差异不再被过分强调。

一、中西权力距离与等级观念的文化溯源

（一）西方权力距离与等级观念的文化溯源

西方国家的权力距离指数普遍偏低，这反映了西方社会对于权力分配

---

① 饶育蕾，丁庆锋，陈地强. 儒家文化与公司高管-员工薪酬差距：基于权力距离的视角 [J]. 厦门大学学报（哲学社会科学版），2022，72（2）：47-60.

不平等现象的较低容忍度。在西方文化中，个人能力和自由平等的价值被置于重要位置，对于权力持有者的敬畏之心相对淡薄。平等观念，作为西方文化的重要组成部分，已经深深植根于社会结构和人际关系之中，它强调每个人都应享有平等的权利和机会，不应因身份、地位或财富的差异而受到不公正对待。

从历史发展的角度来看，古希腊文明作为西方文明的摇篮，其城邦政治体系虽然存在一定的等级划分，但公民群体内部却展现出了对平等参与政治事务的强烈渴望。这种早期的平等意识，为后世西方平等观念的发展奠定了坚实的基础。在古希腊的民主政治实践中，公民大会、五百人会议等机构为公民提供了平等参与政治决策的平台，这种政治实践不仅增强了公民的平等意识，也为西方社会的民主传统埋下了伏笔。

罗马帝国时期，尽管政治权力逐渐集中，但罗马法的发展与传承却强调了法律面前人人平等的基本原则。罗马法不仅保障了公民的基本权利与自由，还在一定程度上限制了世俗权力的过度膨胀，为西方社会的平等观念提供了法律支撑。此外，基督教在中世纪西方社会的广泛传播，也在精神层面上为平等观念提供了神圣的支撑。尽管教会内部存在等级森严的教阶制度，但基督教教义中关于上帝面前人人平等的理念，却在一定程度上对世俗等级制度形成了制衡，推动了西方社会平等观念的发展。

文艺复兴和启蒙运动时期，人文主义思潮和理性主义思想蓬勃兴起，对封建等级制度和教会权威发起了猛烈冲击。文艺复兴强调人的价值与尊严，倡导个性解放和人文主义精神；启蒙运动则高举自由、平等、民主的大旗，将理性主义思想广泛传播于社会各个层面。这两场运动不仅深化了西方社会的平等观念，还促使西方社会在政治、经济、社会等各个领域不断追求权力的制衡与平等的实现。这种平等观念在社会结构与人际关系的构建中得到了充分体现，使得西方社会更加注重个人的全面发展与自由的充分保障，从而形成了相对较低的权力距离特征。

值得注意的是，尽管西方社会的权力距离指数普遍偏低，但不同国家和地区之间仍存在一定程度的差异。这种差异既受到历史传统、文化背景和社会制度等内部因素的影响，也受到全球化进程和国际交流等外部力量的推动。在全球化的大背景下，西方社会的平等观念与权力距离特征也在不断地与世界各地文化进行交流和融合，共同推动着人类社会的文明进步与发展。

(二) 中国权力距离与等级观念的文化溯源

中国的权力距离指数偏高，这一特征深深植根于中国的传统文化之中，尤其是儒家文化的影响。儒家思想，作为中国古代的主流思想体系，对权力距离和等级观念的形成与发展产生了深远的影响。

儒家文化强调尊卑有序、长幼有别，这种观念在社会结构和人际关系中得到了广泛体现。在儒家思想体系中，"礼"是核心概念之一，它构建了一套严密的社会等级规范。这套规范不仅适用于家庭层面的父子、兄弟关系，也广泛适用于社会层面的君臣、官民关系。每个人在社会中都有其特定的角色和地位，并需要遵循相应的礼仪和行为准则。

儒家文化认为，权力是维持社会秩序和稳定的重要工具。在儒家看来，君主作为天命的代表，拥有至高无上的权力，是国家的最高统治者；而各级官员和百姓则需根据自身的身份和地位来服从和尊重上级，以维持社会的稳定和和谐。这种观念导致了中国社会对于权力分配不平等现象的较高接受度，进而形成了较大的权力距离。

在儒家文化的熏陶下，人们逐渐形成了对权力的高度尊重与信任，默许领导者掌握更大的组织分配权力。同时，强调上下级之间存在严格的等级顺序，不同的等级代表不同的权力。高等级者享有对应的特权，可以因此获得更多的资源分配。这种等级制度和权力分配方式在儒家文化的影响下得到了进一步的强化和巩固。

儒家文化中的等级观念与权力距离紧密相连，共同构成了中国社会秩序的重要基石。儒家思想认为，一个有序的社会需要每个人都根据自己的身份、地位和能力来履行相应的职责，以维护社会的稳定和和谐。这种等级观念不仅体现在社会结构的宏观层面，如皇权、贵族、士人和平民等阶层的划分，更渗透到了家庭和职场关系中。在家庭中，父子关系、夫妻关系都遵循着严格的等级秩序；在职场中，上下级关系也体现了明确的等级划分。这种等级制度使得人们在社会生活中能够明确自己的位置，知道如何与不同等级的人交往和互动。

儒家文化通过一系列的社会规范和道德准则来强化等级观念，其中"三纲五常"中的"君为臣纲、父为子纲、夫为妻纲"就明确规定了不同等级之间的权力与义务关系。这些规范不仅要求下级服从上级，还要求人们尊重长辈和权威，从而维护了社会的稳定和秩序。同时，儒家文化还强调等级之间的界限和差异，认为不同等级之间的人应该保持一定的距离和界限，以避免混淆和冲突。这种观念不仅强化了等级制度的稳定性和权威性，还使得人们更加珍惜自己的身份和地位，努力提升自己的能力和水平。

自近代以来，中国社会在西方文化的冲击与国内社会变革的双重影响下，踏上了艰难的转型与探索之路。辛亥革命的成功推翻了封建帝制，打破了长久以来束缚社会的封建等级制度，为中国的现代化进程扫清了政治障碍。新文化运动高举民主与科学的旗帜，对封建礼教和等级观念进行了深刻而猛烈的批判，动摇了封建思想的根基，为中国社会的未来发展注入了新的活力和动力。新中国成立后，社会主义制度的建立标志着中国社会发生了根本性变革，人民当家作主的原则的确立，从根本上改变了权力的来源与性质，使得权力真正回归人民手中。

随着改革开放的深入推进，中国在民主法治建设方面取得了显著的成就。国家不断完善法律法规体系，加强公民权利保障，拓宽公民参与社会治理的渠道。这些努力不仅提升了中国的国际地位，更为中国社会的可持续发展注入了强大的动力。在改革开放的推动下，中国社会逐渐形成了更加开放、包容、多元的文化氛围，传统等级观念的影响进一步减弱。

二、敬语、谦语的使用范围与形式差异

敬语和谦语是语言交流中的特殊表达方式，它们体现了说话者对对方的尊重以及对自身的谦逊态度。在不同文化背景下，敬语和谦语的使用有助于维护社会关系中的等级秩序、表达礼貌和情感，是文化价值观在语言层面的重要体现。

（一）使用范围差异

1. 英语中的使用范围

西方文化以其对个人平等与独立的强调而著称，这导致了相对较小的权利距离。在这样的文化背景下，敬语的使用在社交场合中显得相对有限。人们更倾向于采用直接、平等的语言进行交流，以体现彼此间的尊重

与理解。然而，在特定的正式或商务场合，如商务会议、外交活动及颁奖典礼等，人们还是会恰当地使用如"Mr."（先生）、"Mrs."（夫人）、"Ms."（女士）等尊称，以彰显对对方的尊重。但总体而言，西方文化更注重个人独立和平等，不倾向于构建严格的等级制度。

（1）社交场合

在社交场合中，英语敬语的使用相对有限，但这并不意味着西方人不注重礼貌。相反，他们通过一系列固定的礼貌用语来表达对对方的尊重。除了上述提到的尊称外，"please"（请）、"thank you"（谢谢）、"excuse me"（对不起/打扰一下）等常用礼貌词汇在交流中频繁出现，这些简单的词汇在无形中构建了和谐、尊重的交流氛围。此外，在社交聚会或晚宴等场合，西方人还会通过赞美对方的外貌、衣着或成就等方式来表达敬意和友好。

（2）职业场景

在职业环境中，西方文化的平等观念同样得到了体现。上级与下级之间的语言交流相对平等，不会因为职位的高低而改变语言风格。当然，在一些特定的场合，如学术会议、医疗环境等，人们会使用特定的职位头衔来称呼对方，如"professor"（教授）、"doctor"（医生）等。但即便如此，这些头衔更多的是作为对方专业身份的标识，而非等级差异的体现。在日常工作中，员工与老板之间的讨论通常直接而坦诚，这种平等的沟通方式有助于提高工作效率和团队凝聚力。

（3）家庭场景

在西方家庭中，成员之间的交流更加随意和亲切。敬语的使用非常少见，父母与子女、兄弟姐妹之间通常以名字相称，这种轻松、平等的语言风格体现了西方文化中的家庭平等观念。家庭成员之间不仅注重彼此的尊重和理解，还强调相互支持和关爱。在遇到困难或挑战时，家庭成员往往会伸出援手，共同面对和解决问题。这种家庭氛围有助于培养孩子们的自信心和责任感，为他们未来的成长奠定坚实的基础。

2. 汉语中的使用范围

中国文化深受儒家思想的影响，重视对长辈、上级及权威的尊重，同时也倡导个人保持谦逊态度。这种价值观在汉语中敬语与谦语的广泛应用上得到了充分体现。在与长辈或上级沟通时，人们惯于使用诸如"先生""老师""阁下"等敬称，以此表达对对方的崇高敬意。而在自我称呼时，则倾向于采用"在下""晚辈"等谦辞，以此降低自我身份，展现出自身的谦逊姿态。这种语言习惯不仅凸显了中国社会对权力与地位的尊重，也深刻揭示了中国社会对于权力距离和等级观念的深入理解和普遍认同。

（1）社交场合

在汉语中，敬语的使用范围广泛且复杂，几乎涵盖了所有社交场合。在正式社交活动中，人们会根据对方的身份、地位和场合的不同，选择恰当的敬语来表达敬意。例如，对于长辈或德高望重的人，可以使用"前辈""长者"等尊称；对于地位显赫或学识渊博的人，则可以使用"阁下""贤达"等更为尊敬的称呼。此外，在交流过程中，人们还会巧妙地运用一些敬语词汇来抬高对方，如"贵姓"表示对对方姓氏的尊重，"高见"表示对对方见解的赞赏，"大作"则是对对方作品的恭维。与此同时，谦语的使用同样不可或缺，如以"在下""晚辈"等谦辞自称，以此彰显自己的谦逊与低调，营造和谐融洽的社交氛围。

（2）职业场景

在职场环境中，汉语敬语的运用同样占据着重要的地位。下属在称呼上级时，通常会选择带有尊敬和敬意的称谓，如"张总""李主任"等，这样的称呼不仅彰显了对上级职位的认可，更传达了下属对上级的尊重与服从意愿。在沟通内容上，下属也极为注重使用敬语来表达自己的请求或意见，例如"请您指示""烦请张总审阅"等，这些敬辞的使用有助于构建和维护上下级之间和谐融洽的工作关系。

同样地，上级在与下属沟通时，也倾向采用温和、鼓励性的语言，以表达对下属工作的认可与激励。例如，上级可能会说"你这次做得很好，辛苦了"，这样的言辞不仅能让下属感受到被重视和认可，还能激发他们的工作积极性和归属感。通过这样的语言交流，职场中的上下级关系得以更加顺畅和谐地发展。

（3）家庭场景

汉语在家庭场景中也保留了敬语和谦语的使用。晚辈对长辈的称呼通常比较尊敬和正式，如"爷爷""奶奶""爸爸""妈妈"等，这些称呼不能随意简化或省略。在与长辈交流时，晚辈会使用"您"而非"你"，以示尊重和礼貌。此外，在表达个人见解或采取行动时，晚辈常运用谦语来降低自我身份，如"孩儿做得不够好""小的有所顾虑""恳请您的谅解"等。这些谦语的应用，不仅传达了对长辈的深深敬意与感激，也充分展现了晚辈的谦逊态度。

此外，在一些特定的家庭场合，如节日庆典、家庭聚会等，家庭成员之间也会使用敬语和谦语来增强家庭氛围的和谐与融洽。例如，在祝福长辈时，会使用"祝您身体健康""祝您福如东海"等敬语；在表达自己对家庭的贡献时，则会使用"我尽力了""我做得还不够好"等谦语来展示自己的谦逊和勤奋。

（二）形式差异

1. 英语中的形式

（1）词汇方面

英语敬语体系的核心在于一系列固定的礼貌词汇及蕴含明确尊重意味的头衔，这些词汇简练直接，能有效传达尊重之意。例如，"sir"（先生）和"madam"（女士）是常见的尊称，用于称呼成年男性和女性，无论其社会地位如何，都能体现出说话者的礼貌和尊重。而"Your Honor"（阁下）则专用于称呼法官，体现了对法律权威和司法公正的尊重。此外，"Mr."（先生）、"Mrs."（夫人）、"Miss"（小姐）和"Ms."（女士，用于不确定对方婚姻状况时）等也是常见的尊称，用于正式场合或初次见面时，以示礼貌和尊重。

除了上述头衔外，还有一些日常礼貌用语，如"please"（请）、"thank you"（谢谢）、"excuse me"（打扰一下）等，虽然它们本身并不直接归类于敬语，但在营造礼貌、尊重及舒适的交流环境中扮演着关键角色。例如，在请求帮助时加上"please"，不仅表达了礼貌，还体现了对对方时间和精力的尊重；在得到帮助后说"thank you"，则是对对方善意行为的感激和认可，有助于促进交流的和谐。

（2）语法方面

英语通过一系列语法手段来表达委婉、礼貌和尊重的语气。这包括时态、语态以及语气的灵活运用。

英语不仅常常使用现在完成时来强调他人已经完成的出色工作，以此表达尊重和赞赏，如"You have done an outstanding job."（你做得非常出色）还常常运用将来时来表达对他人未来行为的期待和尊重，如"I'm confident you will excel in your next project."（我相信你在下一个项目中会表现出色。）这种时态的运用使得表达更加具有前瞻性和鼓舞性。

语态方面，被动语态在英语中扮演着重要的角色，它能够避免直接提及可能引发争议或不适的行为主体，从而体现出对他人的尊重。例如，"The report was thoroughly reviewed by the team."（这份报告已经由团队进行了全面审查）这样的表述方式不仅强调了审查的全面性，还避免了将责任直接归咎于个人，体现了对团队协作和决策过程的尊重。再如，"The decision to postpone the meeting was made in consideration of everyone's schedule."（推迟会议的决定是考虑到大家的日程安排而做出的）这句话通过被动语态的运用，巧妙地避免了直接指出是谁做出了这个决定，从而维护了团队的和谐。

语气方面，虚拟语气的使用在英语中尤为常见，它能够使句子听起来更加委婉和礼貌，避免直接命令或要求带来的不适感。例如，"If you could lend me your umbrella, I would be most grateful."（如果你能借给我你的伞，我将非常感激）这样的表达方式通过虚拟语气使请求听起来更加谦逊，让人愿意提供帮助。再如，"I would appreciate it if you could provide me with some feedback on my proposal."（如果你能对我的提案提供一些反馈，我将不胜感激）这句话同样运用了虚拟语气，使得请求听起来更加委婉得体，体现了对对方时间和意见的尊重。

（3）句式方面

英语的敬语句式相对简洁且统一，通常通过添加一些固定的礼貌用语或短语来构建。例如，"Could you please…"（你可以……吗）、"Would you mind…"（你介意……吗）等句式在表达请求、建议或询问时极为常见。这些句式在不同对象和场合下具有较高的通用性，能够以一种礼貌且尊重的方式提出要求或询问。

除了上述句式外，还有一些其他常见的敬语句式。例如，"I am wondering if…"（我想知道是否……）、"Excuse me, but…"（对不起，但是……）等。这些句式通过添加礼貌的开头或转折来使句子更加委婉。

同时，通过巧妙运用条件句、疑问句等句式，可以进一步增强句子的委婉性。例如，"If it's not too much trouble, could you…?"（如果不太麻烦的话，你能……吗?）这样的条件句通过假设一个前提来使请求听起来更加委婉。而 "Do you mind if I…?"（你介意我……吗?）这样的疑问句则通过询问对方的意见来体现尊重和礼貌。

举例来说，当我们说 "Could you please help me carry these boxes?"（您能帮我搬一下这些箱子吗?）时，通过添加 "please" 和 "could" 这两个词汇，使得原本直接的请求变得更为礼貌和尊重，听起来更加委婉和谦逊。

同样地，当我们使用疑问句 "Would you mind if I borrowed your pen?"（请问您介意我借用一下您的笔吗?）时，我们并没有直接提出要求，而是通过询问对方的意见来表达我们的请求。这种方式不仅避免了直接要求的唐突，更体现了对对方感受和意愿的尊重，是一种更为礼貌和得体的表达方式。

2. 汉语中的形式

（1）词汇方面

汉语在敬语和谦语的词汇丰富程度上，相较于英语展现出了更为细腻且多层次的表达体系。这一体系不仅广泛涵盖了尊称对方及其亲属的词汇，还深入了赞美对方行为、作品的各个方面，形成了一套全面而精准的敬语系统。

在尊称方面，汉语拥有诸如"贵宾""尊夫人""贤达"等词汇，这些词汇不仅体现了对对方的尊重，更在细微之处展现了说话者的敬意和礼貌。例如，"贵宾"一词常用于正式场合，以表示对对方的尊敬和重视；"尊夫人"则是对对方妻子的尊称，体现了对对方家庭成员的尊重和关怀；"贤达"则用于尊称有学问或品德高尚的人，传递了对对方智慧和品德的认可和敬仰。

在赞美对方行为、作品方面，汉语同样拥有丰富的词汇，如"卓见""佳作"等。这些词汇不仅精准地传达了说话者对对方行为和作品的赞赏，更在无形中提升了对方的地位和价值。例如，"卓见"一词常用于称赞对方的见解或建议，体现了对对方智慧和判断力的认可；"佳作"则是对对方作品的尊称，传递了对对方创作才华和努力的赞赏和尊重。

与此同时，汉语中的谦语词汇同样丰富多样，主要体现在自称及描述自己相关事物的用词上。例如，"不才""敝人"等词汇常用于自称，以表达说话者的谦逊和尊重他人的态度；"陋见""拙作"等词汇则用于描述自己的见解或作品，以展现说话者的自谦和低调。这些谦语词汇的选择和运用，不仅体现了说话者的谦逊品质，更在无形中拉近了与他人的距离，营造了和谐的人际关系。

值得注意的是，汉语中的敬语和谦语词汇并非一成不变，而是根据对象、场合和行为的不同有着细致的分类和选择。这种细致的分类和选择，使得说话者能够精确地表达自己的情感，传递出对对方的尊重和敬意，同时也展现了说话者的谦逊态度和礼貌修养。因此，在汉语中运用敬语和谦语，不仅是一种语言表达方式，更是一种文化传承和社交礼仪的体现。

（2）语法方面

汉语，作为一种历史悠久且文化底蕴深厚的语言，其语法结构中蕴含着丰富的敬语和谦语表达。这些独特的语法结构在表达敬意和谦逊时发挥着至关重要的作用，通过词类活用以及词语的精妙组合，巧妙地传递出说话者的敬谦之意。

在古代汉语中，敬语和谦语的表达尤为丰富且富有象征意义。例如，"陛下"一词，原本只是指宫殿的台阶之下，但在古代臣子与君主的对话中，它逐渐演变成为对帝王尊贵身份的象征性称呼。这一称呼不仅体现了臣子对君主的深深敬意，还展现了臣子的谦卑之心。同样，"殿下"也是对尊贵者的敬称，它借用宫殿的意象，传达出对对方的尊敬之情，同时也表达了说话者的谦逊态度。这些词汇不仅是古代礼仪文化的生动体现，更展示了汉语在表达敬意和谦逊方面的独特魅力。

到了现代汉语，敬语和谦语的表达同样丰富多彩，且更加贴近现代生活。例如，"敬呈"一词，通过"敬"这一修饰成分与"呈"这一动词的结合，形成了一种恭敬的表达方式。这一词汇常用于向上级或长辈呈交文件或礼物时，既表达了说话者的敬意，又体现了对收件人的尊重。同样，"拜读"一词中的"拜"字，赋予了"读"这一动作以更加恭敬的色彩。它表示对他人作品的尊重和认真阅读的态度，展现了说话者的谦逊和求知精神。而"恭候"一词，则通过"恭"字与"候"字的结合，表达了对他人到来的殷切期待和恭敬之情。这一词汇常用于迎接客人或等待重要人物时，既体现了说话者的热情好客，又展现了其谦逊有礼的品质。

此外，现代汉语中还有许多其他敬语和谦语的表达方式。以"请教"一词为例，它常用于向他人提出疑问或寻求指导的情境中。在这里，"请"字本身便蕴含了礼貌与尊重的意味，而"教"字则明确指向了求知与学习的行为。因此，"请教"一词整体上不仅传达了说话者渴望获取知识的愿望，更深刻地体现了对对方知识、经验或技能的尊重与认可。这种表达方式既彰显了说话者的谦逊态度，也鼓励了对方乐于分享、乐于助人的美德，从而在双方之间建立了一种基于尊重与信任的良好沟通氛围。

再看"赐教"一词，它常用于请求他人给予指导、建议或帮助的场合。在这里，"赐"字带有一种恩赐、赐予的意味，暗示着说话者将对方的帮助视为一种难得的赐予，从而表达了对对方慷慨相助的感激之情。而"教"字则再次强调了学习的行为，使得整个词汇既表达了说话者对知识的渴求，也展现了其对对方智慧与能力的深深敬仰。通过"赐教"一词，说话者不仅诚恳地请求对方的帮助，更在无形中传递了一种谦逊有礼、尊重他人的优秀品质，这种品质正是中华民族传统美德的重要体现。

这些敬语与谦语的表达方式不仅丰富了汉语的语言表达形式，更在深层次上传递了中华民族注重礼仪、尊重他人、谦逊有礼的文化内涵。它们在日常生活中的广泛运用，不仅有助于构建和谐的人际关系，更在无形中弘扬了中华民族的优秀传统文化，使得汉语成为一种既富有表现力又充满文化底蕴的语言。

（3）句式方面

在句式运用上，汉语敬语与谦语通过特定的句式结构，进一步强化了敬谦情感的表达。当使用疑问句或反问句来提出请求或建议时，巧妙地融入"请问""能否"等礼貌词汇，使得句子显得更为委婉且礼貌十足。而在表达感谢或道歉时，则通过陈述句或感叹句，配合"谢谢""对不起"等礼貌用语，以及"非常""十分"等程度副词，极大地提升了句子的敬谦色彩。

汉语敬语与谦语的句式灵活多变，能够精准地适应不同的场合与对象，展现出卓越的语境适应性。在表达请求时，人们惯用"恳请您能抽空一见""冒昧一问，能否请您拨冗相助"等句式，既表达了诚挚的请求，又彰显了对对方的深深敬意。例如，面对长辈或上级时，一句"恳请您在百忙之中拨冗指导"，既体现了请求的正式与尊重，又不失谦逊与诚恳。

在赞美他人时，汉语敬语则以其丰富的赞美词汇与高雅的表达方式著称。如"久仰大名，如雷贯耳""钦佩之至，愿以您为楷模"，这些语句不仅传递了对对方的深深敬仰，更彰显了说话者的修养与品味。当遇见一位德高望重的学者时，人们或许会这样说："久闻您的大名，今日得见，真是荣幸之至。"这样的表达，既体现了对学者的尊敬，又显得文雅而得体。

此外，排比句、对偶句等修辞手法的巧妙运用，更是为汉语敬语与谦语的表达增添了无尽的文雅与尊重。如"春风化雨，润物无声；您的教诲，铭记于心"这样的对偶句，不仅表达了对对方的感激之情，更以其工整的句式与优美的辞藻，展现了汉语独特的韵味与深厚的文化内涵。这些修辞技巧的巧妙运用，不仅极大地丰富了汉语敬语与谦语的表达形式，更使得这些语句在社交场合中显得更为得体、更加引人注目，彰显了汉语语言的独特魅力。

三、称呼方式、言语礼貌策略中等级关系的体现

（一）英汉称呼方式中的等级关系

1. 英语称呼方式

英语称呼在不同场景下体现的等级差异，具有简洁灵活却又内涵丰富的特点。正式场合，特定职业或职位者有相应头衔称呼，像"doctor""professor"等彰显职业权力。医院里"doctor"表明医生专业权威，医生凭借其专业知识和技能，在诊疗过程中处于主导地位，患者需遵循医嘱，此称呼凸显了这种权力关系。法庭上"Your Honor"凸显法官司法至高权，在整个司法程序中，法官掌控着审判节奏、裁决结果，诉讼双方必须对其表示敬重与服从，这一称呼明确了法官在司法体系中的绝对权威地位。

工作场所，上级对下级直呼其名，如部门经理称"John""Lisa"，显示管理地位，这种直呼其名的方式传递出上级的主导权，意味着经理有权指挥和安排下属的工作任务，下属需迅速响应。下级对上级用带职位头衔称呼，如"Manager Smith"，以此明确权力归属与尊重之意。

社交场合，初用"Mr.""Mrs."等通用称呼，交往深入后，遇地位高者会调整，如知名律师称"Lawyer ××"，大学校长称"President ××"。在一些高端社交聚会中，当得知某位宾客是知名大学的校长时，人们往往会改口称其为"President ××"，以此来表示对其在教育领域卓越地位和领导权力的认可与敬重，也显示出自身对社交礼仪中权力等级暗示的敏锐感知，同时也为社交互动奠定了尊重与有序的基调。

2. 汉语称呼方式

汉语称呼的等级性丰富且细致，犹如一张精密的社交网络，将人们的身份地位清晰地标识出来。家庭内部，亲属称谓依辈分、长幼、父系母系而定，"祖父""祖母"等长辈称谓明确家族地位秩序，他们在家庭事务决策、家族文化传承等方面拥有主导权，晚辈需恭敬听从教诲。年夜饭座位安排与之呼应，长辈坐在主位，晚辈依次坐在周围，这种座位的排序方式与称呼体系相互配合，强化了家庭内部的权力等级秩序，使得家族文化得以有序传承，家族凝聚力在这种等级分明的氛围中得以维系。

职场中，领导必加职位称呼，如"张局长"，这一称呼明确了领导在单位中的权威地位，下属在称呼时必须严格遵循，不能随意简化或更改，体现了对领导职位权力的敬重。同事间资历职位有别，老资历或高职者被称"王哥""李姐"，这种带有亲属称谓的称呼方式既表达了尊重，又拉近了关系，但其中仍隐含着资历等级的差异；而年轻低职者常被直呼或谦称"小孙""小李"，体现出相对较低的职场地位。例如，在政府机关中，科员对科长说话时必定尊称"科长"，而科长对科员则可直呼其名，这种称呼的鲜明对比清晰地反映出职场中的等级差异，也影响着工作中的沟通模式与决策流程，下级往往会更谨慎地表达意见，而上级的指示则具有决定性作用。

社交场合，对长者、地位高者用尊称，如"王老""张教授"，这些尊称不仅表达了对对方的敬重，还明确了其在社交群体中的较高地位。在一些文化传承性较强的社交圈子，如书法、绘画等艺术领域，对于知名的画家、书法家等，人们会尊称他们为"大师"，如"齐大师""启功大师"，这种称谓体现了对其艺术造诣和社会影响力的高度认可，也反映出社交等级的差异。而且，在介绍他人时，同样会遵循先介绍地位高者、年长者的顺序，并且会详细介绍其重要身份、成就或背景，如"这位是我们尊敬的赵老，他在文学界耕耘数十载，著作等身，是我国当代文学的泰斗级人物。"通过这种介绍方式，让在场的人迅速了解其社交地位，从而遵循相应的社交礼仪规范，使得社交互动能够在有序且尊重的氛围中进行，避免因不了解等级关系而产生的社交失误。

（二）英汉言语交际中的礼貌策略的等级关系

1. 英语言语交际中的礼貌策略

在英语交流中，礼貌策略往往通过情态动词、虚拟语气以及特定的礼貌用语来体现等级差异。在正式场合，如下级对上级或晚辈对长辈的交流中，常使用"could""would"和"may"等情态动词来委婉表达请求或建议，如"Could you please review my report?"这句话中，"could"的使用使得请求的语气变得更为柔和，将审阅报告的决定权赋予了上级，从而体现了下级对上级权威的尊重以及自身相对较低的权力地位。

在商务谈判中，如"Would you consider our proposal? We believe it could bring mutual benefits."（你会考虑我们的建议吗？我们相信这对双方都有利），这样的表达，既清晰地传达了自己的观点与期望，又给予了对方足够的尊重和决策空间。这种基于权力等级差异的言语礼貌规范，使得谈判过程能够在礼貌且有序的氛围中进行，有效避免了因语气强硬而可能引发的对抗情绪。

虚拟语气则常用于表达谦逊或尊他。例如，"I would suggest that we should consider another option."这种表达方式相较于直接陈述观点，显得更为委婉客气。在面对权力地位高于自己的人时，使用虚拟语气能够避免过于强硬的态度，使交流对象更容易接受自己的建议，同时也维护了对方的权威形象。

在学术交流中，年轻学者对专家说："If I were you, I might look at it from a different perspective. But of course, your expertise is unrivaled."（如果我是你，我可能会从不同的角度看这件事，当然你的专业知识是非常好的），通过虚拟语气构建的假设情境，巧妙地平衡了表达个人见解与尊重权威之间的关系。这种表达方式既展示了年轻学者的思考，又表达了对专家深厚学识的敬仰，符合学术交流中权力等级分明的语境要求，促进了学术思想的交流与碰撞。

此外，"please""excuse me" 和 "thank you" 等礼貌用语的使用频率也因等级差异而有所不同。低权力者往往更为主动地使用这些礼貌用语。例如，酒店服务员对客人常说："Excuse me, sir/madam. May I help you?"（打扰了，先生/女士。我能为你服务吗?）或 "Thank you for your patience."（感谢您的耐心等待）服务员通过频繁使用这些礼貌用语来体现客人的较高权力地位以及自身服务者的角色定位，从而确保服务过程的顺利与和谐。客人在这种礼貌氛围中感受到被尊重，而服务员也在遵循等级规范的交流中完成了服务工作，维护了酒店服务场景中的社交秩序。

2. 汉语言语交际中的礼貌策略

汉语言语礼貌与等级观念紧密相连，其体现方式多样，包括词汇选择、句式结构、敬谦辞的使用以及语序安排。在词汇层面，对高位者常使用尊敬词汇，如"瞻仰""拜见"和"教诲"。例如，当人们前往参观重要人物的纪念馆或故居时，会怀着崇敬的心情说"瞻仰伟人遗容"，以此表达对被瞻仰者的崇高敬意。而对平辈或晚辈，则多使用普通词汇，如"看望""拜访"和"交流"等，这种词汇选择上的差异清晰地反映了等级界限。

句式方面，下级对上级汇报工作时，语句往往规整严谨。如"张总，项目已完成前期调研，按计划推进，请您指导。"这种句式结构清晰，先陈述工作进展，再表达恳请上级指导的意愿，既体现了对上级权威的尊重，又彰显了自身的从属地位。在古代官场，对皇上的奏报更是恭敬规范，如"启奏陛下，臣有本上奏。近日……"，通过特定的句式结构，如"启奏陛下"这一开头语，将皇上置于至高无上的地位，而臣子则以谦卑的姿态陈述事情，进一步彰显了皇权的威严和臣子的敬畏之心。

敬辞与谦辞在汉语言语礼貌中占据重要地位。提及对方时，常用敬辞如"令尊""贵公司"等，以表达对对方及其家人的敬重。而提及自己时，则使用谦辞如"家父""敝人"和"拙作"等，以展示谦逊的态度。在文学交流中，作者向学者请教时，会说"晚辈不才，拙作有不足，望先生赐教。"这里通过"拙作""晚辈"和"不才"等谦辞，以及"先生"和

"赐教"等敬辞，明确了双方在文学领域的权力等级关系，既表达了对对方的敬重，又展示了自身的谦逊，促进了文学知识的传承与交流。

在语序安排上，多人聚会时介绍人物往往依据地位、年龄顺序进行，先介绍地位高、年长之人。如"今天有尊敬的李老，教育界德高望重；还有王局长，市政管理贡献卓越；以及年轻有为的赵博士……"这种语序安排不仅反映了汉语文化中对权力和地位的重视，还体现了对等级关系的细致维护。它让在场的人能够迅速明晰彼此的社交地位，从而遵循相应的社交礼仪规范进行交往，避免因介绍顺序不当而产生的误解或失礼行为，确保社交活动的顺利开展。

第四节　高语境文化与低语境文化

一、高低语境文化的内涵

著名人类学家爱德华·霍尔（Edward T. Hall）在其 1976 年出版的《超越文化》（*Beyond Culture*）一书中明确提出高语境文化（high-context culture）与低语境文化（low-context culture）的概念。事实上，早在 1959 年出版的《无声的语言》（*The Silent Language*）一书中，霍尔就已经开始探讨文化与交际的关系，指出"文化就是交际，交际就是文化"，两者密切联系，具体就体现在：人们在交往过程中会无意识地反映出自己身处的背景文化及其特征。在交流过程中，依据信息的获取是否主要依靠语境，并且结合语境的高低程度将交流区分为高语境交流与低语境交流。①

（一）高语境文化

高语境文化是一种信息传播与理解高度依赖语境的文化模式。在这种文化里，大量信息并非通过直白的语言表述传递，而是深植于语言环境、社会文化背景、人际关系以及非语言行为等诸多因素之中，或内化于交际

---

① 赵君. 霍尔高低语境文化理论下游戏《黑神话：悟空》中西文化差异对比分析［J］. 新楚文化，2024（7）：70-72.

者的思维记忆深处。在沟通的过程中，只有很少量的信息是直接而清晰地传递出来的，大家在沟通的过程中注重语境，也就是社会文化环境和交际者所处的具体情景，微妙且敏感，相比"言传"更重视"意会"。①

中国文化在很大程度上属于高语境文化。在中国文化中，传统家族观念根深蒂固，家族成员间存在着一种心照不宣的情感纽带与行为默契。例如在家族聚餐时，长辈的一个眼神、一个细微动作，抑或是聚会的特定氛围、家族近期发生之事等语境元素，皆可能传递丰富内涵，无须长辈过多言语点明。又如在传统中式婚礼筹备过程中，诸多细节安排如场地布置、仪式流程顺序等往往依据家族习俗和传统观念而定，这些习俗背后的意义和期望无须详细解释，家族成员和相关参与者凭借对文化语境的熟悉便能心领神会并默契配合，以确保婚礼顺利进行并符合家族期望与文化传统。

（二）低语境文化

低语境文化强调的是理性和逻辑，也就是在理性的基础上运用逻辑方法推导出结论，通过语言将信息清晰明了地传递。② 在这种文化中，语境在信息传递中所起的作用相对次要，而直接、明确的语言表达则占据主导地位。

西方文化在很大程度上体现了低语境文化的特征，以美国文化为例，在商业合同签订环节，合同条款会详尽规定双方权利、义务、交易细节、违约责任等，几乎所有关键信息均通过精准语言文字呈现，鲜少有须借助合同之外语境因素方能理解的模糊之处。

在日常交流场景中，美国人亦倾向于清晰准确地表达自身想法与需求。比如在朋友聚会商议晚餐去处时，人们会直截了当地说出心仪的餐厅类型、偏好的位置或直接推荐具体餐厅名称，而非借助暗示或依靠周边环境来传达意愿。

此外，在西方教育的课堂讨论中，学生发表观点时也遵循这一原则。他们通常会开门见山地阐述核心内容，并运用明确的论据和逻辑结构进行

---

① 管振彬，伍孜帆. 高低语境下英汉翻译策略研究［J］. 湖北第二师范学院学报，2024，41（7）：72-76.

② 许晓萍. 高低语境文化视角下中西交际模式差异对比：以小说《偷窃》为例［J］. 名作欣赏，2024（5）：179-181.

支撑，以确保听众能够迅速理解其立场和思考过程。这种做法有助于避免表达模糊引发的误解，从而推动高效的知识交流与思想碰撞。

二、中西高低语境文化溯源

（一）西方低语境文化溯源

西方低语境文化的形成有着深厚的历史根源。古希腊文明作为西方文明的重要源头之一，极为强调个人的理性、逻辑与辩论能力。在古希腊城邦社会，公民踊跃参与政治讨论及公共事务决策，此社会环境促使人们务必清晰精准地表达自身观点与意图，以便在公共辩论中占据上风，由此使得语言表达追求精确性与逻辑性，为低语境文化奠定了基石。例如，在古希腊公民大会上，针对各类政策与法律提案的辩论中，发言者为使自身观点被理解接纳，必须以明确语言阐释理由、依据及预期成效，丝毫含糊不得，否则难以在激烈辩论中立足并影响决策走向。

随着罗马帝国的扩张与统治，罗马法的发展进一步强化了西方文化对精确性的要求。罗马法体系详尽严谨，各项法律条款与概念均有明确界定，在法律事务处理与交流时，严禁模糊或歧义表述，这使得西方语言在涉及契约、规则等方面愈发注重精确表述，以切实保障各方权益。例如，商业契约签订时，商品的质量标准、交付时间、价格构成等要素皆会以精确语言详细书写，一旦产生纠纷，即可依据契约条文裁决，有效减少了因语义模糊而引发的法律争议，维护了商业交易的稳定与公正。

近代资本主义的兴起与发展对西方低语境文化产生了极为关键的影响。资本主义经济模式着重强调个人经济利益、自由竞争与契约精神。在商业活动中，人们需要明确商品的规格、价格、质量标准、交货期限等详尽信息，合同条款必须精确无误，以规避商业纠纷与风险。这种对精确信息传递的强烈需求，推动西方文化在各个领域，包括商业、科学、教育等，皆形成了低语境的交流模式，即信息主要凭借明确的语言文字传达，较少依赖语境推测或隐含意义。以国际贸易为例，进出口双方签订的合同可能长达数十页，对货物的每一个细节，诸如产品的材质、尺寸、包装要求，运输的每一个环节，包括运输方式、运输路线、运输时间节点，付款的每一个步骤，如付款方式、付款期限、汇率波动应对等都有精确规定，从而有力保障了交易的顺利推进与各方利益的稳定实现。

基督教文化在西方的广泛传播亦在一定程度上塑造了低语境文化。基督教教义强调真理的唯一性与明确性，在宗教传播与教会事务管理中，经文的阐释、教义的讲解以及宗教仪式的规范等均需清晰准确的表达，使得西方文化在宗教和道德层面亦倾向于直接、明确地传达信息，减少歧义与模糊性。牧师在布道时，会严格依据《圣经》原文进行精准解读，向信徒传达上帝的旨意，严禁随意曲解或模糊处理教义内容，以确保信徒对宗教教义的理解准确一致，遵循相同的宗教规范与道德准则，维护宗教信仰的纯正性与统一性。

此外，西方的哲学思想发展也对低语境文化起到了推动作用。从笛卡尔的理性主义到康德的批判哲学，皆强调理性思维与清晰的概念界定。这种哲学传统深刻影响了人们的思维方式与语言表达习惯，使得西方文化在表达思想、观点与信息时，更倾向于采用精确、直接的方式，以契合理性逻辑的要求，避免因语言的模糊性而导致思维的混乱或误解。例如，在学术研究领域，西方学者的论文往往具备严密的逻辑结构与精确的术语使用，从研究问题的提出、文献综述的梳理、研究方法的阐述到研究结果的呈现与讨论，各个环节均条理清晰、定义明确，以确保研究成果能够被准确地理解、传播与验证，推动学术研究在精确严谨的轨道上不断发展进步。

（二）中国高语境文化溯源

中国高语境文化的起源可追溯至古老的农耕文明。在传统农业社会，人们长期栖息于相对固定的村落与家族群体之中，彼此关系紧密且熟稔。大量信息得以通过长期积淀形成的家族传统、村落习俗以及人与人之间的默契传承递达。例如，在农事活动中，诸如何时播种、何时收割等知识并非单纯依靠明晰的语言传授，更多是在家族内部与村落社群里，通过观察长辈的行为举止、代代相传的经验累积以及特定的季节氛围与自然现象等语境因素得以传承延续。春种之际，见燕子归来、柳树抽芽，村民们便默契知晓是播种之时，无须过多言语提点，此生活模式使得人们习惯于在丰富的语境里领会与交流信息，形成了一种基于共同生活经验与环境感知的信息传递默契。

儒家思想在中国文化中占据核心地位，对高语境文化的形成起到了根本性的塑造作用。儒家倡导的"仁、义、礼、智、信"等价值观着重强调人际关系的和谐、社会秩序的稳定以及个人对家庭与社会的责任。在此思想体系浸润下，人们于交流时极为注重维护他人的颜面与尊严，竭力避免直接冲突与冒犯，故而语言表达往往委婉含蓄，常借助"微言大义"之法表达深刻思想与观点，运用隐喻、典故等修辞手段暗示自身意图，这使得听者需要在熟知的文化语境与社会规范框架内体悟其中深意，由此塑造了高语境的交流特质。例如，孔子评价颜回："一箪食，一瓢饮，在陋巷，人不堪其忧，回也不改其乐。贤哉，回也！"寥寥数语，既饱含对颜回安贫乐道高洁品德的盛赞，又传达出儒家对品德修养与精神追求的尊崇，听者需结合儒家价值观深入揣摩，方能领会其中丰富的内涵与深远的意旨。

道家思想的影响同样不可小觑。道家主张顺应自然、无为而治，强调事物之间的内在联系与整体性。这种思想映照于语言文化领域，表现为人们注重对自然环境、社会现象以及人际关系背后之"道"的感悟与理解，语言表达往往与周遭环境、情境相互交融，追求一种意在言外、弦外有音的境界。例如，在诗词创作中，诗人常常借景抒情，以自然景物隐喻自身心境或社会状况，读者需结合当时的文化背景、诗人的生平经历等语境因素，方可深切领悟诗词的深邃内涵。王维的"大漠孤烟直，长河落日圆"，通过对沙漠雄浑壮阔景象的勾勒，不仅展现出自然的壮美，更于字里行间透露出诗人在特定人生境遇下的豁达心境与对宇宙人生的深邃洞察，若读者对王维的经历及道家文化内涵缺乏了解，实难体会其中蕴含的微妙情感与深刻哲思。

中国古代的封建等级制度亦是高语境文化形成的重要因素。在封建等级森严的社会架构中，不同阶层的人在语言运用上有着严苛的规范与限制。下级对上级、晚辈对长辈言语时，需使用敬语谦辞，并借助委婉的表达方式传达自身想法，以此彰显对等级权威的敬重。此等级制度下的语言规范促使人们在交流中更为注重语境信息，诸如说话者与听话者的身份地位、所处场合氛围等，进而推动了高语境文化的发展与传承。在古代官场，下属向上司禀报政务时，措辞极为审慎，会依据上司的偏好与当时的官场风气拣选适宜的表达方式，甚至连语调、语速皆需斟酌拿捏，以免触怒上司或给人留下不良印象，这种对语言运用的精细把控与对语境的高度敏感，成为高语境文化在官场交流中的典型体现，并逐渐渗透到社会各阶层的人际交往之中。

再者，中国传统的艺术形式如绘画、书法、戏曲等亦对高语境文化产生了深远影响。这些艺术形式专注于意境的营造，追求"象外之象""韵外之致"。例如，在中国画中，画家常常通过留白之法传达无尽意蕴，观者需凭依自身的文化素养与审美经验填补空白，领会画家的创作意图。这种艺术审美观念渗透至语言文化领域，使得人们在交流时亦期望对方能够透过有限的语言与丰富的语境领悟更多深意，从而强化了高语境文化的特质。在欣赏京剧时，演员的一个眼神、一个手势皆蕴含着丰沛的情感与深刻的意义，观众需结合剧情脉络、人物性格以及京剧的表演传统等多元因素，方能精准解读，这与语言交流中的高语境要求如出一辙，皆强调在特定文化语境与艺术情境中传递和理解信息，以达至一种超越表面形式、直抵深层内涵的交流境界。

三、高低语境文化在语言表达上的差异

（一）词汇语义

1. 英语

英语词汇语义较为精确单一。例如英语中，"table"明确指一种有平面、用于放置物品的家具，一般不会因语境变化而产生歧义。在科学、技术、法律等专业领域，这种精确性更为突出。像医学术语"hypertension"（高血压），其定义和诊断标准在全球范围内都有明确且统一的规范，确保了专业交流的准确性和一致性，避免因语义模糊导致的误解或错误判断。在物理学中，"force"（力）有着严格的定义和计算公式，不同国家的物理学家在使用这个词汇时，所表达的概念完全相同，不存在任何歧义。

多义词虽然存在，但每个义项相对清晰独立，通过上下文等语境因素辅助理解时，其核心语义的界定较为明确。例如"bank"一词有"银行"和"河岸"等义项，在具体语句如"I went to the bank to deposit money."（我去银行存钱）和"We walked along the bank of the river."（我们沿着河岸散步）中，依据"deposit money"（存钱）和"river"（河流）等相关词

汇，能迅速确定"bank"的准确含义，不会造成理解上的困扰。即使在一些文学作品或隐喻表达中，如"He is a bank of knowledge."（他是知识的宝库），这里"bank"表示"宝库"的含义也是基于其原本"存储"的概念引申而来，且在特定语境下依然能够被清晰理解。

2. 汉语

汉语词汇语义丰富且灵活性强。许多词汇具有多义性和模糊性，如"道"字，在不同语境中有道路、道理、道德、道家思想中的"道"（宇宙本原和规律）等多种含义。又如"意思"一词，在"你这是什么意思？"（表示疑问、意图）、"这只是一点小意思，请收下。"（表示心意、礼品）、"这个故事很有意思。"（表示趣味、吸引力）等语句中，语义差别较大，需要依据具体语境才能准确把握其确切含义。"打"字更是具有众多义项，如"打车"（乘坐出租车）、"打酱油"（购买酱油）、"打架"（进行争斗）、"打毛衣"（编织毛衣）等，不同的搭配产生截然不同的意思，其语义的确定高度依赖语境。

汉语词汇还常蕴含丰富的文化内涵和情感色彩，与文化背景、历史典故等紧密相连。例如"松竹梅"被称为"岁寒三友"，象征着坚韧不拔、高洁不屈等君子品格，这种语义并非单纯从字面就能理解，需要对中国传统文化有一定的认知和感悟才能体会其中深意。"鸿雁"常被用来指代书信或传递书信的使者，源于古代传说中鸿雁传书的故事，在诗词中如"鸿雁在云鱼在水，惆怅此情难寄"，若不了解这一典故，很难理解诗人借"鸿雁"所表达的思念之情和难以传达信息的惆怅之感。

（二）语言的直接性与间接性

1. 英语

英语表达相对直接。在表达观点、需求或不满时，人们通常直截了当地陈述。例如，在商务谈判中，如果对某个条款不满意，会明确提出"I'm not satisfied with this clause. We need to renegotiate."（我对这个条款不满意。我们需要重新谈判），直接表明自己的立场和要求，强调信息传递的效率和准确性，以尽快解决问题达成目标。在西方的职场会议中，员工若对某项工作安排有不同意见，会直接说出自己的想法和理由，如"I think this plan may have some drawbacks. For example, the budget allocation is not reasonable. We should consider adjusting it."（我认为这个计划可能有一些缺陷。例如，预算分配不合理。我们应该考虑调整它），不会拐弯抹角或隐晦表达。

在日常交流和学术讨论等场景中，也是如此。例如，在学术研讨会上，学者们会直接针对他人的观点提出质疑或表达自己的不同见解，如"I disagree with your conclusion. Based on my research, the data shows a different trend."（我不同意你的结论。根据我的研究，数据显示出不同的趋势），清晰地阐述自己的观点并提供依据，促进思想的碰撞和学术的进步。在朋友之间讨论旅游计划时，如果一方不想去某个地方，会直接说"I don't want to go there. Maybe we can choose another destination."（我不想去那里。也许我们可以选择另一个目的地），简单明了，不做过多铺垫。

2. 汉语

汉语表达倾向于间接委婉。在表达不同意见或拒绝别人时，常常采用暗示、隐喻或委婉语的方式。例如，当不想接受他人邀请时，可能会说"我最近身体不太舒服，可能去不了了"或者"那天我正好有点事情要处理，下次再约吧"，通过这种委婉的借口来避免让对方感到尴尬或难堪，维护双方的良好关系，体现了对他人情感和面子的照顾。在工作中，如果对领导的决策有看法，不会直接反对，而是可能会说："领导，这个决策确实很有魄力，不过我有点小担心，不知道在执行过程中会不会遇到一些特殊情况，比如资源调配难度、市场变化、技术障碍等，您看是不是可以再斟酌一下呢？"先肯定领导决策的优点，再委婉地提出可能存在的问题并将决定权交回给领导。

在文学作品和社交礼仪性语言中，这种间接性表达更为常见。例如，古代诗词中常以景语写情语，通过描写自然景色来含蓄地表达诗人的情感和心境，像"落花人独立，微雨燕双飞"，借落花、微雨、孤独的人和双飞的燕等景象，委婉地传达出一种孤独寂寞、思念惆怅之情，让读者在品味诗句的同时，自行体会其中的深意。在社交场合中，夸赞他人时也常用委婉的方式，如"您这件衣服真别致，很衬您的气质"，而不是直接说"您真漂亮"，这样的表达更显含蓄和有内涵，也更符合高语境文化的特点。

第七章　非语言交际对比

非语言交际，也称为非言语交际，是社会心理学中的重要概念。它是指人们在人际交往中使用语言、文字以外的媒介来传达信息，如脸部表情、肢体语言、语调、服饰选择及空间利用等。非语言交际的重要性有时甚至超越了语言本身。在人类历史的发展过程中，非语言交际的产生和发展早于语言交际，其应用范围也更为广泛，且在人际交往中发挥着举足轻重的作用。

从跨文化交际的角度出发，非语言交际行为可细分为体态语、副语言、客体语和环境语四大类。体态语（body language）涉及身体各个部分的动作，包括手势、姿势、面部表情、头部动作、眼神交流以及身体接触等，它们以无声的方式传递着丰富的信息。副语言（paralanguage）则是指伴随言语而发出的、不具有固定语义但具有表达功能的各种声音特征，包括语速、音量、语调的变化、沉默的运用、声音的修饰以及非语义性的声音等。恰当运用副语言能够让人际交往更加自然流畅，并增强语言信息的表达效果。

客体语（object Language）指的是语言输出者在交流过程中有意或无意间展示的物品，这些物品也具有传递信息的功能，如化妆品、服饰、灯光、家具摆设、室内设计与装修等。而环境语（environmental language）则是指在交际过程中，语言使用者所营造的社交环境，而非自然环境本身。它涵盖了交谈时的空间布局与时间安排，如人际距离、领地意识以及时间观念等。恰当运用环境语不仅能够潜移默化地影响人们的行为举止，还能在一定程度上对人的思维判断产生导向作用。

在全球化的背景下，深入探究中西非语言交际的差异与共性，对于促进跨文化交流的顺畅进行、增进相互理解与尊重具有重要意义。非语言交际不仅超越了语言的界限，更以肢体语言、空间距离、副语言以及非语义声音等多种形式，深刻地反映出中西文化在价值观、情感表达与社会规范上的异同。

本章将系统地对比中西非语言交际在体态语、副语言、客体语以及环境语等多个维度上的异同与关联，旨在揭示隐藏于非语言交际背后的文化密码。通过深入剖析这些差异与共性，我们将为跨文化交流搭建起一座理解与沟通的桥梁，助力语言学习者跨越文化隔阂，精准把握中西非语言交际的内在精髓，提升对两种文化深层次的认知与感悟能力。

第一节　体态语

语言在跨文化交际中不可或缺，但在跨文化交际中只依靠口头交际是不够的。人们在跨文化交际中会不自觉用身体各部分的动作来表达丰富的情感，这就是体态语。[①] 体态语，又称肢体语言、身势语或态势语，是非语言交际的重要组成部分，主要包括面部表情、眼神、手势、身体姿势等多个方面。体态语的运用极大地丰富了人类的交际方式，使得沟通不仅限于言语上的交流，更深入情感与信息的深层次传递。它赋予交际过程以更多的含蓄与色彩，使沟通更加生动且富有内涵。在跨文化交际中，正确理解和运用体态语，能够有效避免误解，增进彼此之间的理解与信任，从而推动跨文化交流的顺利进行。

一、面部表情、眼神、手势、身体姿势在交际中的含义与功能差异

（一）面部表情

面部表情最能反映人的喜怒哀乐，中西文化在面部表情上有很多共性。如：高兴时会笑，伤心时会哭，害羞时会脸红等。然而，受各自文

---

① 谢慧娟，曹霞. 跨文化交际中肢体语言浅析［J］. 今古文创，2021（36）：113-114.

化背景的影响，中西两国人在面部表情的展现与解读上存在着显著的差异。①

西方国家受个人主义文化的影响，崇尚自由平等和个体发展。这种文化氛围孕育了西方人自由豪放、直率坦诚的性格特点。因此，他们的面部表情往往直接反映了内心的真实情感。当西方人开心、愉快或感到友好时，他们的微笑通常更加灿烂和舒展，能够直观地传达出内心的愉悦情绪。这种微笑被视为内心情感的真实流露，是西方人开放、直率性格的直观体现。

相比之下，中国文化深受集体主义思想和儒家伦理的影响。在这种文化背景下，个人利益往往服从于集体利益，形成了中国人谦虚温雅、内敛含蓄的性格特点。在情感表达上，中国人更倾向于通过微妙的眼神、语气或体态来传达内心的想法与情感，而非直接通过面部表情来展现。这种表达方式使得中国人的情感表达有时会比较含蓄，往往需要结合具体的语境和文化背景才能准确理解。

在情感表达上，中国人的微笑尤为独特且富有深意。与西方文化中微笑主要作为内心情感的真实流露不同，微笑在中国文化中承载着更为丰富和多样的功能。它不仅是礼貌和尊重的象征，更是一种社交智慧的体现，可以用来巧妙地掩饰尴尬、缓解紧张氛围，以及传达那些复杂而微妙的情感与信息。例如，在商业谈判的紧张氛围中，面对对方的苛刻要求，中国人可能会选择以微笑的方式来回应。这种微笑既是对对方的一种礼貌性回应，也可能是一种深思熟虑的策略选择，旨在保持冷静与理性，从而寻求一个双方都能接受的和谐解决方案。

此外，在面对尴尬或紧张的情况时，中西两国人的面部表情也存在显著差异。中国人可能会选择微笑来掩饰内心的尴尬与不适，展现出一种从容与淡定。这种微笑可能是一种自我保护机制，帮助个体在社交压力面前保持镇定和自信。而西方人则可能更倾向于通过皱眉、耸肩或叹气等更为直接的方式来表达自己的不满、困惑或紧张情绪。这种直接而坦诚的情感表达方式，进一步体现了西方人开放、直率的性格特点。

---

① 赵芬艳. 英汉身势语的特点及文化差异［J］. 吕梁教育学院学报，2020，37（2）：99-100+107.

除了微笑和尴尬表情的差异外，中西文化在表达惊讶等其他情感时也存在着不同的偏好。例如，在表达惊讶时，中国人可能会选择瞪大眼睛并微微张嘴的方式来传达自己的惊讶之情；而西方人则可能更倾向于通过双手捂嘴或发出惊叹声等方式来表达惊讶。这些差异不仅反映了中西方人在情感表达上的不同风格，也体现了两种文化在应对社交压力与情感调节上的独特策略。

（二）眼神

人们常说"眼睛是心灵的窗户"，因为通过眼睛可以直达心灵来透析其品质。同样，在跨文化交际中，如果内心有什么想法和感情，可以从其眼睛了解到。① 眼神交流不仅承载着丰富的信息和情感，还是理解对方内心想法和感受的重要途径。在中国文化中，眼神交流深受礼仪传统与长幼尊卑观念的影响。在与长辈或上级对话时，晚辈或下级往往会选择避免长时间直视对方的眼睛，以免给人留下高傲、不尊重或是叛逆的印象。在中国社会，直接而持久的眼神交流，特别是与地位较高的人交谈时，往往被视为一种潜在的冒犯或挑战。因此，中国人倾向于在交流过程中适度地回避眼神的直接接触，以此彰显对对方的尊重与自身的谦逊态度。② 这种眼神回避的行为，实际上是一种表达敬意和谦逊的方式，体现了中国文化中注重和谐、尊重他人、避免冲突的价值观。例如，在职场中，年轻员工在与上司交流时，通常会保持适度的眼神回避，以显示对上司的尊重和自身的谦逊。这种眼神运用的方式，不仅有助于维护职场关系的和谐，还能够促进双方的有效沟通。

同时，中国人在交谈时，眼神往往显得更为含蓄与内敛。他们不轻易泄露过多的个人情感，而是通过微妙的眼神变化来传达细腻的情感和信息。这种眼神运用的艺术，不仅体现了中国人内敛而深沉的性格特征，更深刻地反映了他们对于和谐人际关系的追求、对他人尊重的重视，以及避免不必要冲突的价值观。在中国文化中，眼神交流不仅传递着言语之外的

---

① 谢慧娟，曹霞. 跨文化交际中肢体语言浅析 [J]. 今古文创，2021（36）：113-114.
② 康利荣. 跨文化交际中中英非语言交际中翻译的差异比较 [J]. 汉字文化，2024（6）：191-193.

信息，更是人际交往中礼仪与情感的微妙体现。

然而，在现代中国社会中，随着年轻人对个性表达的追求和西方文化的影响，眼神交流的方式也在逐渐发生变化。一些年轻人开始接受和认可直接而坦率的眼神交流，将其作为表达自信和真诚的方式。在社交场合中，他们可能会通过直接的眼神交流来展示自己的魅力和自信，从而吸引他人的注意和好感。这种变化反映了中国社会在传统文化与现代文化之间的交融与碰撞。

相比之下，在西方国家，眼神交流则被视为一种直接、真诚的表达方式。在交谈过程中，保持眼神接触被视为对对方的尊重和关注。如果听话者不能保持与说话者的眼神接触，可能会被视为对对方所说内容不感兴趣或缺乏礼貌。西方人的眼神往往更加直接和坦率，能够直观地反映出他们的内心情感和态度。这种眼神运用的方式，体现了西方文化中注重个人表达、追求真实和自由的价值观。例如，在商务谈判中，西方人通常会通过直接的眼神交流来展示自己的决心和诚意，从而增强谈判的效果和说服力。

此外，中西方在眼神交流上还存在一些细微的差异。在中国文化中，人们可能会通过眼神来暗示或传达一些不便明说的信息，例如，暗示对方注意某个细节、表达感激或歉意等。这种眼神交流的方式更加微妙和含蓄，需要双方具备一定的文化敏感性和解读能力。而在西方文化中，眼神交流则更加注重直接性和明确性，人们更倾向于通过言语来直接表达自己的想法和感受。然而，随着全球化进程的加速和多元文化的交融，现代西方社会中的一些人也开始学习和接受其他文化的眼神交流方式，以适应不同文化背景下的交流需求。

（三）手势

手势，作为一种直观且富有表现力的非言语交际手段，在中西文化中承载着丰富的含义与功能差异。它不仅反映了个人习惯与偏好，更深层次地体现了不同文化背景和社交礼仪的精髓。

在中国文化中，手势的运用往往更加细腻且注重礼貌。当需要指向他人或某个物品时，中国人更倾向于使用整个手掌而非单独伸出食指，以避免给人留下生硬或攻击性的印象。这一做法符合中国人注重和谐、谦逊与礼貌的文化传统。例如，在餐桌上，若有人需要某样食物而够不到，中国人通常会以整个手掌轻轻指向目标，并配以温暖的微笑或轻声的"请"字，以此表达友好与尊重。这种手势不仅传递了所需信息，更在无形中营造了和谐的氛围。此外，在表达感谢时，中国人可能会双手合十并微微鞠躬，这种传统而庄重的动作体现了对对方的深深敬意和感激之情。

然而，在西方文化中，手势的运用则显得更加直接和坦率。使用食指指人被视为一种清晰、明确的指示方式，它并不带有任何负面的情感色彩。西方人习惯性地伸出食指，直接指向所需物品或方向，同时配以简短明了的语句，如"That one, please"（请拿那个），以迅速达成交流目的。这种直接而高效的手势运用方式，体现了西方文化中注重效率、追求个人表达的特点。在西方，人们还常常使用手势来强调言语中的重点或表达情感，例如，用手掌拍打桌面表示兴奋或赞同，用拳头紧握的方式表示决心或力量等。

除了指向性手势外，一些国际手势在不同文化中的解读也呈现出多样性。以"OK"手势为例，这一手势在全球范围内广泛使用，但具体含义却因文化而异。在中国，尽管"OK"手势在某些场合下传达出"好的""没问题"等积极肯定的态度，但在特定语境中，如网络语境或年轻人群体中，它也可能被赋予其他含义，如表示"厉害""赞同"等。这种多元解读反映了中国文化中年轻群体对于时尚潮流的追捧以及网络文化的独特影响。而在西方，"OK"手势通常表示满意或同意，但在某些西方文化中，例如，法国和比利时等地，由于历史和文化背景的差异，"OK"手势可能被解读为粗鲁或冒犯性的行为。因此，在跨文化交流中，对于手势的准确解读和恰当运用显得尤为重要。

另一个典型的例子是"V"手势。在中国文化中，"V"手势常被用来表示胜利或和平，人们常常在庆祝胜利或表达和平愿望时使用这一手势。然而，在某些国家，如英国，"V"手势的含义却有所不同。在英国文化中，手心朝外的"V"手势象征着胜利，传递着积极向上的信息，而手心朝内的"V"手势则被视为一种不雅的行为，可能会引发误解或冲突。这些差异进一步体现了手势在不同文化中的多样性和复杂性，也提醒我们在跨文化交流中要注意观察和适应不同文化中的手势习惯，以避免因误解而产生不必要的冲突和障碍。

（四）身体姿势

身体姿势作为非言语交际的另一种重要方式，不仅承载着丰富的情感和信息，还深刻地反映了不同文化背景下的价值观和行为习惯。

中国人站立时，往往展现出一种含蓄内敛的姿态。他们双手或自然下垂，平和且不张扬；或轻轻交叠于身前，右手搭在左手上。同时，背部挺直，双脚并拢或微微分开，这种姿势给人以谦逊、稳重之感。在正式场合或面对长辈、上级时，他们可能会微微低头或鞠躬，以表示对场合或人物的尊重。这种站立方式在中国文化中被视为礼貌与谦逊的体现，它传递出一种对权威的敬畏和对他人的尊重。

就坐姿而言，在传统的中式礼仪中，十分注重端庄与稳重。在正式场合，人们会端正地坐在椅子上，背部挺直，双手自然放在膝盖或扶手上，双脚平稳着地。例如，在中式的商务谈判、正式的会议中，人们始终保持这种坐姿，展现出严谨与专注，传递出对合作方或参会人员的尊重。在家族聚会等场合，长辈先入座主位，晚辈随后依次入座，且晚辈坐姿往往更为恭敬，体现出长幼有序的传统观念。

相比之下，西方人的站立方式更倾向于展现一种自信与自在的态度。他们站立时可能会双手插兜，手臂自然摆动，这些动作在西方文化中被视为个性与态度的直接展现。西方人通过这种放松舒展的站立方式，传递出一种积极、开放的信息，这种姿态有助于拉近人与人之间的距离，促进交流与互动。在西方社交场合中，人们更倾向于采用这种随性的站立方式，以营造轻松愉快的氛围。

西方人的坐姿同样体现出其文化特点。在一般社交场合，坐姿相对较为放松，可能会微微靠在椅背上，双腿自然摆放。例如，在咖啡馆与朋友闲聊时，人们会以舒适自在的坐姿交谈，展现出轻松惬意的状态。然而在正式商务场合，如高端商务会议、重要商务宴请中，他们也会保持挺直腰背，注重坐姿的端正，以显示专业与尊重。但整体而言，西方坐姿在正式场合中，也会在端庄之余，保留一定的舒适感。

二、体态语与文化背景、社交情境的适应性差异

在中国文化中，体态语的运用与社交情境之间存在着紧密的关联。在正式的商务场合或与长辈交流时，中国人的体态展现出一种独特的克制与端庄之美。他们坐姿挺拔，避免使用过于夸张的手势，而是倾向于保持适度的眼神交流与温柔的微笑，以此营造出一种和谐、庄重的氛围。在商务会议的严谨环境中，参会者坐姿端正，双手或交叠置于桌面，或安然置于膝盖之上，这种体态语的运用不仅体现了对会议的尊重与专注，更彰显了中国文化中的内敛与谦逊。在重要的商务洽谈中，双方代表均正襟危坐，交流有条不紊，偶尔以手势如轻轻点头或轻拍桌面作为观点的辅助表达，这种细致入微的体态语，正是中国文化中"礼"与"敬"的生动体现。

然而，当情境转换为家庭欢聚或朋友相约的轻松时光时，中国人的体态语则呈现出截然不同的风貌。朋友间可能会以亲昵地挽臂、热情地拥抱这样温馨的方式表达深厚的友情与亲密，这种体态语的运用在春节期间的老友重逢中尤为明显，欢声笑语不断，体态语成了他们情感交流的桥梁，进一步加深了彼此间的友谊。在家庭聚会上，长辈们或许会轻拍晚辈的肩头或手背，以此传递关爱与鼓励，而晚辈们则通过鞠躬或点头的方式表达对长辈的尊敬与感激。这种体态语的运用，不仅体现了家庭成员间的深厚情感，更展现了中国文化中"孝"与"亲"的传统美德。

在西方文化中，体态语同样随社交情境的变化而展现出不同的风貌。在正式的社交舞会中，西方人遵循优雅的舞步与礼仪，展现出舞蹈的规范之美。男士绅士地邀请女士共舞，轻盈的舞步与优雅的姿态不仅体现了对舞伴的尊重，更彰显了西方文化的浪漫情怀。然而，在充满激情的体育赛事中，西方人的体态语则变得奔放而热烈。观众与参与者通过大声呼喊、跳跃、挥舞手臂等方式尽情释放内心的兴奋与激动。在足球世界杯的现场，球迷们身着支持球队的球衣，脸上涂着球队的标志，当球队进球时，他们疯狂地跳跃、拥抱、振臂高呼，尽情展现对体育运动的热爱与投入。这种体态语的运用，不仅体现了西方文化的开放与热情，更展现了人们对体育精神的崇尚与追求。

三、跨文化交际中体态语误解案例分析及应对策略

(一) 案例一：赞扬的尴尬

1. 情境描述

一位初抵美国的中国留学生，在充满互动与活力的西方课堂讨论中，凭借其深厚的学识和独到的见解，赢得了教授的由衷赞赏。教授当即竖起大拇指，伴随着响亮的 "Great!" 表达了他的高度认可。然而，这位中国学生并未如教授所期望的那样欣然接受这份赞誉，反而显得局促不安，眼神闪烁不定，身体不自觉地后撤，显然对这份直接且热烈的赞扬感到不适和尴尬。

2. 分析

（1）赞扬的表达方式

在中国文化中，赞扬的表达往往蕴含了深厚的含蓄与内敛之美。教师的表扬不仅仅局限于语言层面，更融入了细腻的情感和态度。他们倾向于使用温和而委婉的措辞，例如，"你的回答非常精彩，希望你再接再厉"，并配以轻柔的微笑和肯定的点头，以此向学生传递出深深的肯定与鼓励。这种表达方式旨在细腻地维护学生的自尊心，避免他们因直接的赞扬而感到突兀或不适。它体现了一种尊重与关怀，让学生能在轻松愉快的氛围中成长。

而在西方文化中，赞扬则呈现出一种更为直接和热烈的风格。人们习惯于用竖起大拇指、响亮的 "Great!" 或 "Well done!" 等简洁明了的方式表达赞赏。这种表达方式旨在传递出真诚的认可和鼓励，激励个体勇敢地展现自我、追求卓越。它体现了西方文化中对个体努力和成就的尊重和推崇。

（2）面子观念的影响

中国学生在面对直接的赞扬时，往往会受到面子观念的影响。在中国文化中，面子是一种复杂而微妙的社会心理现象，它关乎个人的尊严、荣誉和社会地位。因此，当受到过于直接的赞扬时，中国学生可能会担心自己的表现过于"高调"，从而引来不必要的关注或评价。他们可能会选择

回避或否认赞扬，以避免可能的尴尬或不适。这种心态源于对面子的维护和保护，体现了中国文化中对和谐与谦逊的重视。

相比之下，西方文化则更加注重个人主义和自我表达。在西方社会中，个体受到赞扬时通常会欣然接受，并将其视为对自己努力和成就的认可。他们倾向于积极展现自己的能力和才华，追求个人成长和成功。这种差异体现了中西方文化中面子观念的不同理解和应用。

此外，值得注意的是，随着全球化的深入发展，中西方文化的交流与融合日益加深。在赞扬的表达方式上，中国学生也逐渐开始接受和欣赏西方的直接和热情。同时，西方人也开始了解和尊重中国文化的含蓄与内敛。这种文化的交流与融合有助于增进彼此之间的理解和尊重，促进全球文化的多样性和包容性。

3. 应对策略

（1）深化跨文化认知与理解

对于留学生而言，深入了解并适应目的国的文化习惯是融入新环境的关键。通过学习和了解西方文化中的赞扬方式和表达习惯，中国学生可以更好地理解和接受来自西方人的直接赞扬，从而避免因文化差异而产生的误解和不适。这可以通过参与文化交流活动、阅读相关书籍和文章、与当地人交流互动等方式来实现。同时，也要保持开放和包容的心态，尊重和理解彼此的文化差异和习惯。

（2）积极且适度的回应与表达

当受到赞扬时，中国学生可以尝试以更加积极和开放的心态进行回应。简单的"Thank you"或"Appreciate it"等表达方式既能够展现自己的礼貌和谦逊，又能够传递对对方赞赏的接受和感激之情。同时，也可以尝试以更加自然和真诚的方式表达感谢，例如，通过微笑、点头或简短的话语来回应对方的赞赏。这种积极的回应不仅有助于增进与西方人之间的沟通和理解，还能够提升自己的自信心和跨文化适应能力。

（3）促进双向文化交流与融合

在跨文化交流中，双方都应保持开放和包容的心态，尊重彼此的文化差异和习惯。通过积极的沟通和交流，可以促进不同文化之间的理解和融合。中国学生可以主动分享自己的文化背景和经历，增进西方人对中国文化的了解和认识；同时，也要积极学习和借鉴西方文化的优点和长处，促进自身文化的丰富和发展。这种双向的文化交流与融合不仅有助于减少误解和冲突的发生，还能够为双方带来更加丰富和多元的文化体验，促进彼此之间的交流与合作。

（4）寻求专业支持与指导

在跨文化适应过程中，留学生可能会遇到各种困难和挑战。此时，他们可以寻求专业跨文化咨询师或辅导员的支持与指导。这些专业人士能够提供针对性的建议和策略，帮助留学生更好地适应异国他乡的文化环境和生活方式。同时，他们也可以为留学生提供心理支持和情感慰藉，帮助他们克服跨文化适应过程中的焦虑、孤独和挫败感等负面情绪。

（二）案例二：商务洽谈中的体态语误解

1. 情境描述

在一次中西商务合作洽谈的场合中，西方代表在发表见解时，展现出身体前倾、手势活跃且眼神直视的姿态。这一行为却让中方代表感到困惑与不适，他们彼此间不自觉地交换了疑虑的目光，内心产生了莫名的抵触感，这种微妙的心理变化不仅影响了双方的情绪状态，使得氛围变得略显紧张，也打乱了原本流畅且有序的交流节奏，给此次商务合作洽谈增添了一丝不必要的障碍。

2. 分析

（1）体态语的文化解读

在商务洽谈这一高度互动与交流的场合中，体态语作为非言语交流的重要方式，其解读不可避免地受到文化背景的影响。西方商务文化深受其开放、直接的社会氛围影响，倾向于运用身体前倾、手势活跃和眼神直视等体态语来强调个人观点，展现真诚与专注。这些体态语在西方商务洽谈中被普遍视为自信、投入和尊重对方的表现，有助于建立积极的商务关系并推动合作的进程。

然而，中国传统商务文化则深受儒家思想的影响，更加注重谦逊、内敛以及尊重长辈、上级的价值观。在这种文化背景下，商务洽谈中的体态语往往更为含蓄和谨慎。过度直接的眼神对视和夸张的手势，可能被视为过于强势或具有攻击性，容易引发对方的抵触情绪，从而破坏了原本应该和谐、友好的商谈氛围。这种文化差异导致了对体态语的不同解读，成了中西方商务洽谈中体态语误解的根源。

（2）沟通风格的文化差异

中西方在商务沟通风格上的差异，不仅体现在体态语的解读上，更体现在语言表达和思维方式上。西方人倾向于采用直接、明确的表达方式。他们习惯于开门见山，直接陈述自己的观点和需求，这种直截了当的方式在西方商务洽谈中被广泛认为是高效、坦诚且尊重对方的表现。西方人强调个人主义和竞争精神，他们认为通过直接沟通能够更快地明确问题、达成共识，从而推动合作的进程。

相比之下，中国人则更偏爱含蓄、委婉的表达方式。他们注重和谐与共识的达成，倾向于通过暗示、隐喻等更为微妙的方式来表达自己的意见和需求。在中国商务洽谈中，这种沟通风格被视为礼貌、谦逊且尊重对方的表现。中国人强调集体主义，注重维护和谐的人际关系，因此，他们更倾向于在沟通中寻求共识，避免直接冲突。

3. 应对策略

（1）增强跨文化意识与理解

在商务洽谈中，双方都应积极培养跨文化意识，深入了解并尊重彼此的文化背景和沟通习惯。中方代表可以通过学习西方文化中的身体语言和沟通方式，更好地理解西方代表的行为意图和表达方式。同时，西方代表也应尊重中国文化的特点，避免使用可能引起误解或不适的体态语和表达方式。

（2）灵活调整沟通策略与体态语

中方代表在洽谈过程中应灵活调整自己的沟通策略和体态语，以更加开放和包容的心态接纳西方代表的表达方式。同时，也可以尝试采用更加直接、明确的表达方式来回应对方，以促进双方之间的有效沟通。在体态语方面，中方代表可以适度增加手势和眼神交流，以展现自己的自信和投入，但也要避免过于夸张或强势的行为。

（3）加强沟通与合作意愿的表达

在跨文化商务洽谈中，构建信任与达成共识至关重要。双方需紧密围绕共同的目标和利益进行深入交流，努力消除文化差异可能带来的隔阂与冲突。为此，可以在洽谈过程中积极强调双方的合作愿景及共享利益，通过分享过往的成功案例、展示已实现的合作成果等手段来增强彼此间的信任感与认同感。同时，双方也应明确表达自己的合作意愿和期望，以推动合作的顺利进行。

（4）引入专业跨文化沟通培训与协助

当双方之间的文化差异和误解难以自行调和时，可以考虑引入专业的跨文化沟通专家或翻译人员作为第三方协助。他们具备丰富的跨文化沟通经验和专业知识，能够为双方提供有效的建议和指导。通过专业的跨文化沟通培训，双方可以更加深入地了解彼此的文化背景和沟通习惯，提高跨文化沟通的能力和技巧。同时，跨文化沟通专家或翻译人员还可以在洽谈过程中提供实时的翻译和解释服务，帮助双方更好地理解和适应彼此的文化习惯，从而推动商务洽谈的顺利进行。

（三）案例三：社交场合中的跨文化误解

1. 情境描述

在一次欧洲的行业交流活动期间，一位中国工程师参与了一场非正式的朋友聚会。在与一位西方同行的交谈中，双方就新技术趋势展开了讨论。中国工程师观察到，西方朋友在对话中频繁点头，且眼神始终聚焦于他，这让他误以为自己的观点得到了对方的充分认可。然而，当中国工程师提出合作建议时，西方朋友却显得犹豫，并以委婉的方式表示需要更多时间考虑。这时，中国工程师才恍然大悟，之前的点头可能并不完全代表对方的赞同。

2. 分析

（1）点头的多重含义

在中国文化的语境下，点头通常被视为一种明确的赞同信号，它传递了对他人言论的肯定或认可。这种非言语行为在中国社会中极为常见，且被广泛接受为表达同意或支持的方式。

然而，在西方文化中，点头的含义却呈现出更为复杂和多样的特点。西方人点头可能仅仅表示他们在倾听、理解对方的观点，或者是在以这种方式鼓励对方继续发言。这并不必然意味着他们完全同意对方的观点，而更多的是出于礼貌、尊重或对话的流畅性考虑。

这种文化差异的存在，使得中国工程师在与西方朋友交流时，容易对点头行为产生误解。他们可能将西方的点头行为解读为对自己观点的完全赞同，而实际上，这只是西方朋友在表达倾听、理解或鼓励的意图。这种误解进而影响了双方的有效沟通，可能导致信息传递的失真或合作机会的错失。

（2）眼神交流的跨文化解读

眼神交流在中西方文化中都具有重要的地位，但解读方式却存在显著差异。在中国文化的语境下，眼神交流被赋予了深厚的情感价值，它不仅是尊重与关注的外在表现，更是传递内心情感和态度的重要途径。人们倾向于通过眼神来传达友善、亲近与信任，这种交流方式强调的是情感的共鸣与理解。

相比之下，在西方文化中，眼神交流虽然同样被视为尊重与关注的表现，但其内涵却更多地指向了自信和直接。西方人往往通过保持眼神聚焦来彰显个人的自信与专注，同时，这也是对对方言论的一种积极回应，表明自己在认真倾听并思考对方的观点。然而，这种解读方式有时可能给中国工程师带来误解，他们可能会将西方朋友在对话中的眼神聚焦解读为对自己观点的完全接受或认同，而实际上，这仅仅是西方朋友在表达他们的自信和专注。

3. 应对策略

（1）增强跨文化意识

在跨文化交流中，深入了解并尊重彼此的文化差异是建立有效沟通的基础。中国工程师可以通过参加跨文化交流培训、阅读相关书籍和文章等方式，增强自己的跨文化意识。同时，了解西方文化和社交礼仪，提高对西方肢体语言的理解能力，也是避免误解的关键。

（2）主动寻求直接反馈与澄清

为了避免误解和歧义，中国工程师可以在交谈过程中主动询问西方朋友对自己观点的看法，以获取更直接、明确的反馈。当发现对方点头时，可以礼貌地询问对方是否同意自己的观点，或者是否有其他想法。这种主动寻求反馈和澄清的方式有助于消除潜在的误解，促进双方之间的有效沟通。

（3）敏锐观察并适应非言语行为

在跨文化交流中，非言语行为往往比言语更重要。中国工程师应敏锐地观察西方朋友的其他非言语行为（如面部表情、手势、身体姿势等），以更全面地理解他们的真实意图和情绪状态。同时，也要学会调整自己的非言语行为，以展现出自信、开放和友好的态度。例如，在对话中保持适当的眼神交流，以表达尊重和关注；在表达观点时辅以适当的手势，以增强表达的生动性和说服力。通过这些努力，中国工程师可以在跨文化交流中建立起更加和谐、有效的沟通关系。

（4）建立共同的语言和沟通框架

在跨文化交流中，双方可以尝试建立一种共同的语言和沟通框架，以促进信息的准确传递和理解。例如，可以约定一些特定的手势或表情符号来表示特定的意思，或者在对话中使用一些通用的行业术语和表达方式。通过这种方式，双方可以减少因文化差异而产生的沟通障碍，提高沟通效率和质量。

第二节　副语言

副语言，也称为辅助语言或类语言，涵盖了发声系统的诸多要素，诸如音质、音幅、语调、音色等特性，以及言语表达中的停顿、语速的缓急、重音位置的变换等动态因素。在人际交流的过程中，副语言是一种极为有效的辅助沟通方式，极大地丰富了语言表达的维度，使信息传递更为生动有力。举例来说，语调的高低起伏如同情感的晴雨表，高亢的语调往往传递出兴奋、激昂或愤慨的情绪；而低沉的语调则可能暗含着忧郁、沉思或庄重的氛围。同样，语速的快慢也蕴含着丰富的信息，快速的语速或许揭示了说话者内心的紧张、焦虑、迫切，或是对话题的极度热衷；而缓慢的语速则可能表明说话者在深思熟虑、谨慎措辞，抑或是情绪低落、心境平和。副语言在跨文化交际中尤为重要，因为不同文化背景下的人们对副语言的理解和运用可能存在差异，如果不了解这些差异，很容易造成误解，影响交际的效果。因此，深入了解并尊重这些文化差异，成了跨文化交际中不可或缺的一环。

一、语速、语调、音量等副语言特征在表达情感、态度时的作用差异

（一）语速

在语速方面，中文与英语展现出了截然不同的特点，这些特点深受各自语言特性及文化背景的影响。

中文的语速相对平稳适中，这一特性与中文的书写和发音特点紧密相连。作为表意文字，汉字每个通常对应一个音节，且存在大量同音字。因此，在中文表达中，清晰度与准确性显得尤为重要，以避免歧义的产生。这种对清晰度的追求在正式场合如新闻播报、学术讲座中表现得尤为明显。例如，央视的新闻联播，播音员用稳定的语速进行播报，吐字清晰、节奏平稳，这不仅确保了信息的准确传达，也体现了正式场合的庄重与严谨。这种语速的选择，既符合中文的语言特性，也反映了中国文化中对于稳重、内敛的推崇。

相比之下，英语的语速则呈现出更大的变化性和灵活性。英语作为表音文字，由字母组合成单词，单词内部包含多个音节，且同音词相对较少。这一特点使得英语在表达时能够通过音节的增减来区分单词，从而增加了语言的丰富性和表达力。此外，以英语为主要语言的国家的人们在日常口语交流中，更善于根据情境和情绪的变化来调整语速。例如，在兴奋、激动或进行激烈辩论时，他们的语速会明显加快，以增强表达的力度和情感的传递。这种语速的变化性不仅体现了以英语为主要语言的国家的人们注重个性表达和情感交流的文化特点，也使得英语在口语表达中更加生动、富有感染力。

在西方的脱口秀节目中，这种语速的变化性得到了淋漓尽致的展现。主持人和嘉宾的语速常常非常快，有时甚至能达到每分钟 300~400 字甚至更快。这种快速的语言输出不仅营造出热烈、活跃的氛围，使观众更容易感受到说话者的激情和兴奋，也体现了以英语为主要语言的国家文化中对

于直接、开放表达方式的偏好。

(二) 语调

语调作为语言的重要组成部分，不仅是表达情感和态度的关键手段，还深刻影响着语言的韵味和表现力。在中文和英语这两种截然不同的语言体系中，语调的运用各具特色，共同展现了语言的丰富性和多样性。

在中文里，四个基本声调（阴平、阳平、上声、去声）的存在为每个汉字赋予了独特的发音基调，这构成了中文语调变化的基础框架。这种声调系统使得中文在发音上具有丰富的层次感，而句子中语调的升降变化则进一步细腻地展现了说话者的情感倾向和态度。中文语调的这种变化性，得益于其声调系统的独特性。每个汉字都拥有固定的声调，而语调的升降则是对这些固定声调的灵活运用与深化。这种运用方式使得中文在表达时更具层次感和表现力，能够更精确地传达说话者的情感和态度。

举例来说，当以高升调说出"你真行啊!"时，往往蕴含着讽刺或轻蔑的意味，仿佛在暗示对方的行为并非值得真正赞扬，而是带有一种调侃或不屑。比如，在一场比赛中，一方选手原本表现出色，却因一个低级失误导致失败，这时另一方可能会略带嘲讽地说:"你真行啊!"这种语调的变化，瞬间改变了句子原本可能表达的赞美之意，使其充满了别样的情感色彩。而改用降调，则流露出真诚的赞美与肯定，语气更加平实、诚恳，像是在由衷地认可对方的能力或成就。再如，"他走了。"这句话，若以平调陈述，仅是在客观地传达一个信息，语气平淡，不带有过多的情感波澜，就像在日常闲聊中随意提及一件事。但若换以升调，则可能转化为一个疑问:"他走了?"语调的上扬，传递出说话者对这个信息的不确定或惊讶，仿佛在进一步求证。这种语调的变化，使得中文在表达上更加灵活多变，能够应对各种复杂的情感和语境。

而在英语中，语调则主要用于体现句子的语法结构、语义焦点以及说话者的情感态度。虽然英语语调的变化相对较少，且规则相对固定，但其在表达情感和态度上的作用同样不容忽视。英语中的升调和降调有着明确的用法和意义。升调通常用于一般疑问句，表达疑问、请求或不确定的情感;而降调则常用于陈述句、特殊疑问句和祈使句，表示肯定、命令或陈述事实。这种语调的运用方式，使得英语在表达上更加清晰明了，能够准确地传达说话者的意图和情感。

例如，"Are you coming?"（升调）表达的是询问对方是否要来，语气中充满了对对方行动的不确定性，同时带有一种期待对方回应的意味。假设在一场聚会邀请场景中，主人热情地问客人："Are you coming?" 此时升调的使用，既传达出主人对客人是否出席的关切，又表现出一种友好的邀请态度。"You are coming."（降调）则是陈述一个事实，即对方会来，语气坚定，表达出说话者对这件事的肯定判断。比如，老师对即将参加活动的学生说："You are coming. I've already arranged everything." 降调的使用让学生感受到老师的确定性和对安排的自信。当说出 "Where are you going?"（特殊疑问句，降调）时，则是在询问对方的去向，表达了一种关注和好奇的情感。想象一下，在朋友间的日常交流中，一方突然问另一方："Where are you going?" 降调的运用使得这个问题更像是一种自然的关心，而不是带有质问的意味。

此外，英语语调的运用还体现了以英语为主要语言的国家的人们注重逻辑性和规则性的文化特点。在英语中，语调的变化往往与句子的语法结构和语义焦点紧密相关，这种关联性使得英语在表达上更加严谨和精确。例如，在强调句 "It is you who I want to see." 中，通过语调的变化，说话者会将重音放在 "you" 上，以突出语义焦点，明确表达出 "我想见的人就是你" 这一重点信息。同时，英语语调在表达情感时的精炼与直接，也展示了以英语为主要语言的国家的人们直率、坦诚的性格特点。比如，当表达愤怒时，可能会直接以强硬的降调大声说："I don't like it！" 这种直接的语调表达，清晰地传达出说话者的不满情绪，让对方迅速了解其态度。

（三）音量

音量，作为副语言特征中的关键要素，在细腻地传达情感与态度方面发挥着举足轻重的作用。

中国人在交流时，音量的变化往往与情感状态和沟通目的密切相关。当需要强调某个观点或表达愤怒情绪时，中国人可能会不自觉地提高音量，以此彰显自己的坚定立场或传达强烈的不满情绪。这种音量的提升，不仅有助于在交流中占据主动，更能在一定程度上震慑对方，达到预期的沟通效果。而在表达温柔、关爱或不确定态度时，他们则可能选择降低音量，用柔和的语调展现细腻的情感和谦逊的态度。这种音量的降低，往往能营造出一种温馨、和谐的交流氛围，使对方感受到更多的关怀与尊重。

在不同的场合和语境中，中国人会根据环境和对方的需求灵活调整音量大小，以实现最佳的沟通效果。在开放的、公共的社交场合，如庙会、集市等，较高的音量成了人们交流的一种常态。这种音量的提升，不仅有助于在嘈杂的环境中让自己的声音被听到，更能营造出一种热闹、喜庆的氛围，增强人们的归属感和参与感。而在家庭团聚的温馨时刻，大家围坐在一起，大声地谈笑风生，通过提高音量来传达亲情的浓厚和欢乐的氛围。这种音量的运用，不仅体现了社交的热情与活力，更深化了彼此间的情感联结，彰显了中国人重视人际关系、追求和谐相处的文化传统。

然而，在需要保持安静的场合，如图书馆、医院等，中国人同样会展现出对公共秩序的尊重与遵守。他们会自觉降低音量，甚至使用手势或眼神进行交流，以避免打扰到他人。这种对音量的精准控制，不仅体现了对他人的关怀与尊重，更彰显了中国人深厚的文化素养与社会责任感。这种自律与尊重他人的行为，正是构建和谐社会的重要基石。

轻声说话在中文中同样具有丰富的情感表达功能。在亲密关系中，轻声往往代表着亲密和温柔。情侣之间的窃窃私语，用轻声传达着彼此之间的爱意和亲密感，营造出一种浪漫、温馨的氛围。轻声也可以表示含蓄和委婉。在表达不同意见或提出建议时，轻声地说出"我觉得可能还有别的办法"，这样的表达方式比大声直言更加得体、易于接受。此外，在涉及机密或敏感信息时，轻声说话更是体现出一种谨慎的态度，保护了沟通的私密性和安全性。

相比之下，西方人在音量调节方面可能更加直接和开放。他们善于通过音量的变化来传达自己的情感和态度。在表达自信和热情时，他们可能会毫不吝啬地提高音量，以此彰显自己的活力与积极性。而在表达不满或批评时，虽然音量可能会降低，但语调的坚定与有力却足以传达出强烈的情感与态度。这种音量与语调的巧妙结合，使得西方人在沟通中能够更加直接、生动地表达自己的情感与立场。

在西方文化中，音量同样会根据场合进行调节。在充满活力的体育比赛现场或音乐节上，高音量成了表达兴奋与支持的重要方式。球迷们的呼喊声、观众的欢呼声交织在一起，将现场气氛推向了高潮。这种音量的提升，不仅体现了人们对活动的热爱与投入，更在无形中增强了团队的凝聚力和向心力。而在需要保持安静的场合，如教堂做礼拜或在高雅的剧院观看演出时，西方人同样会严格控制自己的音量，以显示对宗教仪式或艺术表演的尊重与敬畏。这种对音量的精准掌控，不仅体现了西方人的文化修养与礼仪风范，更彰显了他们对美好事物的珍视与追求。

轻声在英语中同样具有其特殊的作用。在情侣之间的悄悄话或分享秘密时，轻声说话能够营造出一种亲密或神秘的氛围。一句"I have a little secret to tell you."（我有个小秘密要告诉你）用轻声说出，便能瞬间抓住对方的好奇心，增强亲密感和神秘感。这种轻声的运用，不仅丰富了情感表达的方式，更在无形中拉近了人与人之间的距离。

二、沉默在两种文化交际中的含义与运用

"沉默"作为一种非语言的沟通方式，在人际交流中扮演着至关重要的角色。它虽然没有明确的声音表述，却能够通过无声的反应传递丰富的信息。然而，不同的文化背景下，对于"沉默"的理解和运用却存在着显著的差异。

在中国文化中，沉默被视为一种积极的沟通策略，这与中国的儒家思想有着密切的关联。儒家强调内敛、谦逊和尊重长辈、权威，这种文化传统深深影响了中国人的沟通方式。在师徒关系、家族会议等场合，沉默往往被看作是对师傅、长辈或权威的尊重，以及对问题的深思熟虑。中国人相信"言多必失"，因此，在不确定或需要谨慎的情况下，沉默成了一种保护自己的策略，同时也是一种表达保留意见或深思熟虑后的默认态度。

此外，中国文化中的"面子"观念也是促使人们在交往中保持适度距离与矜持的重要因素。在这种文化背景下，沉默成了一种维护个人尊严和社会形象的有效手段。它不仅能在一定程度上避免尴尬或冲突，还能在无形中彰显个体的沉稳与智慧。

因此，在中国文化中，"沉默"这一非语言行为蕴含了极其丰富的内涵。它既可以表达无言的赞许，也能传递无声的抗议；它可以是欣然接受、默认赞同的体现，也可以是坚持己见、不轻易妥协的彰显。这种多义性的存在，使得"沉默"在中国社会中成了一种极具价值的沟通工具，正如谚语所言，"沉默是金"。在中国人的观念中，沉默不仅是对他人的一种

尊重与理解，更是自我表达与决策过程中的重要组成部分，它既可以是附和与认同的流露，也可以是下定决心、坚定立场的象征。①

例如，在中国传统的师徒关系中，师傅在讲解知识或提出要求后，徒弟可能会保持沉默，这可能是在认真思考师傅的话语，也可能是表示对师傅权威的尊重，等待师傅进一步的指示。在一些商务谈判或会议中，当一方提出一个方案后，另一方的短暂沉默可能并不是表示不感兴趣或拒绝，而是在思考方案的可行性或权衡利弊，这种沉默是交流过程中的一个有机组成部分，需要结合当时的语境和双方的关系来理解。例如，在企业内部的项目决策会议上，当领导提出一个新的项目推进方案后，下属可能会短暂沉默，这可能是在快速分析方案的利弊以及自身部门在其中的角色和任务，之后再发表有建设性的意见。在家族长辈讨论家族事务时，晚辈通常会先保持沉默，倾听长辈的意见，这是对长辈的尊重和家族等级秩序的体现，只有在长辈询问或示意时才会谨慎地发表看法。

相比之下，西方文化则更加注重直接、开放和即时的沟通。这种沟通方式源于西方的个人主义价值观，强调个体的独立性和自我表达。在西方文化中，沉默往往被视为消极、缺乏自信或不愿交往的表现。在日常交际中，不少中国人习惯用沉默来表达自身的不知所措、尴尬情绪或拒绝回答；而西方人习惯于在交流中得到即时的回应，他们倾向于通过言语来展示自己的个性和态度。在西方人的认知里，"不说话"表示"不感兴趣或者不愿交往"。在商务谈判中，中国人在拿不准时往往沉默不言，只是坐在那里安静地倾听。在这种状况下，西方人会认为中方代表对谈判的项目没有兴趣。②

例如，在跨国商务合作谈判中，当中方代表在听完西方代表的方案后沉默较久，西方代表可能会误解为中方对方案不感兴趣或有抵触情绪，从而急于调整策略以应对。然而，实际上中方代表可能只是在深入思考方案的可行性和细节问题，并未有否定的意图。这种文化差异如果未能得到充分的理解和妥善处理，很可能会为双方的交流与合作增添不必要的困扰和障碍。

---

① 刘秀琴，靖雅君. 跨文化非语言交际语用失误及其对策探究 [J]. 山西广播电视大学学报，2021，26（1）：42-46.
② 刘秀琴，靖雅君. 跨文化非语言交际语用失误及其对策探究 [J]. 山西广播电视大学学报，2021，26（1）：42-46.

三、笑声、咳嗽声等非语义声音的文化解读

(一) 笑声

在中国文化的语境中,笑声不仅仅是对快乐与愉悦的直接表达,更蕴含了丰富的情感与社交功能。它常被用作缓解尴尬氛围或回应他人的礼貌性举动。在社交聚会中,面对一个可能并不十分有趣的笑话,人们往往会出于礼貌而发出轻柔的笑声,以此维护和谐的交流氛围。在公司团建活动中,冷笑话的出现往往能引发一阵礼貌性的笑声,这种笑声如同一种默契,帮助大家共同跨越尴尬,保持场面的轻松愉快。

此外,笑声的不同类型还承载着丰富的情感与意图。微笑,作为友好与礼貌的象征,是初次见面时常用的打招呼方式,它传递着温暖与善意;大笑,则彰显出极度的欢乐或对某事的由衷赞赏,常在朋友间的趣事分享中响起,它体现了中国人对友情的珍视与对快乐的追求;而冷笑,则带有讽刺与轻蔑的意味,用以表达对某人言行的不满与批评,它反映了中国人对正义与道德的坚守。

相比之下,在西方文化中,笑声的表达则更为直接且坦率。它通常被用作快乐、幽默或对某事欣赏的直接体现。在喜剧表演、社交聚会等场合,人们会毫不掩饰地放声大笑,以此表达自己的情感与态度。在西方的喜剧俱乐部里,观众的笑声爽朗且热烈,是对演员搞笑表演的直接回应与赞赏。

(二) 咳嗽声

在中国文化中,咳嗽声同样具有独特的非语言交际功能。当个体处于社会环境时,咳嗽声不再仅仅是生理行为的体现,它更多地被赋予了"提醒"与"暗示"的含义。在课堂上,如果学生窃窃私语,教师会通过咳嗽的方式来巧妙地提醒学生,学生能够迅速领会并停止说话,这种默契的沟通方式体现了中国文化中对于和谐与尊重的重视。[①] 在需要含蓄表达的场合,咳嗽声则能巧妙地吸引他人的注意,而不显得唐突或冒犯,它成了一

---

① 岳佳鑫. 跨文化语境下非语言交际文化差异研究 [J]. 新楚文化, 2023 (12): 69-72.

种得体的、富有智慧的非语言交际方式。在重要的会议中，若有人想委婉地提醒发言人注意时间，咳嗽声便成了一种得体的选择。这种微妙的运用，体现了中国文化中对于和谐与礼貌的重视。

在西方文化中，咳嗽声更多地被视为身体不适的生理反应，而没有提醒或暗示的含义。在他人讲话时咳嗽，可能会被视为对讲话者的不尊重或打断。因此，在一些正式的晚宴或演讲场合，咳嗽声可能会引发他人的关注与不满。例如，在一场高端的商务晚宴上，咳嗽声可能会破坏晚宴优雅、安静的氛围，从而引发周围人的异样目光。这种对咳嗽声的看法，体现了西方文化对于尊重与礼仪的重视。

第三节　客体语

客体语，作为非言语交际的重要组成部分，蕴含了深厚的文化意蕴与社会价值。它不仅是一种静态的物质展现，更是动态的信息传递与情感交流的媒介。简言之，客体语涵盖了与人体密切相关的各种物质性元素，如相貌、服装、饰品、气味等。这些元素在不同的文化背景下发挥着传递信息、表达情感及映射社会风俗的重要作用。客体语所体现出的交际性和实用性不仅可以展示交际者的个性特质，如开朗、内敛、时尚或复古等，还能反映出他们的生活习惯、学识修养、身份地位以及兴趣爱好等多方面的信息。① 例如，一个人的着装风格往往能够透露出其职业背景、审美观念以及对生活的态度；而所选的饰品，如手表、项链或戒指等，则可能蕴含着特殊的意义或纪念价值，成为个人情感与故事的载体。

一、服饰类客体语

（一）风格差异

西方服饰风格倾向于鲜明地凸显人体线条，展现出立体的造型美感，

---

① 刘秀琴. 浅谈商务英语非语言交际行为的作用 [J]. 山西广播电视大学学报，2020，25（3）：72-75.

这一特色与其崇尚个体自由、追求个性解放的文化底蕴紧密相连。从古希腊时期的希顿长袍开始，西方服饰就以其自然垂坠的设计，巧妙地突显出人体的优雅轮廓。这种设计理念在现代西装中得到了进一步的发扬，精准的肩部与腰部剪裁，使得西装能够完美贴合身形，展现出穿着者的体态之美，体现了对人体美的极致追求与赞美。

中国传统服饰则更加注重神韵与意境的营造，强调服饰与穿着者之间的和谐共生。在中国传统文化中，服饰被视为一种文化的载体，它不仅具有遮体避寒的实用功能，更承载着丰富的文化内涵和象征意义。汉服，作为中国传统服饰的瑰宝，其宽袍大袖、飘逸灵动的特点，不仅展现了服饰的优美形态，更传递出一种超脱世俗、追求内在修养的审美理念。汉服的穿着者，通过服饰的装扮，能够展现出自己的文化品位和审美追求，与服饰之间形成了一种独特的和谐共生关系。

（二）色彩表意

在西方文化中，色彩不仅是情感的载体，更是服饰艺术中的重要元素，承载着丰富的象征意义。婚礼殿堂中，新娘身着洁白的婚纱，白色象征着纯洁无瑕的爱情与对美好未来的无限憧憬，成为西方婚礼文化中一道亮丽的风景线。而在葬礼这样庄重肃穆的场合，黑色服饰则以其沉稳内敛的气质，传达出对逝者的深切哀悼与无尽的敬意，体现了西方社会对生命重要时刻的尊重与情感的细腻表达。

在中国文化中，色彩与服饰的结合同样展现出了深厚的文化底蕴与情感价值。红色，作为喜庆与繁荣的象征，深深植根于中国传统服饰之中。从古代宫廷的华服到民间婚嫁的喜庆装扮，红色元素无处不在，不仅彰显出穿着者的尊贵与热情，更传递出对吉祥、幸福生活的热切期盼。春节期间，人们身着红衣、佩戴红饰，红色服饰与节日的热闹氛围相得益彰，共同营造出浓厚的节日气氛。

值得一提的是，尽管白色在中国历史上曾与丧事相关，但随着时间的推移与东西方文化的交融，白色的寓意逐渐丰富多元。在现代中国服饰中，白色以其简约、清新的特点，成为时尚界的新宠。无论是日常穿搭中的白色 T 恤、衬衫，还是重要场合中的白色礼服，都能以其独特的魅力，展现出穿着者的优雅与自信。

在服饰文化的土壤中，那些原始而纯粹的色彩寓意仍然根深蒂固。它们如同历史的印记，见证了中西服饰文化的交融与传承，也反映了人类情感与审美追求的多样性与复杂性。无论是西方服饰中的白色与黑色，还是中国传统服饰中的红色与白色，都以其独特的视觉语言，传递着不同文化背景下人们对美好生活的向往与追求，展现了服饰文化的独特魅力与深远影响。

（三）配饰文化

在西方，配饰被视为塑造个人风格与提升整体造型美感的关键元素，其设计往往追求精致与华丽，旨在营造出和谐而令人瞩目的视觉效果。在盛大的场合，女士们偏爱璀璨夺目的钻石珠宝，它们与晚礼服相得益彰，共同诠释着优雅与高贵。男士们则更青睐于细节处的点缀，如精致的袖扣、领带夹等，这些小巧的配饰不仅提升了整体造型的格调，还彰显了佩戴者独特的品位与身份。

而在中国，配饰则承载着更为深厚的文化内涵与象征意义。玉佩自古以来便是高洁品性的象征，其温润的质地与淡雅的光泽，让人联想到君子的谦逊与温润。香囊，这一古代传统配饰，不仅具有驱虫辟邪的民俗功能，还为佩戴者带来芬芳的气息，寄托了人们对平安、健康与幸福的祈愿。此外，中国传统饰品如发簪、步摇等，其上精美的纹样蕴含着丰富的吉祥寓意，如龙凤呈祥、花开富贵等，展现了匠人们的精湛技艺与独特创意，传递着吉祥如意、幸福美满的美好祝愿。这些饰品不仅是对美的追求，更是对美好生活的向往与寄托，体现了中国人对传统文化的热爱与传承。

随着全球化的推进，中西配饰文化在交流与融合中焕发出新的生机。现代中国的配饰设计在继承传统精髓的基础上，开始融入更多的西方元素与创新理念。设计师们巧妙地将西方的精致工艺与中国的传统文化相结合，创造出既具有东方韵味又不失时尚感的配饰作品。这些作品不仅深受国内消费者的喜爱，更在国际舞台上赢得了广泛的赞誉与认可，成为中西文化交融的典范。同时，西方的配饰品牌也开始关注并借鉴中国的传统文化元素，将其融入自己的设计之中。这种跨文化的互鉴与融合，不仅丰富了配饰文化的内涵与多样性，更为中西配饰文化的共同繁荣与发展注入了新的活力。

二、随身物品类客体语

(一) 包袋

在西方,包袋设计巧妙地将实用性与时尚感融为一体。无论是商务场合的公文包,还是日常出行所携带的手提包、斜挎包,款式多样且功能性明确。公文包以其硬朗的线条和有序的收纳设计,成为职场人士展现专业风范与严谨态度的首选;而手提包与斜挎包则更加注重时尚潮流的融入,品牌标识鲜明,不仅彰显了个人的身份地位,更成为时尚品位的象征。

相比之下,中国传统包袋如荷包,则以其独特的艺术魅力与古典韵味著称。荷包造型小巧精致,上面绣制的图案多取材于花鸟鱼虫、吉祥八宝等传统文化元素,不仅展现了匠人的精湛技艺,更寄托了人们对美好生活的向往与祝福。荷包既实用又美观,是中国传统服饰文化中的重要组成部分,承载着深厚的历史文化底蕴。

(二) 首饰

在西方,首饰的设计往往大胆前卫,深受现代艺术的影响,常常融入夸张的几何图形与抽象的设计元素,展现出一种突破传统的创新精神。宝石切割工艺精湛,每一颗宝石都闪耀着独特的光芒,佩戴这样的首饰,旨在彰显个性、表达自我,成为个人风格和态度的象征。

相比之下,中国的首饰则更加注重材质的品质与所蕴含的寓意。金银等贵金属与温润的玉石相结合,形成了一种独特的东方审美风格。手镯、项链等饰品的设计常常融入传统文化的意象,如龙凤呈祥、花开富贵等吉祥图案,不仅美观大方,更寄托了人们对美好生活的祈愿和对平安幸福的追求。这些首饰不仅具有装饰作用,更承载着深厚的文化底蕴和人们对未来的美好期许。

三、书写文具类客体语

在西方文化的语境里,钢笔已经远远超越了单纯书写工具的界限,升华为一种融合精湛工艺与身份象征的文化标志。顶尖钢笔品牌对笔尖工艺的极致追求以及对笔身材质的精心挑选,常常通过镶嵌宝石、贵金属等奢华元素，为钢笔赋予了非凡的魅力与独特性。在正式场合，尤其是签名之时，钢笔的选择不仅是对个人品位与风格的一种展现，更是对其社会地位与身份认同的一种微妙表达。这一过程，不仅体现了书写者的个性与审美，更深层次地映射了西方文化中对精致生活与尊贵身份的尊崇与追求。

而在中国，传统书写文具中，毛笔无疑占据了举足轻重的地位。毛笔制作工艺复杂且选材精良，这深刻地体现了中国传统文化中对手工艺的注重以及对精益求精匠人精神的追求。从选毫这一初始环节开始，便需进行精挑细选，毫毛的质地、长短、粗细等特性均需经过严格把关，以确保毛笔的品质。

后续的制作过程更是烦琐而精细，包括梳毛、齐毫、扎束、装管等多个步骤，每一步都凝聚着匠人的心血与智慧。一支上乘的毛笔，必须具备"尖、齐、圆、健"这四大特质。尖，指的是笔锋尖锐，能够轻松勾画出细腻而精准的线条；齐，则是笔毫整齐，书写时不易散乱，保证了字迹的清晰与美观；圆，要求笔肚饱满圆润，能够容纳更多的墨汁，使得书写更为流畅；健，则象征弹性适宜，书写时能够提按自如、灵活多变，满足书写者对于笔触的多样需求。

当搭配上质地柔韧、吸墨性极佳的宣纸，再蘸取适量的墨汁，落墨之际，墨香四溢，整个书写过程已然成为一场充满浓厚文化仪式感的艺术之旅。书写者沉浸在这份静谧与专注之中，不仅能够深刻感受到笔墨之间的和谐与韵律，更能收获难以言喻的审美意趣与精神滋养。毛笔书写不仅是一种文字的记录方式，更是一种文化的传承与表达，它承载着中国几千年的文化积淀与审美追求。

第四节　环境语

环境语，作为一种非语言交际的重要形式，深刻地影响着人们的交流与互动。它并非指人们居住的地理环境，而是侧重于文化本身所塑造的生理和心理环境。这一领域涵盖了时间、空间、颜色、声音、信号、建筑和室内装修等多种要素，每一种要素都蕴含着丰富的文化意义。

一、时间环境语对比

时间在不同文化中具有不同的价值观和表达方式，这些差异深刻影响着人们的生活方式和社会行为。

在中国文化中，时间观念深受儒家思想的影响，强调尊重长辈、权威和礼仪。这种时间观念体现在日常生活的方方面面，如会议、家庭聚会等社交场合。人们通常会提前到达以表示对长辈或主人的尊重和礼貌，这种行为被视为一种美德。此外，中国文化还注重时间的连续性和稳定性，这体现在农历的二十四节气上。这些节气不仅是对自然界变化的精确描述，也反映了中国人对时间的精确划分和重视。

在西方文化中，时间观念更多地受到了工业化进程的影响，强调准时与效率。在商业和学术领域，人们习惯于制定详尽的时间表，并严格遵守，这种时间观念体现了对时间的精细管理和规划，以及对效率和成果的极致追求。以西方商业会议为例，会议通常会提前约定时间，并严格遵守。迟到或未能按时参加会议，将被视为对他人不尊重和不负责任的表现。同样，在学术领域，学生们需要按时完成作业和论文，教授们也需要按时授课和提交评估结果。这种对时间的严格管理和规划，确保了学术和商业活动的有序进行，也体现了西方文化中对时间的高度重视和尊重。

二、空间距离与领域意识对比

（一）空间距离的差异

空间距离，作为个体在物理空间中的相对位置关系，深刻反映了人们对私人空间与公共空间的认知边界。在中西文化背景下，这种空间距离的差异不仅体现在个人交往的亲密程度差异上，更在深层次上塑造了公共场合的行为准则及社会交往模式。

1. 个人空间距离的界定

中国人对个人空间距离的界定相对较为宽松，这一特点深深植根于集体主义文化传统之中。在集体主义文化的熏陶下，人们更加注重群体内部的和谐与团结。因此，在日常交往中，无论是朋友间的闲聊还是亲戚间的叙旧，双方往往会保持较近的距离，甚至通过握手、拥抱等亲密的身体接触来表达友好与热情。春节期间，家人围坐一堂，欢声笑语中身体距离之近，正是血缘亲情无间的一种体现。在拥挤的公共交通工具如公交车、地铁上，身体接触更是屡见不鲜，而人们通常能够相互适应和包容，这在一定程度上反映了中国人对集体生活环境的高度适应性。

相比之下，西方人则更加注重个人空间的独立性，这与其个人主义价值观紧密相连。在西方人的观念中，个体被视为独立的精神与权利主体，个人空间如同一个隐形的"保护罩"，是维护个人隐私与尊严的重要屏障。因此，在交谈时，即便是亲密的朋友也会保持一定的社交距离，避免过多的身体接触。在公共场合，如果陌生人不小心靠近或触碰，他们可能会感到不适甚至产生反感。在社交场合中，一旦察觉到他人距离过近，西方人往往会通过后退、调整姿态等方式迅速拉开距离，以确保个人专属的"舒适圈"不受侵犯。

2. 公共空间的使用与维护

中国人对公共空间的使用展现出高度的灵活性和多样性，这一特点深受农耕文明传统及熟人社会结构的影响。在传统的农耕生活中，村民们共享晒谷场、水井等公共设施，邻里之间互帮互助，公共空间与私人领域的界限相对模糊，私人事务延伸至公共空间并不被视为不妥。这一传统延续至今，在现代社区的公共活动区、公园等场所，晾晒衣物、带孩子玩耍等私人活动屡见不鲜。这些行为不仅体现了中国人对公共空间使用的开放态度，也展现了熟人社交的温馨氛围，是生活烟火气的生动写照。

相比之下，西方文化在公共空间的使用与维护上则更加注重契约精神与法治观念。在西方社会，公共空间被视为大众依据既定规则共享、服务于公共事务的特定区域。从城市规划到日常使用，规则先行，确保公共资源的公平分配与合理利用。每个人都有平等享用公共空间的权利，但同时也需严格遵守相关规定。如果有人擅自在公共空间开展私人事务，将被视为破坏规则、干扰公共秩序的行为。因此，西方民众习惯于严格遵循既定规范，共同维护公共空间的纯粹性与秩序性。

（二）领域意识的差异

领域意识，即个体对自己周围空间的占有和控制感，它反映了人们对于私人领域的认知和界定。中西文化在领域意识上的差异，不仅体现在对个人隐私的保护上，还影响着人们对公共领域的尊重和责任感。

1. 个人领域的界定与保护

在中国文化中，领域意识主要体现在对家庭、社群乃至国家的归属感与责任感上。传统儒家思想强调家国同构，个体往往将家庭、集体的利益置于首位，成员间相互扶持，边界感相对较弱。这种集体主义导向使得在公共场合，人们可能会不自觉地"侵入"他人的个人领域，如站在他人的座位旁、靠近他人的私人空间等，这些行为往往被视为友好、热情的体现，而非对个人隐私的侵犯。然而，随着全球化、城市化的推进，以及西方隐私观念的影响，年轻一代中国人的隐私意识正在逐步觉醒，他们开始更加重视个人空间与隐私的保护。

西方人则对个人领域有着明确的界定和强烈的保护意识。这源于西方启蒙运动以来对人权、个人自由的尊崇。个人被赋予天赋权利，私人领域神圣不可侵犯，他们常用肢体动作、音量语调来维护自己的个人领域。如果他人不小心侵犯了自己的个人领域，他们可能会立即作出反应，以维护自己的隐私与权利。这种对个人领域的保护意识体现了西方人对个人隐私和权利的尊重。

2. 公共领域的尊重与维护

尽管中西文化在空间距离与领域意识上存在着显著的差异，但在公共领域的尊重与维护上却展现出一定的共性。在中国文化中，公共道德观念深入人心，人们普遍重视公共卫生、遵守社交礼仪，如排队等候、守时守约等，这些都体现了中国人良好的公共素养。随着环保意识的不断提升，越来越多的中国人开始积极参与到环境保护和公益活动中，如植树造林、垃圾分类等，为公共领域的可持续发展贡献自己的力量。

同样地，在西方文化中，公共道德也占据着举足轻重的地位。西方人非常注重保持环境整洁、不破坏公共设施等公共行为规范，这些已成为他们日常生活的一部分。在公共场所，西方人自觉遵守社交礼仪和规章制度，如排队等候、礼让老人和儿童等，这些都展现了他们高度的公共素养和责任感。这些共性体现了中西文化在公共领域尊重与维护上的共同价值观，即都强调公共利益、公共秩序的重要性，并致力于构建一个和谐、有序的社会环境。

三、空间语言在建筑设计、室内布局等方面的文化体现

（一）建筑设计中的空间语言文化体现

1. 中国传统建筑

（1）群体布局彰显等级秩序

中国古代建筑常常以群体形式呈现，它们严格遵循中轴线对称分布的原则，这种布局方式深刻地体现了封建等级制度在空间规划上的严苛要求。以北京故宫为例，太和殿、中和殿、保和殿这三大殿巍然屹立于中轴线的核心位置，象征着皇权的至高无上与不可侵犯。其余宫殿则如同众星拱月般环绕其周围，根据身份等级的高低依次排列，建筑体量由大至小、高度由高至低、装饰规格由繁至简，呈现出一种有序的递减趋势。

这种严谨而有序的布局，不仅营造出一种庄严、肃穆的皇家氛围，彰显出皇家的无上威严，更在无形中强化了社会阶层的差异与等级秩序。无论是飞檐翘角的精致构造，还是雕梁画栋的繁复图案，都蕴含着丰富的历史与文化内涵，它们将朝堂之上的等级制度以及皇家的无上权威转化为具体可感的建筑语言，使人们在欣赏建筑之美的同时，也能深刻感受到封建等级制度的威严。

（2）"天人合一"理念融入选址设计

中国传统建筑深受"天人合一"哲学理念的影响，其选址与自然环境实现了精妙融合。无论是江南地区依山傍水的民居，还是隐匿于山林间的寺庙道观，都充分顺应了地势、风向、水流等自然要素，体现了人与自然的和谐共生。以福建土楼为例，其巧妙贴合山地起伏变化，内部采光与通风设计更是贴合了自然节律，使居住者与天地共生共息。这种设计理念不仅体现了中国人对自然的敬畏之心，更反映了他们追求和谐共处的文化心理。

在这种理念的指导下，中国传统建筑将自然秩序内化于建筑空间秩序之中，使得建筑成为连接人与自然的桥梁。人们在这里不仅能够感受到建筑的美感与实用性，更能够深刻体会到与自然和谐共生的愉悦与满足。这种设计理念不仅是中国古代建筑文化的瑰宝，更是现代社会所追求的可持

续发展理念的先声。

（3）庭院围合凝聚家族观念

四合院作为中国传统民居的经典样式，其独特的空间布局和深厚的文化内涵令人叹为观止。庭院被四面房屋紧紧环抱，形成了一种独特的空间围合感，这种设计不仅为居住者提供了一个安全、私密的生活环境，更在无形中强化了家族的凝聚力。

在四合院中，长辈通常居住于正房，这里不仅是他们日常生活的居所，更是家族精神的核心所在。长辈们在这里传承家族的历史与文化，把握着家族的精神走向，为晚辈们树立了榜样和指引。而晚辈们则居住在厢房，他们在这里学习、成长，时刻感受着家族的温暖与关怀。

庭院作为四合院的核心空间，承载着家族活动的多重记忆。孩童们在这里嬉戏玩耍，留下了无忧无虑的童年时光；家族聚会时，亲朋好友欢聚一堂，共同分享着喜悦与温情；婚丧嫁娶等人生大事，也都在庭院中举行，见证了家族的兴衰与变迁。这些活动不仅丰富了家族成员的生活体验，更在无形中加深了彼此之间的情感纽带。四合院的这种空间围合设计，不仅象征着家族的向心力，还强化了血缘纽带。家族成员们在这里共同生活、相互扶持，形成了一种紧密而牢固的家族关系。这种关系使得家族文化得以在这一方天地中代代相传，成为一种宝贵的文化遗产。

因此，可以说四合院的空间设计不仅满足了居住者的物质需求，更在精神上给予了他们极大的慰藉与归属感。它成为维系亲情与传承家风的实体依托，充分体现了中国人对家族观念的重视与传承。在现代社会快速发展的今天，四合院依然以其独特的魅力和深厚的文化底蕴吸引着人们的目光，成为中国传统文化的瑰宝之一。

2. 西方传统建筑

（1）单体建筑突出个性与独特性

与中国传统建筑注重群体布局的和谐统一不同，西方传统建筑更加注重单体建筑的个性与独特性。它们往往以独立的姿态矗立于城市或乡村之中，成为地标性的存在。在建筑风格上，西方传统建筑追求形式美与立体感的完美融合，通过雕塑、浮雕、壁画等装饰手法来展现建筑的艺术魅力。这些装饰不仅丰富了建筑的外观形态，还赋予了建筑以深刻的文化内涵和历史价值。

（2）石材运用体现永恒与坚固

石材，作为西方传统建筑中不可或缺的主要建材，其广泛运用不仅深刻体现了西方人对永恒与坚固的追求，更彰显了西方建筑艺术的独特魅力。石材以其坚固耐用、沉稳庄重的特质，为建筑提供了稳定的支撑，同时也赋予建筑以沉稳、典雅的气质。石材的质感和天然纹理更为建筑增添了一份质朴而自然的美感。在石材的运用上，西方传统建筑尤为注重细节的精雕细琢和雕刻工艺的精湛运用，使得建筑在视觉上更具冲击力和艺术感染力。

（3）空间布局强调功能性与私密性

西方传统建筑在空间布局上强调功能性与私密性的结合，以满足居住者的不同需求。它们往往通过墙体、隔断等建筑元素将室内空间划分为不同的功能区域，如客厅、卧室、书房等，既保证了各个空间之间的相对独立性，又实现了空间的灵活转换和高效利用。同时，西方传统建筑还注重私密性的保护，通过门窗的设计来限制视线的穿透和声音的传递，营造出一种安静、舒适的居住环境。这种空间布局方式不仅提高了建筑的使用效率，还体现了西方人对个人隐私的尊重和保护，以及对高品质生活的追求。此外，西方传统建筑还注重与周围环境的和谐共生，通过巧妙的景观设计使建筑与自然环境融为一体，营造出一种宁静而优美的生活氛围。

（二）室内布局中的空间语言文化体现

1. 中国传统室内布局

（1）层次布局彰显礼仪之美

中式室内设计巧妙地融入屏风与隔扇等元素，以精湛的手法分隔空间，既创造出错落有致的层次感，又巧妙地保持了空间的通透与灵动。家具的摆放严格遵循传统礼仪规范，如中堂处的八仙桌与太师椅往往呈对称布局，彰显出庄重与典雅。在这样的布局下，家族成员在聚会时依据辈分与身份就座，每个人的举止行为都受到空间布局的微妙约束与引导。这种精心设计的空间布局，不仅规范了人们的社交礼仪，更深刻地反映了中式文化中长幼有序、尊卑有别的传统观念。它使得整个空间不仅成为居住与活动的场所，更成了礼仪之美与家族文化传承的生动展现。

（2）对称美学蕴含平衡之道

中轴线对称是中式室内布局的一大特色，床榻、桌椅等家具沿中轴线整齐排列，形成了一种沉稳而大气的视觉效果。这种对称布局不仅深植于传统文化中阴阳平衡的理念，更赋予空间一种安定祥和的独特气质，有效避免了失衡与杂乱的状况。空间中的秩序井然有序，与人们内心追求的精神秩序相契合，共同营造出一种和谐而美好的生活氛围。通过这种对称美学的运用，中式室内布局不仅展现了形式上的美感，更蕴含了深厚的文化内涵和哲学思想。

（3）装饰图案传递文化寓意

在中式室内装饰中，木雕、石雕、砖雕及彩绘等艺术形式以其精湛的工艺和独特的美感，成为不可或缺的元素。这些装饰中，吉祥图案更是俯拾皆是，它们通过巧妙的谐音、象征等手法，将人们对美好生活的向往与祈愿生动地表达出来。例如，"连年有余"图案以鱼的形象寓意富足与丰收，"松鹤延年"则以松树和仙鹤为象征，寓意长寿与安康。这些图案不仅丰富了空间的视觉效果，更将民俗文化的精髓巧妙地融入其中，使空间成为民俗文化传承与弘扬的重要载体。它们潜移默化地影响着人们的价值观与生活方式，让居住者在日常生活中感受到传统文化的魅力与智慧。

2. 西方传统室内布局

（1）开放通透促进社交自由

西方现代室内设计深受其文化传统影响，尤为注重空间的开放性与通透性。客厅、餐厅、厨房等生活区域常被打通并连成一体，形成一个开阔而连贯的生活空间。这种布局方式不仅极大地释放了个性与自由，还使家庭成了社交互动的温馨场所。空间不再是封闭的私密单元，而是鼓励交流分享和增进情感联结的开放平台，充分满足了西方个人主义文化下对社交生活的向往与追求。

（2）功能分区确保生活高效

西方室内布局中，功能分区的明确性是其显著特点之一。卧室注重睡眠的舒适性，卫生间讲究使用的便捷性，书房追求工作的高效性，娱乐室则致力于营造欢乐的氛围。各区域精准满足不同的生活场景需求，使得居家生活更加条理清晰、舒适便捷。这种布局方式反映了西方社会重视效率、追求实用的生活态度。

（3）风格多元展现审美趣味

西方室内装饰风格多样且各具特色，从巴洛克风格的华丽繁复到洛可可风格的柔美细腻，再到现代简约风格的简洁利落，每一种风格都承载着不同的艺术潮流与审美趣味。人们可以根据自己的喜好、个性以及生活方式，选择适合自己的装饰风格。通过巧妙的空间布局与精致的装饰细节，人们可以充分展现自己的审美品位与生活态度。这种多元的风格选择不仅丰富了人们的审美体验，还为空间增添了独特的魅力与个性。

四、跨文化交际中环境语误解案例分析及应对策略

（一）案例一：商务会议时间环境语冲突

1. 情境描述

一家中国公司与一家英国公司计划通过视频会议进行一场重要的商务洽谈。中国公司的项目经理习惯于在会议正式开始前，进行一些非正式的交流，如亲切的问候、友好的寒暄等，认为这有助于营造和谐的工作氛围，为后续的合作奠定良好的基础。然而，英国公司的项目经理则更加注重会议的效率，期望会议能够准时开始，直接进入核心议题，认为这是对时间的尊重和有效利用。因此，在会议开始的瞬间，双方因对时间环境语的不同理解而产生了一些微妙的摩擦，影响了会议的初始氛围。

2. 分析

这个案例深刻地揭示了中西文化在时间环境语上的显著差异。在中国文化中，时间观念相对较为灵活和宽松，人们往往更注重情感交流和人际关系的建立，认为在正式活动前进行一些非正式的交流是非常必要的。而在英国文化中，人们更加强调效率和准时，期望会议能够紧凑而高效地进行，避免任何不必要的浪费。

3. 应对策略

（1）明确会议议程与时间安排

在会议前，双方应通过邮件或电话等方式明确会议的议程与时间安

排，包括会议的具体开始时间、讨论的各个主题、发言的顺序以及预计的会议时长等。这样可以让双方对会议有一个清晰的认识和预期，减少因时间观念差异而导致的误解和冲突。

（2）尊重对方时间习惯并适度调整

了解并尊重对方的时间习惯是非常重要的。中国方面可以尽量控制会议前的非正式交流时间，确保会议能够准时开始；而英国方面则可以更加灵活地适应一些非正式的开场，以展现对中国文化的尊重和理解。双方可以在会议开始前进行一些简短的寒暄和问候，但应尽量避免过度拖延时间。

（3）加强沟通与协调以增进理解

在会议开始前和会议进行中，双方应加强沟通与协调，及时了解彼此对会议时间的期望和安排。通过坦诚的交流，双方可以增进对彼此文化和时间观念的理解，找到双方都能接受的平衡点。同时，双方还可以就会议中的其他问题进行充分的沟通和协商，以确保会议的顺利进行和合作的成功达成。

（4）培养跨文化意识与敏感度

为了更好地应对未来可能出现的类似冲突，双方应培养跨文化意识和敏感度。通过学习和了解对方的文化背景、价值观念和行为习惯等，双方可以更加深入地理解彼此的差异和需求，从而在合作中更加融洽和高效。这也有助于提升双方在国际商务合作中的竞争力和影响力。

（二）案例二：触碰习惯的误解

1. 情境描述

一位中国人在与美国朋友交谈时，为了表达友好和亲切，习惯性地拍了拍对方的肩膀。然而，这一在中国文化中被视为友好交流的行为，却让美国朋友显得有些不自在，甚至可能感到被冒犯，导致双方之间的氛围瞬间变得尴尬。

2. 分析

（1）个人空间观念

中西方在个人空间观念上确实存在显著的差异。中国文化中，人们往往习惯于近距离的交流和适度的身体接触，如拍肩膀、拉手等，这些行为被视为表达友好和亲近的方式。而在美国文化中，个人空间被视为至关重要的私人领域，人们更倾向于保持适当的身体距离，以避免不必要的身体接触，这体现了对个人隐私和边界的尊重。

（2）触碰行为的解读

在中国文化中，触碰行为往往被视为一种友好的表达方式，有助于增进彼此之间的亲近感和信任。然而，在美国文化中，未经允许擅自触碰他人可能被视为侵犯个人空间，进而引发不适、尴尬甚至冒犯感。这种对触碰行为的解读差异是导致双方误解的根源，也是跨文化交流中需要特别注意的方面。

3. 应对策略

（1）增强跨文化理解与尊重

在与不同文化背景的人交往时，应增强跨文化意识，深入了解并尊重彼此的文化习惯和触碰规范。这要求我们不仅要了解对方的文化背景，还要学会从对方的角度去思考和感受，以避免因文化差异而导致的误解和冲突。

（2）细致观察与谨慎行动

在与美国友人交往时，可以通过细致观察他们的行为举止和反应，了解他们对触碰行为的态度和偏好。在此基础上，谨慎地选择适当的交流方式，避免不必要的身体接触，以展现自己的尊重和礼貌。同时，还可以通过询问对方是否介意触碰行为来进一步明确对方的底线和期望。

（3）灵活调整行为举止

在与美国友人交谈时，我们可以灵活调整自己的行为举止，以适应对方的文化习惯。除了避免过于亲密的身体接触外，我们还可以采用其他礼貌而友好的交流方式来表达亲近和友好，如微笑、点头、握手等。这些方式在美国文化中同样被视为恰当的交流方式，能够有效地传达我们的善意和尊重。

（4）积极沟通与解释

如果不小心触犯了对方的触碰规范，应该立即进行沟通和解释，以消除对方的误解和不满。在沟通过程中，要坦诚地表达自己的意图和歉意，并说明并无冒犯之意。同时，还要倾听对方的感受和想法，以增进彼此的理解和信任。通过积极的沟通和解释，可以化解潜在的误会和冲突，为双方之间的友好交流创造更加和谐的环境。

（5）共同促进文化交流与理解

在与美国友人交往的过程中，可以积极介绍中国文化中的触碰习惯，并倾听对方对美国文化中个人空间观念的解读。通过相互分享和交流，可以促进双方之间的文化理解和尊重。此外，还可以邀请对方一起参与中国文化活动或节日庆典，让他们亲身体验和了解中国文化中的触碰习惯。为建立更加和谐的人际关系奠定坚实的基础。

（三）案例三：中西建筑设计与室内布局差异

1. 情境描述

在一次跨国合作中，一位深谙中式建筑精髓的中国设计师与一位擅长现代简约风格的西方设计师携手，共同为一家全球知名企业设计总部大楼。设计初期，双方的设计理念便产生了鲜明的对比。中国设计师深受传统影响，倾向于运用中式建筑风格，强调群体布局与对称美学，追求与自然环境的和谐共生，以及内部空间的层次感和流动性。相反，西方设计师则更偏爱现代简约风格，他强调单体建筑的个性与独特性，追求线条的流畅、形式的简洁以及空间的开放性，期望通过建筑表达现代企业的创新精神与效率。

2. 分析

这一案例不仅揭示了中西文化在建筑设计与室内布局上的根本差异，还触及了更深层次的文化价值观。中国文化中的建筑设计，往往蕴含了对自然的敬畏、对历史的尊重以及对社会结构的反映，如群体布局和对称美学就体现了长幼有序、尊卑有别的传统礼仪文化。而西方文化中的建筑设计，则更多地体现了对个人主义的崇尚、对创新的追求以及对效率的重视，单体建筑的个性与独特性正是这一文化价值观的直观表达。

3. 应对策略

（1）深度沟通与理念共享

设计初期，双方应安排充足的时间进行深入沟通，分享各自的设计理念、文化背景以及成功案例。通过互相学习，双方可以增进对彼此文化的理解和尊重，为设计方案的融合打下基础。

（2）中西元素的巧妙融合

在保持各自设计特色的基础上，双方可以尝试将中西元素进行巧妙融合。例如，在建筑外观设计中，可以借鉴中式建筑的屋顶曲线与西方建筑的几何线条相结合，创造出既具有传统韵味又不失现代感的设计。在室内布局上，可以融合中式空间的层次感和西式空间的开放性，营造出既舒适又高效的办公环境。

（3）专业意见与经验借鉴

邀请具有跨文化设计经验的第三方专家或顾问参与设计过程，可以为双方提供专业的意见和建议。同时，借鉴其他成功的跨国合作项目经验，也可以为设计提供有益的参考和借鉴。通过吸收他人的成功经验和智慧，双方可以更加顺利地跨越文化障碍，实现设计理念的融合与创新。

参考文献

［1］张严心. 文化差异与英语教学［M］. 北京：中国商务出版社，2018.

［2］张严心，李珍. 英汉语言文化差异下的翻译研究［M］. 北京：中国商务出版社，2021.

［3］曹盛华. 英汉语言对比与中西文化差异研究［M］. 北京：中国水利水电出版社，2015.

［4］刘稳良，左世亮，陈彦会. 中英语言文化对比与翻译［M］. 北京：中国财富出版社，2021.

［5］郭敏，余爽爽，洪晓珊. 外语教学与文化融合［M］. 北京：九州出版社，2018.

［6］王天润. 实用英汉教程［M］. 北京：国防工业出版社，2013.

［7］邓炎昌，刘润清. 语言文化：英汉语言文化对比［M］. 北京：外语教学与研究出版社，2018.

［8］赵璐. 基于语言与文化对比的英汉翻译探究［M］. 吉林：吉林大学出版社，2019.

［9］杨芊. 英汉语言对比与中西文化差异探索［M］. 青岛：中国海洋大学出版社，2019.

［10］吴净. 个人主义与集体主义：多元视角下中西方文化对比［J］. 科教文汇（中旬刊），2012（20）：78-79.

［11］李晓燕. 中西文化主要差异对比及其对中西文化的影响［J］. 英语广场，2018（1）：56-57.

［12］赵芷愔. 基于文化维度理论下中西价值观对比研究：以《陈情令》和《权力的游戏》为例［J］. 戏剧之家，2022（29）：143-145+149.

［13］赵君. 霍尔高低语境文化理论下游戏《黑神话：悟空》中西文化差异对比分析［J］. 新楚文化，2024（7）：70-72.

［14］管振彬，伍孜帆. 高低语境下英汉翻译策略研究［J］. 湖北第二师范学院学报，2024，41（7）：72-76.

［15］许晓萍. 高低语境文化视角下中西交际模式差异对比：以小说《偷窃》为例［J］. 名作欣赏，2024（5）：179-181.

［16］李妮. 跨文化语境下中西时间观念对比分析：非言语视角［J］. 现代妇女（下旬），2015（1）：286.

［17］王天禄. 跨文化交际视域下中西方时间观念差异及应对策略［J］. 新传奇，2024（18）：27-29.

［18］李璐. 中西方时间观念差异及对跨文化交际的启示［J］. 文化创新比较研究，2022，6（5）：164-167.

［19］张严心. 谈文化差异背景下的英汉习语翻译策略［J］. 中国教育学刊，2016（12）.

［20］张严心."一带一路"背景下高职英语跨文化教学策略研究［J］. 北京劳动保障职业学院学报，2019，13（4）：59-63.

［21］张岚. 从英汉思维模式的不同看两种语言表达的差异［J］. 海外英语，2022（22）：100-102+105.

［22］杨秋怡. 英汉思维对国际商务函电的影响［J］. 宁波教育学院学报，2018，20（5）：79-82.

［23］康利荣. 跨文化交际中中英非语言交际中翻译的差异比较［J］. 汉字文化，2024（6）：191-193.

［24］刘秀琴，靖雅君. 跨文化非语言交际语用失误及其对策探究［J］. 山西广播电视大学学报，2021，26（1）：42-46.

［25］刘秀琴. 浅谈商务英语非语言交际行为的作用［J］. 山西广播电视大学学报，2020，25（3）：72-75.

［26］谢慧娟，曹霞. 跨文化交际中肢体语言浅析［J］. 今古文创，2021（36）：113-114.

［27］赵芬艳. 英汉身势语的特点及文化差异［J］. 吕梁教育学院学报，2020，37（2）：99-100+107.

［28］岳佳鑫. 跨文化语境下非语言交际文化差异研究［J］. 新楚文化，2023（12）：69-72.

［29］潘珺华. 汉英动物词"鱼"的概念隐喻对比分析及对跨文化交际的

启示 [J]．齐齐哈尔高等师范专科学校学报，2024 (6)：78-81.

[30] 奚嘉豪．浅析英汉动物词"狗"的隐喻对比 [J]．名家名作，2022 (11)：108-110.

[31] 潘子文．英汉谚语中动物词汇的文化内涵对比分析 [J]．黄河．黄土．黄种人，2022 (3)：62-64.

[32] 季艳．跨文化视角下的英汉数字词隐喻义比较 [J]．连云港职业技术学院学报，2021，34 (1)：53-56.

[33] 陈柯煊，高伟华．基于语料库的诗歌英译中数字词的文化蕴含比较研究：以《长恨歌》中的数字词为例 [J]．作家天地，2022 (10)：127-129.

[34] 杨延宁．批评之声从何而来：基于汉英语篇对比的理科教材语言问题分析 [J]．英语研究，2024 (2)：148-167.

[35] 杨延宁．研究型大学的形象建构：汉英高校官网语篇对比研究 [J]．外语研究，2024，41 (5)：1-9+80+113.

[36] 胡皓童．英汉语言句法差异对比及翻译策略探析 [J]．锦州医科大学学报（社会科学版），2022，20 (6)：109-112.

[37] 黄尼希，于金红．从英汉句法差异看流水句英译：以《围城》英译本为例 [J]．英语广场，2024 (26)：7-10.

[38] 杜珺怡．论中西文化差异在英汉句法层面上的体现 [J]．海外英语，2021 (24)：116-118.

[39] 陈璐．英汉旅游文本翻译中的词汇选择与中西文化差异研究 [J]．现代英语，2023 (24)：112-114.

[40] 范金玲，杨雁，陈玲玲．浅析英汉动物词汇中的中西文化差异 [J]．现代英语，2021 (10)：100-102.

[41] 王禹涵．英汉词汇的内涵意义差别及其原因 [J]．时代报告（奔流），2021 (1)：80-81.

[42] 卢衍琦．《黄帝内经》五色诊法颜色词英译分析 [J]．今古文创，2024 (40)：100-103.

[43] 王丽丽．隐喻理论视角下"白"这一汉语颜色词的英译 [J]．海外英语，2024 (18)：35-37.

[44] 刘子涵．汉语基本颜色词的偏误分析及改进 [J]．芒种，2025 (1)：

96-98.

［45］蒋雯. 英汉颜色词的隐喻对比研究［J］. 汉字文化，2022（18）：136-137.

［46］陈佳怡，胡燕娜. 英汉习语中动物词汇文化内涵分析［J］. 海外英语，2022（4）：44-46.

［47］王晨晨. 英汉动物词汇文化内涵的对比及在外语教学中的应用［J］. 海外英语，2021（16）：233-234.

［48］张文瑞. 英汉思维模式差异对英汉语言影响的探析［J］. 作家天地，2023（22）：94-96.

［49］毛叶. 英汉构词法的对比及其在英语阅读中的实践应用［J］. 海外英语，2021（17）：266-267.

［50］秦艳霞，孙梦瑶. 英汉语音层面差异对比与翻译策略［J］. 现代商贸工业，2024，45（6）：51-53.

［51］张乐. 英汉语法差异分析［J］. 文学教育（上），2020（9）：158-159.

［52］申卫华. 从英汉句子结构差异探析英语被动语态的汉译［J］. 校园英语，2024（34）：187-189.

［53］王文斌. 英汉对比研究的三大问题［J］. 外语教学与研究，2023，55（2）：163-175+318.

后　记

在冬日的暖阳中，我终于提笔为我的第三本专著《英汉语言文化对比研究》撰写后记。此刻的心情，既包含着完成作品的喜悦与满足，又怀揣着对未来学术探索的无限憧憬，同时也夹杂着对作品本身的深刻反思与忐忑。

这份喜悦，源自长时间的辛勤耕耘终于有了实质性的收获。从选题的深思熟虑，到内容的精心构建，再到无数次的修改与润色，每一步都凝聚了我对英汉语言文化对比研究的深厚情感与执着追求。当这部凝结着心血与智慧的结晶即将面世时，内心涌动的激动与自豪难以言表。

然而，喜悦之中，我也深知自己的学识与能力仍有待提升，书中难免存在不足。但正如古人所言，"学无止境"，我深知在学术的道路上，只有不断前行，才能不断超越。因此，我将这些不足视为自己未来努力的方向，期待着在英汉语言文化对比研究领域继续深耕，不断取得新的突破。

在本书中，我致力于全面而深入地探讨英汉语言文化对比中的多个核心议题。从语言与文化的关系（第一章），到语音系统（第二章）、语言结构（第三章）、语义内涵（第四章）等层面的差异，再到思维模式（第五章）、文化价值观（第六章）以及非语言交际（第七章）等维度的对比，我力求为读者呈现一幅较为完整且深入的英汉语言文化对比画卷。

在创作过程中，我得到了来自学术界的宝贵支持与启发。我要向所有在学术道路上给予我指引与帮助的前辈和同行们表达最深的敬意，他们的研究成果为我提供了坚实的理论基础与丰富的参考素材。同时，我也要感谢那些在我研究过程中给予我鼓励与支持的朋友们，是你们的陪伴与鼓励让我在面对困难时能够勇往直前。此外，我还要特别感谢我的家人，是你们无私的爱与支持，为我创造了一个宁静而专注的创作环境，使我能够全身心地投入研究与写作之中。

　　尽管我在撰写过程中倾注了全部心力，但由于英汉语言文化对比领域的复杂性与广泛性，加之个人能力和时间的局限，书中难免存在疏漏与不足。在此，我恳请读者朋友们能够予以宽容与理解，并欢迎提出宝贵的意见和建议，我将在未来的研究中不断改进和完善。

　　展望未来，我将继续坚守在英汉语言文化对比研究这一领域，不断探索其中尚未被充分揭示的奥秘。随着全球化的不断推进，英汉语言文化之间的交流与融合将更加频繁与深入，这一领域的研究也将展现出更为重要的价值。我期望通过自己的努力，为促进跨文化交流、提升外语教学质量等方面提供更多有益的参考与启示。同时，我也热切期盼有更多的学者和爱好者能够加入这一领域的研究中来，共同推动英汉语言文化对比研究的繁荣发展。

　　最后，再次向所有关心和支持我的人表示衷心的感谢，也感谢读者朋友们对本书的关注与阅读。希望这本书能够激发你们的思考与灵感，引领我们在英汉语言文化的广阔世界中继续探索与前行。

张严心

2025 年 1 月 26 日